Il bambino naturale

21

Alessandra Bortolotti

E se poi prende il vizio?

Pregiudizi culturali e bisogni irrinunciabili dei nostri bambini

Il leone verde

In copertina: ©iStockphoto.com/gabyjalbert, “*Father and son*”.

ISBN: 978-88-95177-75-5

Edizioni Il leone verde
Via della Consolata 7, Torino
Tel. 0115211790 fax 01109652658
leoneverde@leoneverde.it
www.leoneverde.it
www.bambinonaturale.it

Ringraziamenti

Sono moltissime le persone a cui sono grata e che mi hanno aiutato nella stesura di questo libro.

Prima di tutti vorrei ringraziare mio marito Alessandro che mi ha dato la gioia di diventare madre e che, con la sua pazienza e il suo sostegno infinito, ha reso possibile i miei momenti di scrittura.

Sono grata agli editori che con la loro passione e professionalità mi hanno aiutato nel rendere l'idea di questo libro una realtà.

Un pensiero speciale va alla mia cara amica Giorgia Cozza che si è presa l'onere della rilettura di ogni capitolo, dandomi preziosi consigli e sostenendomi nei tanti momenti difficili.

Ringrazio anche gli amici carissimi e illustri professionisti: Paola Negri, Barbara Grandi e Gherardo Rapisardi che hanno rivisto e corretto rispettivamente i capitoli su allattamento, nascita e sonno dei bambini.

Devo molto anche alla Professoressa Renata Tambelli della Facoltà di Psicologia di Roma, Università de La Sapienza, che per prima ha creduto in me e mi ha spronato a lungo nel corso dei miei studi, facendomi appassionare alle tematiche della psicologia perinatale.

Ringrazio anche Marco Santini, ginecologo e Giuliana Lino, psicologa, del Centro di Psicoprofilassi e Fisiologia Ostetrica, Dipartimento di Ginecologia, Perinatologia e Riproduzione Umana dell'Ospedale di Careggi di Firenze che mi hanno insegnato tantissimo e mi hanno permesso per molti anni di fare pratica e di conoscere da vicino la realtà dei reparti ospedalieri, delle sale parto e dell'accompagnamento alla nascita.

Voglio ricordare con tanto affetto anche Loredana Lessi, ostetrica, che mi ha accompagnato con la dolcezza di un vero angelo durante la nascita di

Irene. Sento ancora dentro di me la forza di quei momenti indimenticabili e il capitolo sulla nascita è iniziato allora.

Un grazie particolare anche a Giuliana Mieli che con la sua grinta e la sua passione ha rafforzato in me la convinzione che sia di fondamentale importanza parlare di psicologia intesa come “fisiologia degli affetti”.

Un ringraziamento enorme a tutte le mamme che hanno dato il loro contributo riportato nelle tante “voci di mamme” presenti in tutto il libro.

Sono infinitamente grata anche alle famiglie che frequentano i miei corsi dandomi l’opportunità di sentirmi davvero utile e realizzata.

Ma coloro che hanno reso possibile più di tutti queste pagine sono le mie adorate bambine che giorno dopo giorno, fra gioie e difficoltà, mi mettono davanti agli occhi l’amore più grande che c’è.

Questo libro è dedicato a loro.

Introduzione

Esistono molti libri sull'accudimento dei bambini, forse troppi. Spesso si presentano come manuali di istruzioni, pieni di metodi da imparare come fossero magiche ricette di felicità per genitori e figli: ecco quello che non troverete nel libro che avete fra le mani. L'obiettivo di queste pagine è di liberare i genitori dai pregiudizi culturali trasmessi attraverso giornali, riviste, libri, *format* televisivi e dalle possibili ingerenze di esperti, parenti o amici che si sentono in diritto e in dovere di dare consigli o giudizi non richiesti. Sembra di dover imparare a fare i genitori e di doversi sempre confrontare con padri e madri migliori di noi per non creare figli infelici, dipendenti, che disturbano, troppo mammoni, maleducati, bamboccioni e la lista di aggettivi pare infinita! Sembra di dover sempre rendere conto di quello che facciamo con i nostri bambini: ai nonni, al pediatra, alle amiche, alle maestre e a tutti quelli che conosciamo; spesso ci sentiamo in dovere di giustificare le nostre scelte ancora prima che queste vengano criticate e messe in discussione.

Da sempre la letteratura psicologica, pedagogica e scientifica propone modelli che sovente, negli anni, perdono di valore e credibilità, generando una grande confusione su quale sia il metodo o il modello giusto da seguire per allevare figli felici. Il nocciolo di questo libro, al contrario, è che non esistono metodi uguali per tutti, per il semplice fatto che non esiste un essere umano uguale a un altro. Ogni genitore ha dentro di sé la maggior parte degli strumenti per crescere i figli ed è necessario essere disponibili a mettersi in gioco in prima persona, a calarsi nei panni dei bambini, rivivendo attraverso di loro la propria infanzia. Per molti neogenitori invece questo aspetto sembra superfluo e difficile da considerare come una risorsa, un'occasione irripetibile che ogni bambino porta con sé.

Prima di stringere la propria creatura fra le braccia sembra tutto prevedibile ma poi, quando nasce una nuova vita, è un po' come se ogni volta si rinnovasse il Big Bang dell'universo. Cambia tutto: il ritmo della giornata, il sonno notturno, gli spazi in casa, il rapporto di coppia e le relazioni con le famiglie d'origine. Spesso tutto ciò che ci aspettavamo accadesse, o che avevamo programmato durante la gravidanza, prende una piega diversa o inaspettata: non necessariamente migliore o peggiore rispetto alle aspettative, solo differente. Per esempio, nella nostra cultura non è così scontato che ogni bambino ovunque nasca, indipendentemente dalla cultura, dal ceto sociale e dalla religione di appartenenza, abbia due bisogni fondamentali: quello di essere nutrito al seno di sua madre e quello di contatto fisico.

Niente altro.

Strano? No, semplice. Forse troppo semplice per le leggi del marketing che portano i genitori a compilare liste di nascita sempre più lunghe e gli esperti (o presunti tali) a sfornare teorie e indicazioni di accudimento dei bambini ritenute indispensabili. A mio parere i genitori hanno invece bisogno di ascolto e di essere aiutati a tirare fuori le proprie soluzioni. La rivoluzione deve partire da noi "esperti": se vogliamo che i genitori si riappropriino del loro ruolo e smettano di delegarlo, dobbiamo stare con loro, ascoltarli, passarci tempo e fornire la nostra competenza mettendoci nei loro panni. Hanno bisogno di continuità assistenziale prima e dopo il parto, di professionisti che comunicano fra loro, non di avere pediatri o psicologi che mettono in guardia dai presunti pericoli del viziare i figli se tenuti troppo in braccio, allattati troppo a lungo, tenuti troppo nel lettone, coccolati troppo, considerati troppo; in due parole: amati troppo! Il fatto è che questo è molto difficile da proporre a tante persone. Si pensi invece al metodo uguale per tutti, al test, al prodotto industriale già confezionato: è già fatto, non comunica un sentimento, è somministrabile e vendibile in larga scala e dà l'idea del genitore e del bambino globalizzato, senza confini, senza individualità, né competenza. Per delegare il ruolo di genitore è già tutto pronto in un negozio di articoli per l'infanzia o negli scaffali di un supermercato.

Oppure si può scegliere di *essere* genitore e non soltanto di *farlo*. Si può scegliere di mettersi in discussione ogni giorno e di crescere con i figli in nome dell'affettività e del rispetto dei bisogni di tutti; per allevare esseri umani che mettano al primo posto nella loro scala di valori le relazioni affettive e l'espressione libera dei sentimenti.

Nella nostra cultura la maggior parte dei bisogni irrinunciabili dei bambini viene fatta passare come un possibile vizio. Questo libro ha il preciso scopo di sfatare i più comuni pregiudizi su nascita, allattamento materno, sonno e bisogno di contatto dei neonati e dei bambini attraverso un'analisi approfondita della letteratura scientifica basata sulla fisiologia.

Auguro a tutti coloro che leggeranno queste pagine di condividere con me un messaggio d'amore e di espressione libera delle proprie risorse di genitore, molte volte difficili da racimolare, ma sempre presenti in ognuno di noi. Basta allenarsi ad ascoltarle e accettarle, insieme a loro, i nostri figli. In queste righe non ci sono metodi ma sentimenti di una mamma che ha messo la propria vita e professionalità al servizio dei bambini e delle loro famiglie. È per tutti i genitori che vogliono compiere scelte libere, informate e autonome.

Proprio perché è scritto da una mamma, all'inizio di ogni paragrafo ho inserito alcune "voci di mamme e di papà", per dare la possibilità a ogni lettore di trovare aspetti comuni alla propria esperienza e di riconoscersi nelle parole degli altri.

Buona lettura a tutti.

I

Cultura, conformismo e ruoli genitoriali a confronto

Introduzione: fisiologia, normalità e consumi

"Io passo per una mamma che non intende far crescere il proprio bambino perché dorme con noi, allatto, rispondo sempre e con infinita pazienza a qualsiasi suo richiamo e quando lui comincia ad aver attacchi di rabbia, al posto di innervosirmi, lo tranquillizzo e cerco di capire dove sta il problema. Dicono che lo vizio, che non crescerà mai... per colpa mia! Chiaramente a me non importa ciò che possono pensare 'gli altri', ma ci si sente spesso tanto soli a leggere certi articoli. Vedere che esiste gente come me, che non sono un E.T., è davvero confortante."

Rossella, mamma di Francesco

Questo libro nasce per fare chiarezza e diffondere informazioni su ciò che è normale, sano e universale per tutti i bambini.

Nell'immaginario collettivo occidentale i bambini dovrebbero essere sempre tranquilli, sereni, non disturbare, dormire tutta la notte prima possibile, finire tutto quello che hanno nel piatto, stare fermi. Questi bambini sono quelli rappresentati dalle pubblicità e da una certa cultura dell'immagine, non certo dei sentimenti. Nella nostra mentalità non c'è chiarezza su quali siano i bisogni oggettivi di ogni bambino, in qualsiasi angolo della Terra nasca e cresca. Inoltre, si scambiano questi bisogni per vizi, poiché si ignora che i luoghi comuni relativi al rischio di viziare i bambini non hanno alcuna base biologica ma sono unicamente frutto di pregiudizi ideologici. Sfuggono a molti esperti alcuni aspetti di base della fisiologia, cioè di ciò che è normale per ogni appartenente alla specie umana in un buon stato di salute[1].

L'etimologia della parola *fisiologia* ci rimanda alla lingua greca in cui *physis* e *logos* significano rispettivamente *natura* e *insegnamento*. È, quindi, una disciplina che studia ciò che è naturale e normale per ogni persona in una prospettiva transculturale, che va cioè oltre i modelli e le credenze dettate dalla cultura.

Conoscere a fondo questa materia può aiutare i genitori a capire meglio i propri figli e i loro bisogni, considerando normale, per esempio, dormire con loro, allattarli a lungo o portarli nelle fasce. Nella nostra società queste pratiche sembrano, invece, strane o addirittura da evitare: piuttosto che dare valore a un "pacchetto di cure" che prevedano semplicemente il contatto fra genitori e figli, pare normale delegare tutto agli esperti o ancora sembra che le varie scienze debbano aiutare a vivere meglio e "insegnare" l'impegnativo mestiere del genitore.

In realtà, molto ci è suggerito dallo svolgersi quotidiano della relazione che instauriamo con i nostri figli, soprattutto se questa è basata su princìpi di non violenza, di valorizzazione dei sentimenti e sul rispetto dei bisogni di tutti. Tutti i bambini piangono per segnalare qualcosa di importante; tutti i bambini hanno bisogno di stare in braccio per sentirsi avvolti e contenuti; tutti i bambini hanno esigenze simili, indipendentemente dal paese in cui nascono e vivono. Si tratta di bisogni e di comportamenti adattivi, cioè che rendono migliore l'adattamento del soggetto all'ambiente in cui vive. Ma c'è di più. Riconoscere e rispondere adeguatamente ai bisogni dei bambini li aiuterà a crescere psicologicamente sani ed equilibrati, aumenterà la loro autostima e li agevolerà verso la conquista dell'indipendenza.

Le culture orientali, per tradizione, considerano l'uomo in maniera "olistica", cioè nella sua interezza di mente e corpo. In occidente, invece, l'influenza dei fattori emotivi, affettivi e relazionali implicati nella nascita e nella crescita dei bambini è materia di studio da pochi decenni. È più usuale considerare la salute del bambino soltanto come "assenza di malattia",

1 L'Organizzazione Mondiale della Sanità (OMS) è stata istituita nel 1948 con l'obiettivo di operare per far raggiungere a tutte le popolazioni il livello di salute più elevato possibile. L'OMS fornisce la seguente definizione di salute: "Stato di completo benessere fisico, psichico e sociale e non semplice assenza di malattia".

anziché come un insieme di fattori psichici e fisici in stretta correlazione fra loro nel determinare uno stato di benessere.

Spesso, da noi, si condivide l'opinione secondo cui un bambino che piange o reclama attenzione è soltanto un bambino viziato, capriccioso, furbo o noioso che vuole distrarre l'adulto senza un motivo valido; come se i bisogni emotivi dei bambini fossero trascurabili o, addirittura, come se ignorarli servisse al bebè da palestra di vita per diventare grande, forte e indipendente. Nella nostra cultura si sottovaluta la possibilità che il bimbo sia competente tanto nel sentire quanto nel comunicare i propri bisogni; sembra cioè che i bambini siano "*tabulae rasae*" su cui i genitori devono scrivere regole e princìpi educativi. Ormai ci sono numerose prove del fatto che, già alla nascita, i neonati hanno competenze chiare "in termini di comunicazione, di conoscenza dei loro limiti e delle loro necessità, anche se spesso hanno bisogno di aiuto per tradurle in frasi comprensibili. Ma anche se sanno esprimere le loro necessità e i loro limiti, non sono in grado di difenderli da manipolazioni e violazioni da parte degli adulti. Perciò dipendono dalla capacità e dalla disponibilità di chi si prende cura di loro per riconoscere le proprie competenze e il diritto di prendersi le proprie responsabilità personali"[2].

Se i genitori si aspettano di trovare "manuali di istruzioni" per l'educazione dei propri bambini, rischiano di entrare in un vortice che li distrarrà dall'importanza della relazione con loro. Non c'è così tanto da imparare dall'esterno, né alcun esperto o libro che si possa sostituire al ruolo genitoriale. A questo proposito il pediatra e psicoanalista inglese Donald Winnicott afferma: "La madre non può imparare a fare ciò di cui il bambino ha bisogno dai libri, né dalle infermiere, né dai medici. Può darsi che abbia imparato molto dall'essere stata a sua volta una bambina e anche dall'aver visto i genitori occuparsi di bambini piccoli e dall'avere essa stessa preso parte alla cura dei fratellini minori e, soprattutto, avrà imparato molte cose di importanza vitale giocando, in tenera età, a papà e mamma. [La madre] deve sapere queste cose a un livello più profondo e non necessariamente con quella parte della mente che dispone di parole per tutto. Le cose fondamentali che una madre fa con il suo bambino non si possono fare con le parole"[3].

2 Juul J., *Il bambino è competente*, Feltrinelli, 2001.

3 Winnicott D., *I bambini e le loro madri*, Cortina, 1987.

Oggi la normalità è invece quella di ricorrere all'esperto per qualsiasi cosa riguardi i bambini. Non viene incoraggiata l'autonomia del genitore. Ci sono libri, format televisivi, associazioni e siti web che promuovono la delega del ruolo genitoriale *tout court*, come a dire: "Non vi preoccupate, vi insegniamo noi un metodo per ogni cosa! Abbiamo la soluzione perfetta ai vostri problemi! Voi non dovete fare nulla, ci pensiamo noi". Per esempio, in un inquietante e diffusissimo libro sul sonno dei bambini si ordina ai genitori: "Non fate nulla che non sia scritto in questo libro"[4]. Affermazione che toglie al lettore ogni libertà di scelta e di pensiero. Se i bambini imparano qualcosa da un metodo o da un esperto, lo fanno grazie ad altri e non grazie ai propri genitori. Sembra che il rapporto fra genitori e figli debba essere sempre mediato da qualcuno più competente e autorevole di loro stessi.

Genitori e bambini, invece, sono competenti per portare avanti una sana relazione reciproca nel rispetto dell'individualità di ognuno. Come potrebbe essere altrimenti? Come è possibile che esistano metodi uguali per tutti che riducono i bambini a oggetti? Jesper Juul, terapeuta familiare, afferma a questo proposito: "Secondo i medici e i ricercatori è ormai tempo di cambiare il nostro tipo di relazione nei confronti dei bambini, modificando il rapporto da soggetto/oggetto a soggetto/soggetto"[5].

Quindi, se partiamo dal presupposto che genitori e figli sono persone a tutti gli effetti con diritti, bisogni e competenze, tutto sta nel trovare modalità di educazione e convivenza che rispettino il più possibile ogni membro della famiglia, indipendentemente dall'età. I genitori poi, attraverso il riconoscimento delle proprie capacità e potenzialità, potranno avere più fiducia in se stessi e meno necessità di ricorrere ai consigli degli esperti. Rivolgersi all'esterno non è certo un problema o un segno di debolezza, ma credo che oggi sia diventato necessario recuperare una cultura dell'individualità e dell'unicità di ogni famiglia, per contrastare la tendenza dei genitori a delegare il proprio ruolo agli esperti e a diventarne quindi dipendenti. Il problema nasce, per esempio, quando un pediatra esce dal suo ruolo di medico che cura o previene le malattie e comincia a dare indicazioni rigide al genitore circa le modalità di relazione e di accudimento del bambino.

4 Estivill E., De Bèjar S., *Fate la nanna*, Mandragora Edizioni, 1999.

5 Juul J., *op. cit.*

Scrive Winnicott a tale proposito: "Nell'ambito della mia professione ho naturalmente occasione di ascoltare molte madri riguardo la sofferenza provocata da medici e infermiere che, mentre danno prestazioni di prim'ordine nelle cure di tipo fisico, non sono in grado di evitare di interferire e di essere tutt'altro che utili quando si tratta delle relazioni reciproche fra madre, padre e bambino. Se cominciano a dare consigli circa l'intimità si muovono su un terreno pericoloso, perché né la madre né il bambino hanno bisogno di consigli. Anziché i consigli è loro necessario un apporto ambientale che incoraggi la fiducia della madre in se stessa"[6].

Spesso ho incontrato mamme che di fronte alla domanda: "Lei cosa pensa che sia meglio per suo figlio?" si stupivano di essere in grado di trovare una soluzione propria. Molte volte, invece, fornendo al genitore un ascolto attivo ed empatico[7], è lui stesso che trova la *sua* soluzione, aumentando così la percezione di competenza genitoriale e di autostima.

Questo concetto si può definire con la parola "*empowerment*" che, alla lettera, descrive un processo dinamico di riconoscimento e di accrescimento della fiducia in sé e nelle proprie capacità di gestire la vita: "Avere potere su se stesso, sentirsi ed essere efficace, avere la consapevolezza di potere incidere sugli eventi, godere di una buona autostima, considerare gli insuccessi come momento di apprendimento, sono parte di una condizione psicologica basata sull'*empowerment.* Tale condizione, però, non è data una volta per tutte, ma rappresenta un cammino che favorisce la speranza nel futuro e che permette di percepirsi come persone capaci di cimentarsi e riuscire. Queste non sono persone che hanno raggiunto tutti i propri obiettivi, persone arrivate, persone 'di potere', bensì individui capaci di affrontare la vita e le sue sfide, capaci di attraversare successi e insuccessi mantenendo saldo il potere su se stessi"[8].

Il modello sociale che si basa sull'*empowerment* parte dall'assunto che le persone siano competenti e che debbano trovare servizi ed esperti che le incoraggino a effettuare scelte consapevoli e soprattutto autonome.

Ma allora, perché è così difficile trovare informazioni basate su fisiologia ed *empowerment*? Perché spopolano metodi ed esperti che si sostitui-

6 Winnicott D., *op. cit.*

7 Per approfondire questo tema si veda il Capitolo 4 di questo libro.

8 Definizione liberamente tratta da http://www.aggiornamentisociali.it/0302lessico.html

scono ai genitori per qualsiasi aspetto della vita con i bambini? Che ruolo ha la cultura di appartenenza nelle scelte educative dei genitori? Perché è sempre più diffusa la cultura della delega del ruolo genitoriale, fin dalla gravidanza?

L'idea di questo libro mi è venuta ripensando a tanto tempo fa, quando lavoravo come babysitter e mi domandavo che cosa fosse giusto o sbagliato fare con i bambini, ovvero se esistessero metodi perfetti da seguire per essere un bravo genitore. Osservavo i miei "piccoli clienti" e pensavo a che madre sarei stata.

Poi ho avuto la mia prima figlia e tutto è stato subito chiaro.

Perché quando vedi la tua creatura per la prima volta e la sfiori avendo quasi paura che si rompa, ti sembra che niente sarà più importante di lei... quando le offri il seno e lei si nutre da te... capisci che tutto quello che avevi in mente prima della sua nascita non conta più, e il presente non è come l'avevi previsto e immaginato.

Perché tutto cambia, ma proprio tutto. È un meraviglioso e imprevedibile punto di non ritorno dal quale si parte verso una vita insieme, in cui la tua creatura è un minuscolo essere nato da te e da te completamente dipendente.

Ed ecco la sorpresa: improvvisamente, la donna che ha appena partorito passa in secondo piano, dopo mesi di attenzione convogliata su di sé dall'attesa. Con una battuta si potrebbe dire che la donna in "stato interessante" interessa a tutti, ma dopo che è nato il bambino non interessa più a nessuno!

Dopo la nascita del bambino, infatti, l'interesse di tutti si rivolge al nuovo nato e alla sua candida bellezza e la mamma, con una facilità incredibile, viene inondata di giudizi e consigli su tutto ciò che deve ancora vivere, quando avrebbe solo bisogno di stare insieme al suo bambino e cercare di stabilire con lui un'efficace modalità comunicativa e relazionale. Il momento del parto rappresenta il debutto nel mondo di un bambino, ma anche il riconoscimento sociale della nascita di una madre che, con nove mesi di gravidanza alle spalle, passa dal fantasticare su come saranno i primi giorni di vita della sua creatura, a misurarsi con l'inizio dell'allattamento, coi ritmi che cambiano e col via vai gioioso in casa di parenti e amici.

Ogni cultura ha i propri rituali di accoglienza del neonato e di accudimento della puerpera, ma vale la pena ricordare che l'unica certezza fisiologica su cui basarsi è quella del bisogno assoluto di non separare la mamma dal suo bambino. Nella cultura italiana[9], invece, è considerato normale fin dai primi giorni usare passeggini, ciucci e biberon, lettini con i cancelli, carrozzine, apparecchi per sentire e vedere il neonato a distanza da altre stanze della casa. Tutti oggetti che suggeriscono, quindi, un distacco fisico tra madre e figlio. In altre culture, al contrario, è normale utilizzare fasce porta-bebè anche per l'intera giornata, fare a meno di ciucci e biberon almeno per i primi mesi, dormire con i bambini nello stesso letto o nella stessa stanza, rendendoli partecipi della vita comune della famiglia. Si vive semplicemente *con* loro e non *nonostante* loro. In sintesi, ciò che a noi sembra normale acquistare quando aspettiamo un bambino riflette più un'abitudine socio-culturale che i reali bisogni del neonato.

A questo proposito, tempo fa ho conosciuto una signora di origine italiana che vive in Germania da molti anni. Abbiamo parlato di come, in quel Paese, fasce porta-bebè e pannolini lavabili siano considerati normali nell'accudimento dei bambini e di come si trovino ovunque nei negozi. Mi ha fatto notare, poi, come dieci anni fa, quando tornava in Italia e passeggiava con la sua bimba piccola portata nella fascia, le sembrava di essere un'extraterrestre, tanto la guardavano e le chiedevano cosa fosse quel pezzo di stoffa!

Perciò, anche vicino a noi, le "normalità" cambiano. Quello che ci sembra scontato e ovvio, non lo è più. E ciò accade soltanto perché cambiano le culture, non certo i bambini.

Anche se osserviamo le pubblicità di prodotti per neonati c'è di che riflettere. Si può crescere un bambino ricorrendo soltanto qualche volta (o addirittura mai!) a omogeneizzati, pappe pronte, biberon, ciucci, prodotti cosmetici di dubbia certificazione, sdraiette e contenitori vari? Ebbene sì, questo è possibile. Ma tali informazioni non sono diffuse nella nostra società e sembrano stranezze di mamme "alternative". Ci troviamo di fronte a un fenomeno che oso definire la "mercificazione della nascita". Si pensa che il neonato sia un piccolo consumatore di oggetti e *gadget* indispensabili, quando, invece, i suoi veri bisogni sono ignorati dalla maggior parte delle persone e, per interesse, dal mercato. Ci si dimentica facilmente che, in realtà, è appena nato un piccolo di mammifero che necessita soltanto di latte, calore e amore.

9 Per approfondire questi temi: Cozza G., *Bebè a costo zero*, Il leone verde, 2008.

Non desidero certo indicare al lettore un articolo piuttosto che un altro, né limitare la sua libertà di scelta o di acquisto; ma è mia intenzione far notare quanto la percezione di normalità delle pratiche e degli oggetti per l'infanzia dipenda dalla cultura a cui apparteniamo molto più che dalle reali e oggettive necessità dei bambini. I genitori che non aderiscono ai modelli sociali, culturali ed economici dominanti rischiano di sentirsi come la mamma che ho citato all'inizio di questo paragrafo: degli extraterrestri, delle persone "diverse", che daranno adito a commenti e giudizi, e che saranno spesso tentati di nascondersi o dubitare di sé e delle proprie scelte, soltanto perché non sono usuali. Ecco quindi che l'*empowerment* del genitore è messo a dura prova sia dalle credenze culturali sia dal mercato dell'infanzia, e questo non agevola di certo la relazione con i propri figli.

Ogni genitore dovrebbe sentirsi libero di scegliere la propria modalità di educazione dei bambini, senza condizionamenti culturali e senza pregiudizi sugli ipotetici danni eventualmente causati dall'assecondare il proprio istinto.

Senza grande sforzo, ragionando con la nostra testa e con maggiore autonomia, potremmo allevare le nostre creature in maniera molto più libera e avere con loro una relazione basata sul rispetto reciproco e sulla fiducia nelle competenze di tutti. Avremmo anche la possibilità di aiutare i bilanci familiari, ma ancora di più quelli dell'ambiente in cui viviamo e dell'intero Pianeta, sia a livello economico sia, soprattutto, affettivo.

I bisogni dei bambini non sono vizi

"La parola 'viziare' riferita ai bisogni primari dei bambini mi fa intorcinare le budella."
Adriana, mamma di Mattia

La Rivoluzione Industriale ha portato con sé l'illusione di poter dominare la natura attraverso l'uso delle macchine, prima, e dei calcolatori, poi. Grazie al progresso, nei paesi cosiddetti civilizzati, ognuno di noi gode di innovazioni che hanno cambiato radicalmente la vita. Internet, i telefoni cellulari, i mezzi di trasporto sempre più veloci annullano le distanze e possono provocare nell'uomo una sensazione simile all'onnipotenza. Tutto questo però, negli anni, ha reso evidente quali sono i limiti di un tale progresso scientifico. I disastri climatici ed ecologici, l'esaurimento delle risorse naturali della Terra, lo sfruttamento intensivo del suolo, le malattie nate dalle abitudini consumistiche, l'impoverimento affettivo delle relazioni interpersonali mettono sotto gli occhi di tutti che c'è qualcosa che non va. Dobbiamo correre ai ripari.

Le innovazioni tecnologiche e la ricchezza non sono per tutti e, soprattutto, non sono sufficienti per una vita serena. Esistono ancora Paesi dove si muore di fame, dove l'acqua non è disponibile e dove gli aiuti umanitari fanno fatica ad arrivare. Il progresso è limitato, le nazioni povere esistono e sono molte di più di quello che pensiamo.

Michel Odent[10], medico di fama mondiale, ci fa notare come l'industrializzazione abbia creato conseguenze molto gravi anche nelle pratiche occidentali che riguardano la nascita; propone addirittura di valutare una nazione in base alle modalità in cui nascono i bambini. Non vi è una diffusa consapevolezza, infatti, che la nascita è diventata un oggetto di marketing tanto quanto gli articoli per la prima infanzia; per questo i professionisti che lavorano per comunicare tali informazioni vengono spesso considerati ciarlatani, visionari o, come direbbe Odent stesso, "politicamente scorretti".

Questo è anche il motivo per cui i reali bisogni e le competenze della donna gravida e dei neonati sono praticamente ignorati dalla maggior parte dei genitori e, purtroppo, anche da molti professionisti del settore. Per fare un solo esempio di quanto voglio dire si pensi all'idea comune secondo cui il bambino viene "fatto nascere" dall'ostetrica o dal medico, piuttosto che considerare la donna e il nascituro come protagonisti attivi e competenti del parto.

Parlerò più ampiamente nel prossimo capitolo di questi aspetti legati alla nascita e a tutto il periodo perinatale.

Tornando ai bisogni primari dell'essere umano in generale, Erich Fromm[11], psicoanalista e sociologo tedesco, propone una distinzione tra bisogni soggettivi e bisogni oggettivi.

I bisogni *soggettivi* sono avvertiti solo dal soggetto e la loro soddisfazione comporta un piacere momentaneo; i bisogni *oggettivi* invece sono

10 Odent M., *L'agricoltore e il ginecologo*, Il leone verde, 2006.

11 Fromm E., *Avere o essere*, Mondadori, 2001.

radicati nella natura umana e la loro soddisfazione comporta uno sviluppo dell'uomo che ha per effetto il "vivere bene". I primi possono essere dannosi almeno in parte allo sviluppo dell'individuo, mentre i secondi sono sempre in accordo con le esigenze della natura umana; in altre parole, sono necessari per la sopravvivenza della specie. Quelli oggettivi sono quindi irrinunciabili e comprendono gli aspetti legati all'affettività e al bisogno di appartenenza. Sono proprio questi, dunque, che ci rendono simili a ogni altro essere umano, indipendentemente dall'età, dallo status e dalla cultura di appartenenza.

Entrambi questi autori ipotizzano una catastrofe imminente se non si comprende che la sopravvivenza della specie dipende dalla trasformazione del cuore umano, dall'importanza che si dà all'amore e all'affettività e dal ridimensionamento del valore che si è riconosciuto finora alle leggi dell'industria e dell'economia. Oggi si dà più importanza a ciò che si possiede, alla produttività, alle leggi del mercato, piuttosto che a quello che siamo e all'esempio che diamo ai nostri figli.

Il disastro economico, industriale e ambientale è noto ormai a tutti: ma quello affettivo? L'aumento della sterilità di coppia, l'impoverimento della qualità delle relazioni, la difficoltà nel salutare il nostro vicino di casa, la crescita delle malattie relazionali (autismo, anoressia, depressione...) e le dipendenze da sostanze stupefacenti, o da alcool, dovrebbero farci riflettere.

Forse potremmo considerare l'ABC della sopravvivenza umana proprio a partire dal rispetto della natura, dall'amore e dall'affettività, scoprendo che, ancora una volta, la fisiologia viene in nostro aiuto.

Niente di più facile e immediato, quindi, che concentrarsi sull'inizio, quando un bimbo viene concepito e nasce, passando dall'equilibrio e dall'avvolgimento totale nel corpo caldo di sua madre al caos della vita extrauterina, fatta di luci, suoni e spazi vuoti che prima della nascita non erano nemmeno lontanamente immaginabili.

Quali sono allora i bisogni oggettivi di tutti i neonati, validi come universali[12] di ogni cultura e necessari per la sopravvivenza dell'individuo e della specie?

12 In psicologia sociale, con il termine *universale* si intende ogni comportamento che riguarda il mondo intero, che è valido per tutti gli uomini.

Primo fra tutti il *bisogno di contatto fisico* e di *contenimento*[13], a cui dedicherò un capitolo intero in questo libro – il terzo – data la sua importanza fondamentale e spesso trascurata dalla nostra cultura.

Qui basti accennare che il contatto è uno dei requisiti principali per la sopravvivenza. Serve al neonato per regolare il proprio metabolismo, la temperatura corporea e per provare sicurezza, contenimento, fiducia in sé. La parola "contatto" deriva, infatti, dal latino *contingere* che significa toccare; quindi parlare di contatto implica anche la considerazione del senso del tatto e dell'importanza della pelle come organo che ha funzioni di base per la vita intera dell'individuo.

Fin da neonati, il tatto e le sensazioni di piacere che derivano dalla propria pelle danno un confine, un limite che aiuterà l'acquisizione del senso di identità.

Il bisogno di contatto e di contenimento è una condizione necessaria ma non sufficiente per la vita, in quanto il piccolo d'uomo nasce del tutto dipendente dalla madre e ha bisogno di lei per sopravvivere. In altre parole, contatto e contenimento si collocano all'interno di una relazione di dipendenza fra madre e bambino, che rappresenta il prototipo di tutte le relazioni future: un *imprinting* emozionale di straordinaria importanza, fisica ed emotiva. Alexander Lowen, psicoanalista e padre della bioenergetica, afferma a questo proposito: "Alla nascita il bambino dipende dalla madre per il sostentamento. Il sostentamento per il neonato e per il bambino è qualcosa di più del nutrimento, il bambino ha bisogno di amore, di sicurezza [...]. Il rapporto del bambino con la madre implica un processo energetico. Il contatto del bambino con il sistema energetico della madre eccita l'energia del suo sistema e lo induce ad avvicinarsi al punto di contatto. Se questo è il petto, la carica energetica alla bocca del neonato diventa molto forte [...]. Il neonato ha bisogno del contatto fisico con la madre, così come ha bisogno del cibo e dell'aria. L'intimità necessaria si raggiunge soprattutto attraverso la funzione dell'allattamento al seno; l'allattamento artificiale indebolisce notevolmente il contatto [...]. Il bambino allattato dalla madre ha un con-

13 Con l'espressione *contenimento* mi riferisco al concetto di *holding* proposto dallo psicoanalista Donald Winnicott. *Holding* è un termine che serve per definire la capacità della madre di fungere da 'contenitore' delle angosce del bambino, essendo lei stessa un tramite tra queste e il bambino. Attraverso questa funzione materna il piccolo potrà acquisire gradualmente sicurezza e sentirsi protetto.

trollo maggiore sull'ingerimento del cibo; ne può prendere la quantità che desidera, piccola o grande che sia. Più importante ancora è il fatto che il capezzolo è succhiato profondamente dalla bocca per l'azione della lingua contro la parte posteriore del palato duro, mentre sulla tettarella di gomma agiscono prevalentemente le labbra. Ora qui nascono gli interrogativi fondamentali. Di quanto contatto con la madre ha bisogno il bambino per evitare sensi di privazione? [...] Le mie risposte traumatizzeranno qualche lettore, ma spiegheranno anche i numerosi problemi della salute mentale. Le risposte esatte dipenderanno dal singolo bambino. Soltanto il bambino realmente sa o sente di quanto contatto ha bisogno.[...] Sebbene a tre anni non accada nessun evento biologico importante, questa è un'età importante nella storia dell'individuo. Le madri primitive generalmente allattavano e trasportavano i bambini fino a quell'età. [...] Bioenergeticamente, questo è il momento in cui il bambino è uscito dallo stadio della prima infanzia e mostra una certa indipendenza"[14].

Non soltanto le madri primitive allattavano e portavano addosso i loro bambini fino a tre anni; anche oggi, per molte popolazioni, questi sono comportamenti normali ed è riconosciuto che agevolano il bambino verso l'acquisizione di un buon senso di identità e di autonomia.

Il bisogno di contatto, per di più, è superiore a quello di nutrimento, come ci dimostrano i famosi esperimenti di Harlow[15] sulle scimmie Rhesus, effettuati in laboratorio. I cuccioli appena nati, difatti, preferiscono il contatto con una finta mamma ricoperta di pelo sintetico che avvolge ed emana calore, piuttosto che il biberon offerto da una fredda madre metallica.

In psicologia questo concetto si esprime con la parola *attaccamento* e ha dato origine a una vera e propria teoria di cui l'esponente principale è stato lo psicoanalista John Bowlby.

Si può definire l'attaccamento come "la condizione primaria nella quale un individuo è legato emotivamente a un'altra persona di cui ricerca la vicinanza, considerandola una base sicura e protestando se viene separato da lei"[16].

L'attaccamento, come il bisogno di contatto e di contenimento, è quindi un bisogno primario, oggettivo e universale del cucciolo d'uomo; attacca-

14 Lowen A., *Il linguaggio del corpo*, Feltrinelli, 2003.

15 Harlow H., *The nature of love*, "American Psycologist", 13, pp. 673-685, 1958.

16 Holmes J., *La teoria dell'attaccamento*, Cortina, 1994.

mento, contatto e contenimento sono parti di un tutto che sta alla base di una sana crescita emotiva.

Abbiamo detto che ogni neonato desidera essere tenuto in braccio: sentire che qualcuno lo sorregge gli dà un confine nello spazio e lo aiuta a percepire i propri limiti fisici; inoltre gli fa avvertire calore e sostegno, che soddisfano il suo bisogno di protezione, così come facevano le pareti uterine materne prima della nascita.

Col passare dei mesi e degli anni quel bambino procederà a una sempre più ampia esplorazione del mondo a partire dalla base sicura che l'adulto, soprattutto la madre nei primi mesi, avrà rappresentato per lui. Con i suoi tempi, senza poter stabilire a priori età precise, il piccolo guadagnerà la sicura indipendenza. Forzare l'acquisizione di questa conquista significa non avere fiducia nelle spontanee capacità del bambino di percorrere la propria strada verso il cammino della vita, non accettandone i tempi e le modalità infantili, ma imponendo al contrario schemi di crescita rigidi, adulti e razionali. È ben arduo, infatti, trovare libri di puericultura o di psicologia che non indichino date e tempi di svezzamento dal seno materno, di esilii dal lettone e/o dalla camera dei genitori, di limiti imposti sul tenere in braccio i piccoli: sembra che i tempi debbano sempre essere stabiliti da altri più competenti. Sarebbe ora di comprendere che la definizione di tempi universali e limiti di relazione fisica con i bambini impedisce ai genitori di riconoscere l'unicità del proprio figlio e della propria storia familiare.

Il bambino costruisce la fiducia in sé attraverso il successo nel comunicare i propri bisogni e l'adeguatezza delle risposte ricevute. Nella nostra cultura, basata sulla separazione madre/bambino, si ritiene che il neonato debba essere da subito "bravo", cioè che non disturbi, che dorma tutta la notte, che sia autonomo e indipendente. Si ignora, spesso, l'importanza della necessaria e fisiologica relazione di dipendenza fra madre e neonato, indispensabile per conoscersi e crescere, fin dai primi momenti di vita. Già in utero la madre si era abituata a riconoscere i movimenti attivi fetali, attribuendoli alla propria creatura; dopo la nascita, giorno dopo giorno, stare con il proprio figlio servirà a trovare modalità di comunicazione e relazione che diano sicurezza, sia al bambino che segnala i propri bisogni, sia alla madre che li interpreta e risponde sempre più adeguatamente, sentendosi in grado di espletare il ruolo che la natura le ha dato.

La nostra cultura promuove l'idea che la donna in gravidanza possa fare tutto come se non fosse incinta: che possa lavorare fino alla fine del tempo di gestazione, che sia pronta e scattante fisicamente, senza dare sufficiente considerazione alle sensazioni dovute al suo particolare stato. Questi malintesi possono creare nelle donne una pericolosa scissione tra ciò che sentono istintivamente e ciò che la società impone loro. Allo stesso modo, dopo la nascita del bambino la donna si sentirà in dovere di continuare a svolgere le attività lavorative e domestiche come prima che restasse incinta, per non cedere a un bambino bisognoso di cure che altrimenti crescerebbe sicuramente viziato e dipendente fin dall'inizio dei suoi giorni.

Quante volte, fin dai primi istanti di vita di un bimbo, la madre si sente rivolgere commenti del tipo: "Ma lo tieni sempre in braccio! Se non lo abitui a stare giù, non te lo levi più di dosso!", "Dorme con voi? Quando pensi di togliergli questo vizio?", "Ma come sei sciupata! Da quando hai partorito, non ti riconosco più...", "Non dargli sempre la poppa ogni volta che piange, devi abituarlo a trovare altri modi di consolazione, non vorrai mica tenerlo sempre attaccato!".

Affermazioni di questo tipo (in fondo a questo capitolo ne elenco molte altre) inducono le madri a pensare che il bambino chieda troppo e che stia a loro limitare le occasioni di contatto. Niente di più infondato da un punto di vista puramente fisiologico. Al contrario, è normale e sano che i bambini cerchino la vicinanza fisica e il contatto con la madre: è un bisogno irrinunciabile di tutti i neonati e rappresenta un'iniezione di fiducia essenziale per l'acquisizione dell'autostima. Non esistono evidenze scientifiche che affermino il contrario.

Quindi, in sintesi, un altro bisogno fondamentale dei neonati è la creazione di una *relazione di dipendenza,* che permetta loro la libera espressione delle proprie necessità, fisiche e psichiche. Questo non significa che le mamme debbano essere "ostaggio" dei bambini, ma semplicemente che i pregiudizi della nostra cultura non sono altro che stereotipi privi di verità.

Un altro equivoco è quello di pensare che il neonato abbia bisogno di essere stimolato per apprendere. Maria Montessori afferma in molte sue opere che "i neonati hanno bisogno di risposte, non di stimoli"[17]. Eppure il

17 Per approfondire i concetti dell'approccio montessoriano: Balsamo E., *Libertà e amore*, Il leone verde, 2010.

mercato ci offre *gadget* e arredamenti per bambini, coloratissimi e pieni di attività per stimolarli, come se né loro, né i genitori fossero più capaci di stare insieme in semplicità.

Madre e bambino, quindi, hanno bisogno di stare insieme: l'indipendenza reciproca non ha basi fisiologiche, né serve a nessuno. La relazione di dipendenza che si crea fra genitori e figli e l'ambiente che li circonda sono più che sufficienti per l'ottimale sviluppo psicofisico dei bambini. E poi, siamo proprio sicuri che gli adulti di oggi siano così indipendenti? Che cosa pretendiamo dai bambini se non diamo il buon esempio? L'indipendenza è davvero un valore? E quando invece diventa incapacità di relazionarsi col prossimo? Molti adulti di oggi sono figli dell'epoca in cui se un bambino piangeva, una volta pulito, nutrito e coperto, allora "si faceva i polmoni". Il bravo genitore era colui che "domava" i propri figli fin dal principio; i bravi bambini quelli che non disturbavano gli adulti. Ancora oggi alcune madri sono convinte di dover "impostare" i neonati e puntualmente compaiono associazioni ed esperti che propongono metodi e corsi a tal fine. Ricordo mia madre che spesso mi ha raccontato: "Hai pianto la notte *solo* tutto il primo mese di vita, poi non hai pianto più e hai dormito fino alla mattina dopo"; questa era la triste normalità quaranta anni fa. Ma, a guardarsi un po' intorno, la generazione di adulti così allevati può rivelare carenze affettive che si esprimono nelle vaste dipendenze da fumo, alcool, gioco, cibo, *shopping* compulsivo e nei rapporti affettivamente non equilibrati, basati su una dipendenza relazionale chiaramente infantile. Tutte queste dipendenze sembrano riempire vuoti le cui origini sono ben più lontane. Se gli adulti cresciuti allora come neonati indipendenti sono oggi così dipendenti, forse dobbiamo rovesciare la medaglia e cominciare a fidarci di ciò che è più grande e più potente di noi: la fisiologia, la natura e ciò che ogni bambino ha la capacità di comunicare fin dai primi istanti di vita.

Dobbiamo fidarci del nostro istinto di genitori e di ciò che i bambini ci comunicano.

L'indipendenza si acquisisce a partire dalla dipendenza.

Già la nascita è una prima importante tappa di autonomia. Consideriamo anche solo il primo respiro che improvvisamente il neonato compie da solo e che gli servirà da "allenamento" per il resto di tutta la sua esistenza: nessuno ancora ha pensato di insegnarglielo!

Il bambino ha necessità che si abbia fiducia in lui e nelle sue capacità di segnalare i propri bisogni, avendone una risposta adeguata.

Perché questo non significa viziare?

La buona notizia che stupirà molti è che tutti, ma proprio tutti i bambini, a un certo punto e con i propri tempi – e cioè quando saranno pronti e il loro bisogno di sicurezza sarà appagato – si staccheranno dal seno della propria madre, mangeranno da soli senza sporcarsi, dormiranno sereni nel proprio letto, cammineranno e correranno felici, stabili e senza farsi male, non useranno più pannolini. Ma non è finita qui. La notizia sensazionale, almeno così sembra a guardarsi un po' intorno, è che ogni genitore può esplicare con tranquillità il proprio ruolo in maniera libera e autorevole, senza ricorrere a punizioni, minacce, ricatti, piccole corruzioni, regole coercitive basate sul potere, metodi inventati da altri, tate multimediali, figure professionali che a pagamento si materializzano in casa notte e giorno. I bambini cresciuti nel rispetto dei loro bisogni non avranno nulla a che vedere con i *bambini tiranni* o con i *neonati maleducati* citati in famosi testi di puericultura presenti sugli scaffali delle librerie delle nostre città.

La mia sensazione è che siamo di fronte a un paradosso, a un circolo vizioso.

I genitori, infatti, sono stati espropriati del proprio ruolo più fine, quello di essere *esempio* autorevole di vita per i propri figli e non soltanto uno strumento di applicazione di modelli educativi altrui, imposti dalla società e dalla cultura. Il crollo della famiglia patriarcale ha poi lasciato i genitori soli ad affrontare le richieste della società in termini di produttività lavorativa, inducendoli a trascurare la dimensione affettiva e relazionale nell'educazione dei propri figli. In più, l'ambiente scientifico e gli esperti continuano a sfornare manuali e teorie (peraltro spesso in contraddizione tra loro) basati sulle colpe dei genitori e dei bambini, creando di fatto un circolo vizioso dal quale emerge la perdita più totale della fiducia dei genitori in se stessi e nelle proprie capacità e competenze di accudimento.

Può essere divertente (o triste), dicevamo, scorrere gli scaffali delle librerie per accorgersi di come l'immagine della genitorialità, oggi, assomigli più a un *ring* di pugilato o a una guerra vera e propria. Ecco alcuni titoli di libri in ordine sparso (non me ne vogliano gli autori): *Neonati maleducati*, *Manuale anti-ansia per genitori*, *Fate i bravi*, *Fai la nanna bastardo*, *Ero una brava mamma prima di avere dei figli*, *Manuale di sopravvivenza per neomamme*. Troviamo manuali per essere *coach* ("allenatore") dei propri figli, per non cedere a bambini tiranni, paragonati a spremiagrumi[18] che sfiniscono i genitori senza farli dormire. Pullulano figure professionali "innovative", come alcune puericultrici che vivono a casa delle famiglie con bimbi piccoli e li accudiscono giorno e notte a prezzi da capogiro; si sostituiscono del tutto ai genitori i quali trovano così "finalmente" tempo per sé.

Sembra che i bambini disturbino e basta. Per quale ragione si vuol far credere ai genitori che non è possibile divertirsi con i propri figli? Perché passa il messaggio che non si possa vivere in armonia con i bambini? Accendendo la televisione assistiamo a notissime trasmissioni in cui tate, in divisa da istitutrice di collegio, insegnano ai genitori come farsi rispettare dai figli e la famiglia diventa una struttura gerarchica di espressione di potere: ciò implica una confusione di ruoli, in cui le tate diventano genitori a loro volta, sia dei piccoli che dei grandi, imponendo regole e metodi che, a mio parere, offendono e compromettono la capacità personale di ogni genitore e di ogni famiglia di mettersi in discussione con serenità, fra le mura di casa, nel rispetto delle personalità di ognuno e con l'intimità necessaria. Si è perduta la dimensione privata, affettiva e relazionale connessa al mettere al mondo una nuova vita: tutto è sotto gli occhi di tutti. Sembra proprio che l'industrializzazione abbia come conseguenza diretta la globalizzazione e la standardizzazione delle persone, genitori compresi.

I figli sono diventati target di mercato, non-persone, piccoli tiranni che devono fare i bravi; come se un neonato nascesse maleducato, cattivo, despota, prepotente; come se si divertisse a non far dormire i genitori per puro sadismo, perché è furbo e intenzionalmente maligno! Dove sta il rispetto per la vita?

Non è certo mia intenzione colpevolizzare i genitori che guardano tali trasmissioni o si confrontano con simili modelli o metodi, desidero solo proporre spunti di riflessione per restituire a tutti un po' di buonsenso e di capacità di risolvere in autonomia i piccoli-grandi problemi di ogni giorno nella vita coi bambini. Se un genitore, dopo essersi attentamente informato presso persone competenti, sceglie di aderire a un metodo perché per lui va bene così, nessuno si può permettere di giudicarlo. Ma se la normalità è diventata quella di farsi dire da altri come crescere i propri figli, non ci

18 Estivill E., De Bèjar S., *op. cit.*

si può poi meravigliare se il ruolo genitoriale è così in discussione. Nessun genitore "nasce imparato", questo è certo. Ed è altrettanto certo che i genitori siano attirati da soluzioni semplici, appositamente create per loro da chi ci guadagna soldi e fama; ma così perdono, forse, la possibilità di mettersi in gioco in prima persona, accogliendo l'ignoto e la necessità di trasformazione che ogni bambino porta con sé. Penso che la difficoltà sia proprio quella di accettare il fatto che i figli sono specchi in cui i genitori ritrovano i bambini che sono stati. Penso che la maggior parte di noi adulti non sia sufficientemente consapevole dell'importanza del proprio ruolo di genitore e del valore sociale della famiglia.

È fin troppo evidente invece che, se certi libri e certe trasmissioni televisive sono così diffusi e utilizzati, siamo di fronte a una domanda inquietante che sembra riguardare molti genitori: "Qualcuno, preferibilmente un esperto, mi dica per favore e con urgenza cosa devo fare, perché da solo sono incapace di allevare i miei figli".

Ruoli genitoriali e società a confronto

"Io non sgrido i miei figli non perché siano dei santi o perché sia una menefreghista, ma perché, forse, ne ho prese tante per imparare a star dritta a tavola che sono costretta a pensare che molti genitori non vogliono dei figli da amare, ma... immagini a propria somiglianza. I bambini sono esserini che ti costringono a cambiare vita e punti di vista, orari e priorità. Ma impari cosa è l'amore."

Rachele, mamma di Rebecca, Davide e Anna

"I figli insegnano l'amore! Insegnano ciò che prima di loro non si pensava potesse esistere e non si conosceva! Se lo permettiamo è un'esperienza che ci trasforma completamente e profondamente! Ringrazio sempre mia figlia Sara per questo."

Giovanna, mamma di Sara

Cosa significa diventare genitori oggi?

La storia delle famiglie riflette la storia della nostra società. È fatta di enormi condizionamenti culturali che rendono difficile al singolo superare il conformismo e il pregiudizio. Quando nasce un bambino, immancabilmente, si schiera un "esercito di consiglieri" che sanno già tutto e pretendono di insegnare ai neogenitori come accudirlo. Troppo di frequente si crea una costellazione di persone che giudicano e danno indicazioni, invece di lasciare spazio all'ascolto e al sostegno pratico. Le famiglie di oggi sono spesso sole e con pochi aiuti nelle faccende domestiche. Spesso, non si può contare sui parenti per condividere la gestione dei figli, poiché la società si trasforma e cambiano i ruoli.

Diventare nonni oggi

I nonni, per esempio, non sono più a disposizione dei nipoti come tanti anni fa. Oggi hanno una loro vita fuori casa con molte più possibilità di svago e di gestione autonoma del proprio tempo libero. Inoltre, tra i nonni di oggi – che sono diventati genitori negli anni Settanta – e le neomamme c'è spesso un forte divario culturale: a livello pedagogico e per quanto riguarda l'accudimento di un bimbo piccolo sono cambiate davvero tante cose. Un esempio classico è quello dell'allattamento al seno: oggi sappiamo che il latte di mamma è la norma biologica nell'alimentazione dei neonati, ma a partire dalla fine degli anni Cinquanta del secolo scorso, con il boom del latte artificiale, intere generazioni non sono state allattate al seno. Per questo a molte nonne mancano sia l'esperienza personale sia le informazioni corrette e aggiornate sul tema, e si trovano in difficoltà nell'accettare il cambiamento. Anche per la gestione del sonno, dello svezzamento, dell'educazione in generale, i nonni trovano oggi differenze enormi rispetto a come hanno cresciuto i propri figli. Il neopapà e la neomamma si confrontano inevitabilmente con il loro essere stati bambini, e quindi con i loro genitori, e hanno bisogno di essere accettati nel nuovo ruolo. Se i nonni sono disponibili a rimettersi in gioco e a lasciare il ruolo di genitori ai figli, questi saranno certamente più a loro agio e si sentiranno più sicuri. Spesso succede, invece, che i nonni non colgano questa rinnovata dimensione genitoriale verso i propri figli cresciuti e che, al contrario, vogliano riproporre i propri modelli educativi anche ai nipoti. Va da sé che, in questa maniera, si possono generare conflitti familiari e nella coppia dei neogenitori, a cui mancano i riferimenti storici e affettivi necessari per trasformare la propria identità da figli a genitori. È più che comprensibile che i nonni possano trovare difficoltà a lasciare il testimone ai figli diventati genitori, ma ritengo fondamentale chiarire questo punto poiché, nella mia esperienza di conduttrice di incontri dopo parto, questi conflitti familiari sono molto frequenti. Se da un lato tutto questo è fisiologico, in quanto ci vuole del tempo perché gli equilibri familiari si riassestino, dall'altro è importante che i conflitti vengano ricomposti alla luce delle considerazioni appena fatte, e non vissuti in termini di ingerenza o di irrimediabile incomprensione. Il bisogno di confrontarsi con chi ci ha generato è una tappa naturale di crescita, che serve a maturare e a rielaborare i ruoli di tutti. Se i nonni accetteranno che i tempi sono cambiati rispetto a tanti anni fa, e che ognuno di loro ha certamente fatto quello che riteneva il meglio per allevare i figli, anche considerando le informazioni disponibili all'epoca, capiranno che non ha senso mettersi sullo stesso piano dei propri figli diventati genitori oggi. La ricerca scientifica è andata avanti e i neogenitori hanno diritto di misurarsi con l'esperienza dell'accudimento, confrontandosi coi propri genitori senza paura di essere giudicati o prevaricati. Anche perché attraverso i nipoti lo sguardo dei nonni si spinge avanti nel futuro. Per i bambini poi il nonno è una figura fondamentale, rappresenta le radici, la dimensione storica della famiglia: l'immagine del nonno che racconta storie del passato oggi corre il rischio di svanire. I nonni sono una risorsa preziosa, per i piccini ma anche per i grandi. Danno tanta sicurezza e fanno sentire la storia della famiglia sempre presente; i legami familiari sono così arricchiti dalla nuova generazione che convive con quelle passate in un intreccio di esperienze, passato e futuro che rafforza l'identità di tutti, adulti e bambini.

Nessuno conosce i bambini come chi li ha generati, perciò né il pediatra, né l'insegnante, né il nonno o la nonna, né alcun esperto del settore può e deve sostituirsi al genitore.

I genitori hanno bisogno di essere spronati a cavarsela da soli, a scegliere liberamente, ad avere fiducia in sé, ad accettare debolezze ed errori, a sperimentare l'ignoto, a considerare se stessi e i propri figli quali persone uniche e irripetibili, ognuno con i propri sentimenti.

Diventare madri oggi

Un bambino nasce da un incontro amoroso fra un uomo e una donna, perciò già da questo dato apparentemente banale si può evincere come il ruolo materno sia fatto per essere condiviso. Al contrario, è sempre più diffuso il problema della solitudine delle madri, che si trovano a dover accudire casa, figli e spesso a dover anche lavorare, completamente sole per gran parte del tempo. Troppo facile etichettarle come depresse se presentano ovvie difficoltà di gestione della giornata e della nottata!

Ma facciamo un passo indietro.

Appena ovulo materno e spermatozoo paterno si incontrano e avviene il concepimento, la madre fornisce lo *spazio*, l'ambiente in cui queste cellule possono replicarsi e dare origine a un nuovo essere umano. Quindi la madre, nelle prime fasi della vita di suo figlio, rappresenta lo spazio, il "contenitore" necessario alla sopravvivenza: la madre offre il suo ventre, il suo utero, come ambiente di crescita fisica del feto. Piano piano, con il crescere della pancia, la donna gravida cambierà completamente l'assetto ormonale, la postura, il sonno, la digestione. La giornata assumerà tempi più lenti, dovuti alle sensazioni legate al procedere della gravidanza. Col tempo, il baricentro della gravida si sposterà in avanti, verso il bambino, in un ripiegamento fusionale e simbiotico che è necessario per sintonizzarsi a poco a poco con lui; non a caso la gravidanza dura ben nove mesi. Approfondirò nel prossimo capitolo altri aspetti della gravidanza, ma per ora mi preme sottolineare come il ruolo materno in gestazione sia essenzialmente quello di fornire spazio, contenimento e protezione al feto che porta in grembo. Non cogliere queste trasformazioni e non andar loro incontro, sforzandosi di fare tutto come prima di restare incinta, non è fisiologico e può presentare rischi sia per il protrarsi della gravidanza, sia per affrontare il parto come evento che porta a termine l'attesa realizzandone la potenza. Nel dare la vita, aprendo il proprio corpo e donando al mondo e alla luce la propria creatura, separandosene naturalmente, la madre inizia la condivisione con gli altri del piccolo che finora era stato sempre protetto dentro di lei. Questo sta a significare come anche la mamma diventi tale dal momento in cui accoglie dentro di sé il seme di una nuova vita; non a caso, nei Paesi orientali, la nascita viene datata al concepimento e non al parto. Nella nostra società, viceversa, si tende fin dall'inizio a trascurare ciò che può aiutare una donna nel portare avanti la propria gravidanza in maniera fisiologica: il riposo, la ricerca della serenità, una corretta e sana alimentazione, un po' di tempo per pensare e riflettere sia da sola sia con il compagno a mano a mano che i mesi passano e ci si avvicina alla data presunta del parto.

È usuale considerare una donna gravida come una "futura mamma", ma in realtà quella donna ha già iniziato il suo percorso di maternità dal concepimento, e penso sarebbe più corretto considerare le gestanti come mamme a tutti gli effetti, fin da quando scoprono di essere incinte. La donna non partorisce dal nulla e il bimbo non nasce all'improvviso. Il giorno del parto è il culmine di nove mesi di attesa, nei quali profonde trasformazioni fisiche e psicologiche portano la donna verso l'abbraccio con la sua creatura. Questa si è formata giorno dopo giorno grazie all'utero materno che le ha fornito spazio, accoglienza e nutrimento. Si potrebbe considerare questo aspetto anche nel caso in cui la gravidanza dovesse purtroppo interrompersi o si dia alla luce un bimbo prematuro. Se la mamma è considerata e si considera già tale, potrà elaborare l'accaduto in maniera più semplice e reale. Come ho già affermato recentemente[19], il bambino in utero è ancora pensato come "incompiuto", così come sua madre non è vista tale finché non ha portato a termine la gravidanza. Il punto è che per il mondo esterno la madre è tale solo dopo il parto, mentre per lei il *processo* di acquisizione dell'identità materna è graduale e dilatato tanto quanto il suo ventre durante i nove mesi di gestazione.

Considerare il bambino come una *persona* fin dal suo concepimento e sua madre tale già dai primi istanti di gravidanza può, a mio avviso, restituire dignità a entrambi fin dall'inizio e facilitare l'elaborazione della perdita o della nascita prematura nel caso in cui queste purtroppo avvengano.

Ad ogni modo, la nascita rende reale e visibile il bambino a tutti e obbliga la madre a condividerlo con gli altri e col mondo. Il parto poi modifica ancora il ruolo materno, trasformando in pubblico ciò che prima era intimo e inattaccabile. Nove mesi servono per portare a termine la gravidanza, ma poche ore rendono la separazione fra madre e figlio una realtà. Fin dai primi istanti di vita della sua creatura la madre può, attraverso l'allattamento e le altre cure prossimali, preservare il suo rapporto intimo col bambino, ma deve fare i conti con il fatto di essere sotto gli occhi di tutti.

Essere madre significa anche essere flessibile, aperta ai cambiamenti continui e alla decodifica dei segnali che il bambino le manda. Le madri hanno dalla loro parte la secrezione ormonale e l'istinto: questi aspetti, se incoraggiati, ascoltati e rispettati, danno alle donne una capacità incommensurabile nella gestione del neonato. La condivisione del ruolo con il compagno, che finalmente partecipa in modo attivo alla gestione del bam-

19 Cozza G., *Quando l'attesa si interrompe*, Il leone verde, 2010.

bino, rende lenta e graduale la crescita dello spazio fra madre e figlio, in maniera naturale e rispettosa dei tempi e delle abitudini familiari.

Ecco quindi che la difficoltà delle madri di oggi sta nel giostrarsi fra i propri istinti e i giudizi, i condizionamenti culturali e le indicazioni di chi le circonda. È questo che rende loro la vita difficile, non il bambino in sé o le sue richieste. Eppure, come abbiamo visto, la nostra società "civilizzata ed evoluta" ci fa credere che il bambino si debba adeguare ai ritmi degli adulti, piuttosto che il contrario. Sue Gerhardt, psicoanalista inglese, afferma a questo proposito: "Molte delle scoperte scientifiche nel campo delle emozioni sembrano reinventare la ruota. Affermano l'importanza del contatto, dell'ascolto, del concedere tempo alla gente. Come possiamo convertire queste cose in leggi? Forse è un sogno evanescente pensare che i politici possano occuparsi efficacemente della qualità delle cure parentali primarie? Non si tratta forse di un affare privato che si verifica nello spazio privato delle nostre case? [...] La questione è: ci possiamo permettere o meno di lasciare che le cure parentali primarie siano confinate nell'ambito del privato e del personale? Sottolineare l'intimità dell'allevamento dei bambini piccoli rimane un presupposto. Penso che le cure materne siano qualcosa di innato. È vero che dare alla luce e allattare un bambino è un processo intensamente fisico e biologico quanto fare all'amore. C'è una "preparazione" biologica innata a vivere queste esperienze. Eppure, come l'attività sessuale, è anche culturale. Nelle società che vivono più semplicemente, i bambini sono sempre presenti. Ci sono ampie opportunità di tenere i bimbi in braccio, calmarli, imporre loro una disciplina e imparare a conoscerli. In altre parole c'è una preparazione psicologica a diventare genitori attraverso l'apprendimento sociale e l'osservazione. Ma nelle società occidentali, in cui le persone sono isolate le une dalle altre fisicamente dalle loro elaborate case e appartamenti, e dove il lavoro è rigidamente separato dalla vita domestica, queste opportunità non si presentano. Ci sono poche occasioni per osservare come una madre esperta tratta il suo neonato, o il suo bambino più grandicello, e minori opportunità di far pratica con i figli degli altri. In queste circostanze le uniche fonti di informazione sono i libri e i programmi televisivi. Più spesso il neogenitore semplicemente si basa sul suo apprendimento inconscio, costruito sul proprio vissuto di bambino. Questi istinti lo orienteranno. Ed è in parte per questo che modelli scarsamente adattivi si trasmettono da una generazione all'altra"[20].

Molte persone non hanno ricevuto ascolto e rispetto dei propri bisogni quando erano piccole e perciò trovano difficoltà nel farlo quando diventano genitori.

Il celebre pediatra William Sears scrive: "I bisogni che sono stati compresi e appagati da piccoli non chiedono più di essere risolti da adulti"[21]. Perciò, diventare genitori mette in contatto con il bambino che si è stati e con le esperienze vissute in età infantile. Ciò fornisce una cornice emotiva su cui si basa l'autostima delle persone e la loro capacità di far fronte agli eventi della vita: compreso il diventare genitori. Questi aspetti sono studiati dalla psicogenealogia, una branca della psicologia che chiarisce come "l'eredità familiare si inscrive nelle nostre cellule fin dal momento del concepimento con conseguenze a lungo termine importanti e significative. Il carico di situazioni irrisolte e ripetitive si trasmette inconsapevolmente di generazione in generazione fino a che un membro familiare riesce, attraverso un'analisi introspettiva e un impegnativo lavoro, a spezzare la catena, liberando così da un peso opprimente se stesso e i suoi discendenti"[22].

Diventare padri oggi

Padri e madri hanno ruoli diversi per natura. Entrambi sono persone che riflettono la propria vita passata e le influenze culturali in cui sono vissuti. Entrambi, ovviamente, non sono perfetti e possono sbagliare. Spesso si pensa che diventare genitori significhi rasentare la perfezione, sia come individui sia come coppia, e soprattutto che tutto sarà sotto controllo e facilmente gestibile.

A un certo punto della loro vita un uomo e una donna si incontrano e decidono di diventare una famiglia. Un figlio è il coronamento dell'amore tra due persone; è il simbolo stesso, il frutto – il più grande e prezioso – del sentimento che lega la coppia. Con la sua nascita può rendere ancora più ricca e salda l'unione dei genitori, ma perché ciò accada è necessario che la

20 Gerhardt S., *Perché si devono amare i bambini,* Cortina, 2006.

21 Sears W., *Genitori di giorno e di notte*, La Leche League International, 2007.

22 Balsamo E., *Sono qui con te*, Il leone verde, 2007.

coppia sia disposta ad andare incontro alla trasformazione degli equilibri e dei ruoli che l'accudimento di un neonato impone.

Molto spesso la nascita del primo figlio rappresenta un grosso scossone anche per le coppie più stabili e affiatate. I padri arrivano al momento del parto carichi di nove mesi in cui non hanno sentito dentro di sé il bambino, a differenza delle loro compagne. Non vedono l'ora di poter finalmente toccare e accogliere fra le loro forti braccia il piccolino appena nato. Gravidanza e parto sono tappe evolutive importanti in cui il padre può espletare immediatamente una funzione di protezione e sostentamento della propria donna.

Odent ci fa notare che "Lo stato emotivo della madre in gravidanza influenza la crescita del feto. Al giorno d'oggi si possono interpretare scientificamente i meccanismi che legano lo stato emotivo della madre alla crescita fetale. Quindi uno dei doveri di tutti coloro che circondano una donna incinta è di proteggere il suo stato emotivo"[23]. Dopo la nascita, un po' come la placenta in gravidanza, il padre ha un ruolo di filtro nel proteggere madre e figlio dall'esterno. Nella nostra società non è noto a sufficienza quanto siano importanti i primi giorni e settimane di vita di un bambino per l'instaurarsi della relazione con entrambi i genitori. Talvolta si parla del padre come "mammo", come se i due ruoli fossero pressoché sovrapponibili. A parte pochissimi esempi, tra i quali spiccano la gestazione di un figlio, il parto e l'allattamento al seno, sembra che sappiamo tutti fare le stesse cose. Di sicuro vi è stato un notevole cambiamento rispetto a qualche decennio fa, quando i padri stavano fuori casa a lavorare e le madri accudivano i bambini, magari con l'aiuto della donne di famiglia. Oggi, per necessità e forse anche per piacere, molti padri hanno imparato a cambiare i pannolini, a fare il bagnetto ai neonati e a gestire le pratiche quotidiane della famiglia. Tutto ciò rappresenta un'ottima occasione anche per il bambino di sperimentare persone, modi e stili diversi di accudimento. I ruoli però non sono gli stessi. Il bimbo nasce da due genitori distinti, che hanno percorso strade diverse, che vivono due mondi emotivi differenti. Questa è la sua ricchezza, la sua eccezionale opportunità di crescita.

23 Odent M., *Psiconeuroendocrinologia della nascita*, in "Donna&Donna: L'imprinting dell'amore", n. 40/41, Ed. Scuola Elementale di Arte Ostetrica, 2003.

Le madri hanno dalla loro parte un assetto ormonale che le rende dissimili per natura dai loro compagni, mentre i padri spesso riescono ad avere una visione più allargata dei confini simbiotici tra madre e neonato. Si instaura così una preziosa alternanza dei ruoli che serve al bambino e ai genitori per definire spazi e tempi comuni, ma anche per guadagnarsi momenti di indipendenza reciproca. A mano a mano che il tempo passa, il padre potrà gestire il bambino con più sicurezza e dare alla mamma la sufficiente tranquillità per potersi staccare anche solo pochi minuti dal neonato. Le mamme hanno tanto bisogno dei loro compagni! Anche solo la loro presenza è fondamentale. Invece è frequente che i padri si sentano impotenti e ostacolino, per esempio, l'allattamento al seno per paura che il rapporto simbiotico fra madre e bambino non finisca più. L'errore, a mio parere, è quello di non rispettare la distinzione dei ruoli e di pretendere subito di essere intercambiabili, quasi che essere diversi significasse essere più o meno importanti. La complementarietà dei ruoli invece è una risorsa fondamentale quanto il fatto che, quando nasce un bambino, tutto cambia e ogni genitore scopre parti di sé e risorse di cui ignorava totalmente l'esistenza. Spesso, quando sembra di aver raggiunto un equilibrio familiare, è già il tempo di trovarne un altro; dare ai genitori l'illusione che tutto sia controllabile, o incasellabile in metodi o definizioni, rischia di renderli poco flessibili e adattabili alle esigenze dei bambini e di tutta la famiglia.

Nei corsi di accompagnamento alla nascita si tende a parlare poco di questi aspetti, che arrivano quindi perlopiù inaspettati e sconvolgono gli equilibri della famiglia quando arriva un neonato. Di frequente, dopo la nascita dei bambini, i padri si aspettano di ristabilire l'equilibrio che c'era prima della gravidanza, sentendosi messi da parte e addirittura esclusi dal forte legame che si crea immediatamente fra madre e figlio. In realtà il padre ha un'importanza molto sottovalutata nella nostra società: ha la funzione basilare di proteggere la madre e il neonato, e di favorire una sana relazione fra loro. Più la madre si sentirà protetta e sostenuta dal compagno e più sarà a suo agio con il bambino comprendendone i bisogni; di conseguenza l'unità della coppia ne risulterà avvantaggiata. Diventa di fondamentale importanza che i padri riescano a comunicare alle compagne tutti i dubbi e i sentimenti legati ai nuovi reciproci ruoli, per evitare di stratificare incomprensioni che alla lunga potrebbero diventare ingestibili. Alle volte, tutti i cambiamenti che l'arrivo di un bimbo porta con sé possono far dimenticare ai genitori che è normale sentirsi insicuri e spaesati. Può essere utile, a questo proposito, frequentare incontri di gruppo dopo parto in cui siano compresi anche i papà, per condividere le proprie esperienze con altre persone che stanno affrontando lo stesso momento di vita.

Così, in un arco di tempo che all'inizio sembra smisurato ma che in realtà dura qualche mese nel corso di una vita intera, i padri vedranno aumentare sempre più le occasioni di trascorrere intere giornate con i propri figli. Inoltre, avranno contribuito fin dai primi istanti delle loro creature alla protezione del legame simbiotico che le unisce alla madre anche dopo la nascita, come fondamento biologico e naturale per l'acquisizione dell'autostima e della sicurezza di tutta la vita.

Modelli genitoriali a confronto

"Molti bambini sono i risultati di una società a basso contatto. A me fa arrabbiare molto quando sento dire di non tenere in braccio un neonato perché altrimenti 'prende il vizio'. Si parla tanto di bambini che devono essere 'autonomi' da subito, poi si vedono bambini che a tre anni ancora non sanno bere dal bicchiere o usano il ciuccio o mangiano ancora omogeneizzati... La vera autonomia un bambino la conquista se gli si permette di esprimersi e si risponde prontamente alle sue esigenze. Anatomicamente siamo fatte per tenere in braccio i nostri figli: abbiamo anche larghe per poter appoggiare meglio il loro peso e i neonati hanno gambe arcuate per chiuderle a pinza intorno alla nostra vita. Se così non fosse sarebbero in grado di camminare da subito come i puledri, per esempio."

Rossella, mamma di Angela

"La cosa che più mi rattrista è sapere che la maggior parte della gente pensa 'Tutti fanno così (o mi hanno detto così), quindi deve essere fatto così', senza minimamente tener conto del proprio istinto di genitore e del proprio sentire (per non parlare della fiducia nei confronti del figlio). Sfido io a trovare una mamma a cui non si spezzi il cuore lasciando piangere il proprio cucciolo fino al vomito solo perché 'un tale' ha detto di fare così per insegnargli a dormire nel suo lettino. Ma in tutto ciò dov'è l'istinto? Il cuore di mamma? Il buonsenso? Finché la mia piccola mi comunicherà qualcosa cercherò di assecondare i suoi bisogni nel modo più dolce e protettivo che conosco: tramite l'amore."

Federica, mamma di Sophie

"Tutti i bambini sono buoni ma riescono a saperlo solo di riflesso, grazie al modo in cui vengono trattati"[24]. Perciò, anche tutti i genitori sono buoni genitori a patto che non ignorino i bisogni dei bambini. La cultura di appartenenza condiziona l'ascolto e il soddisfacimento di questi bisogni, considerandoli spesso vizi e invalidando l'istinto del genitore che, per questo, tende ad ascoltare maggiormente il mondo esterno piuttosto che sé e il bambino.

Spesso i genitori leggono e obbediscono ai libri o alle teorie di moda, senza fidarsi del proprio istinto e delle proprie capacità, anziché leggere il proprio bambino. Il contesto culturale influenza moltissimo lo stile genitoriale, creando norme a cui istintivamente pare di dover aderire soltanto per il fatto che tutti le seguono. Un celebre aforisma di Oscar Wilde afferma: "Nessuno può essere libero se è costretto a essere simile agli altri". Anche i genitori che aderiscono a modelli culturali, limitando i propri istinti e la relazione con i propri figli, rischiano di non sentirsi liberi di trovare il proprio stile e le proprie modalità di relazione con i bambini.

In realtà, le uniche norme da seguire sono quelle dettate dalla fisiologia e dal rispetto della relazione fra genitori e figli. Insieme alla fisiologia e alla teoria dell'attaccamento, anche l'etnopediatria[25] può servire da cornice teorica di riferimento per i genitori. Questa branca della pediatria studia i differenti modelli di cure parentali per valutarne l'effetto sulla salute globale del bambino, in una prospettiva transculturale. In questo modo, mettendo a confronto gli stili genitoriali nelle varie culture, è possibile ampliare la prospettiva di riferimento dei genitori, abbattendo le frontiere e rendendo nulli i pregiudizi delle singole culture circa l'accudimento dei bambini. A partire da questi studi sono stati individuati due modelli genitoriali riassuntivi: il modello *a basso contatto* e il modello *ad alto contatto*.

Vediamone le caratteristiche principali[26]:

24 Liedloff J., *Il concetto del continuum*, Edizioni La Meridiana, 2000.

25 L'etnopediatria studia e mette a confronto le varie etnie ed i diversi stili di cure materne per valutarne gli effetti sulla salute dei bambini.
Per approfondire: Balsamo E., *Sono qui con te*, *cit.*.

26 Weber E., *Portare i piccoli*, Il leone verde, 2007.

A BASSO CONTATTO	AD ALTO CONTATTO
Nascita industrializzata con separazione madre/bambino.	Nascita in ambiente protetto
Risposta ai bisogni del bambino non immediata e con surrogati (ciucci, biberon, oggetti sostitutivi della madre).	Risposta immediata ai bisogni dei bambini tramite contatto fisico.
Interazione diretta principalmente visiva e verbale, solo occasionalmente fisica.	Interazione basata sul contatto fisico.
Allattamento artificiale, o al seno solo per pochi mesi e non a richiesta.	Allattamento a richiesta giorno e notte.
Durante il giorno bimbo in contenitori vari (ovetti, sdraiette, box, girelli, passeggini).	Portare i bimbi in fasce e altri portabebè.
Sonno solitario.	Sonno condiviso.
Madre sola, cure non condivise.	Cure materne condivise.

L'approccio alla genitorialità basata sul contatto fisico col bambino "è quello che ha caratterizzato tutta la storia dell'uomo (...) È lo stile di accudimento tipico dei mammiferi e quindi quello più fisiologico e adatto alla crescita anche del cucciolo d'uomo. Soltanto in seguito alla rivoluzione industriale, negli ultimi cento anni della nostra storia, questo modello *a contatto prossimale* è stato soppiantato da uno a basso contatto, caratterizzato cioè da una distanza fisica tra il corpo della mamma e quello del bambino e da una relazione tra i due basata prevalentemente sul contatto visivo e uditivo anziché tattile"[27]. È molto comune nella nostra cultura mettere i bambini nelle sdraiette, nei box o nei passeggini, e pensare che il solo parlargli o guardarli spesso sia sufficiente per farli stare tranquilli e sereni. Ogni genitore sa, al contrario, che i bambini stanno senza protestare nei vari "contenitori fatti apposta per loro" per tempi molto limitati e poi recla-

27 Balsamo E., *op. cit.*

mano per essere presi in braccio. Spesso addirittura si pensa che i bambini siano maleducati o viziati se insistono a voler stare a contatto fisico con il corpo degli adulti. Nei modelli culturali a basso contatto non si (ri)conosce il valore fisiologico alla base della ricerca di prossimità fisica e tattile fra bambini e genitori, prossimità necessaria per la capacità del bambino di affrontare il mondo e progredire nei processi maturativi di sviluppo della propria identità e della propria autonomia. Winnicott parla di "esperienza essenziale, quella basata sul contatto senza azione, in cui ci si può sentire una cosa sola tra due persone che sono effettivamente due e non una. Queste cose danno al bambino la possibilità di essere, e da qui hanno origine le cose successive che hanno a che fare con l'azione, il fare e l'essere fatto per. Quando queste condizioni si verificano il bambino è in grado di sviluppare la capacità di avere sentimenti che corrispondono in qualche misura a quelli della madre che si è identificata con il suo bambino e che si è fatta coinvolgere dal bambino e dalla sua cura"[28]. Perciò, non solo è impossibile viziare un bambino tenendolo troppo in braccio, ma anzi, ciò gli servirà come un bagaglio di fiducia che rimarrà nella sua memoria per sempre.

Nel confronto fra i due modelli emerge che i bambini allevati nelle società ad alto contatto non piangono quasi mai, hanno meno coliche e godono di un attaccamento più sicuro; la percentuale di malattie mentali è estremamente bassa e tra gli adulti si registra una minore aggressività[29]. Inoltre, è un modello esteso in tutti i continenti, e di gran lunga il più diffuso in tutto il mondo.

I bambini delle società a basso contatto, viceversa, sono il frutto di un modello dettato dall'industrializzazione, senza alcuna base antropologica, ma solo economica. Vivono in ambienti basati su una cultura visiva, dell'immagine e dell'apparenza, in cui l'affettività e i sentimenti sono considerati valori secondari rispetto alla disciplina e al controllo.

Un altro concetto importante dell'etnopediatria è quello di *nicchia di sviluppo*[30], che identifica un rapporto dinamico e interattivo tra ambiente e fattori genetici e innati. La nicchia di sviluppo viene influenzata da tre

28 Winnicott D., *op. cit.*

29 Balsamo E., *Bambini immigrati e bisogni insoddisfatti: la via dell'etnopediatria,* in *La casa di tutti i colori, Mille modi di crescere,* Franco Angeli, 2002.

30 Weber E., *op. cit.*

fattori: stile di *maternage* (con questa parola si intende l'insieme di cure e attenzioni rivolte al bambino nei primi anni di vita), rappresentazioni interne che gli adulti hanno dei bambini e ambiente fisico e sociale di appartenenza. Perciò, oltre al modello genitoriale a basso o ad alto contatto, anche altri fattori contribuiscono allo sviluppo del bambino, creando una nicchia in cui questa crescita si evolve nel tempo. Le rappresentazioni mentali dei genitori basate sulle proprie esperienze infantili e le norme sociali, culturali e ambientali a cui appartengono hanno un'importanza notevole nel determinare le pratiche di accudimento specifiche di ogni genitore.

In culture come la nostra, per fare un esempio, un bambino è *difficile* se ha il sonno irregolare: infatti interferisce nel modo di vita del genitore basato sull'indipendenza e sull'autonomia dei figli. In Africa, invece, è usuale dormire con i bambini e portarli addosso per quasi tutto il giorno; lo stesso bambino sarebbe quindi considerato normale.

Pertanto sarebbe limitativo suggerire al lettore questo o quel modello genitoriale, in quanto ognuno potrà trarre spunto da quanto detto finora per riflettere e modulare di giorno in giorno il proprio stile educativo. Non esistono modelli assoluti che si possano adattare a ogni famiglia, così come non esistono metodi applicabili a tutti i bambini. Buonsenso e libertà del genitore, rispetto dei bambini e dei loro bisogni, insieme a una corretta informazione e alla possibilità di confrontarsi con professionisti competenti: ecco le uniche cose importanti da non scordare mai. Come disse la volpe al piccolo principe: "Ecco il mio segreto. È molto semplice: non si vede bene che col cuore. L'essenziale è invisibile agli occhi. È il tempo che tu hai perduto per la tua rosa che ha fatto la tua rosa così importante. Gli uomini hanno dimenticato questa verità. Ma tu non la devi dimenticare"[31].

Non ha senso parlare di "tempo di qualità" con i bambini, né di sopperire alla mancanza di tempo con regali o libri sulla loro educazione; niente vale di più del tempo che trascorriamo con loro e del magico ricordo che ne avremo tutti quando saranno cresciuti.

31 De Saint Exupéry A., *Il piccolo principe*, Bompiani, 2000.

(Li)miti e regole

"Io provo una gran tenerezza per quelle persone convinte che il mondo si controlli con l'applicazione esatta e indistinta delle regole. La cosa più importante che ho capito da mio figlio e dagli altri bimbi è che avere un figlio significa capire come sia tutto relativo e allo stesso tempo nuovo, meraviglioso e creativo. Ci sarebbe, insomma, tanto da imparare, tante rigidità da scrollarsi di dosso... Ascoltare, capire, quindi rispettare e amare un figlio, secondo me, ti apre le porte per comprendere tutto il resto più facilmente. Questo amore si impara, o meglio si re-impara, non siamo più educati a sentirlo e viverlo ma la genitorialità può farlo rinascere o riemergere in un secondo."

Beatrice, mamma di Corrado

"I bambini viziati esistono. L'altra sera sono stata a casa di un'amica il cui bimbo di tre anni ha fatto il diavolo a quattro tutta la serata! A un certo punto, dopo cena, si è pulito la bocca sulle tende e nessuno gli ha detto niente! A me ha fatto tristezza, forse avrebbe avuto bisogno di più attenzione."

Paola, mamma di Elisa

Qualcuno potrebbe pensare che questo libro suggerisca di essere "permissivi" con i bambini e di non considerare la questione dei capricci, delle regole e dei limiti da imporre loro. Una vita senza limiti e regole non esiste e l'idea di dover "porre limiti ai bambini è un'altra delle mode in puericultura."[32] Non esistono bambini senza limiti o regole: esistono bambini che, per innumerevoli motivazioni, cercano di attirare l'attenzione degli adulti per avere un punto di riferimento che sfugge loro. Sono spesso bambini in cui non si crede a sufficienza o a cui non si dà abbastanza spazio per esprimersi. Tutti i bambini hanno bisogno della guida autorevole degli adulti, per distinguere i comportamenti desiderabili da quelli non desiderabili, e di sentirsi dire "no" quando serve. Eppure molte famiglie sembrano fondate sul potere, sulla disciplina e sull'ordine gerarchico più che sull'amore e sul rispetto. I genitori sono l'esempio fondamentale da cui i figli attingono per capire le norme su cui si basa la loro prima società: la famiglia. Perciò diventa prioritario che regole e limiti siano posti insieme e senza pronunciare le classiche frasi tipo: "Si fa così e basta", "Lo faccio per il tuo bene", "Devi essere ubbidiente", "Quando sarai grande capirai", "Ver-

32 Gonzàlez C., *Besame mucho*, Coleman, 2005.

gognati di quello che hai fatto". Tutte queste frasi suggeriscono al bambino di doversi reprimere e controllare, oltre al fatto che la sua opinione o anche solo l'aver avuto un'iniziativa sia sbagliato. Scrive ancora Juul a questo proposito: "Le priorità dei nostri genitori si fondavano su valori esteriori, i figli imparavano a 'rigare dritto', 'comportarsi bene', 'andare d'accordo', 'parlare educatamente'. Non si pensava che potessero essere se stessi. Ci si aspettava che recitassero, esattamente come in una commedia. E ci si aspettava che imparassero la loro parte proprio come dei veri attori"[33].

Quei genitori che ancora pensano alla famiglia come a una struttura in cui esercitare un potere sui figli sono certamente in buonafede, così come lo erano i genitori trent'anni fa. Ma non tengono conto del fatto che per avere figli autentici, che fanno proprie le regole e i limiti, l'elemento fondamentale è il tipo di interazione familiare, in cui dovrebbe regnare un clima di stabilità, autorevolezza e sicurezza. I figli non dovrebbero avere la responsabilità di essere l'ago della bussola della famiglia poiché il loro ruolo non è uguale a quello dei genitori, se non per dignità e rispetto. Temo molto l'affermazione secondo cui "il genitore è il miglior amico del figlio" in quanto postula una confusione di ruoli nella quale il figlio non ha più una guida autorevole a cui riferirsi e si sente perso. Viceversa, se la famiglia fosse una struttura di potere vorrebbe dire che esistono vincitori e vinti, non persone con uguale dignità. Se i bambini percepiscono di essere considerati inferiori, prima o poi si ribelleranno all'autorità per potersi sentire integri e non subordinati. I bambini, inoltre, non fanno che riproporre comportamenti e frasi dei genitori in contesti diversi, e questo non viene riconosciuto ma di solito travisato come maleducazione. Spesso si negano i sentimenti dei più piccoli come se fossero di poco conto rispetto a quelli degli adulti. Di fronte a un bambino che piange gli si chiede di smettere, di controllarsi, di reprimersi. I bambini imparano così ad attirare l'attenzione con altri mezzi, visto che i propri sentimenti, l'espressione dei propri bisogni e le proprie iniziative non sono accettabili. La conseguenza diretta è la perdita di autostima del bambino e dell'autorevolezza del genitore, che non sa più leggere le emozioni del figlio e forse nemmeno le proprie.

Scrive ancora Juul: "Il comportamento dei figli, che sia collaborativo o distruttivo, è importante per il loro sviluppo e la loro salute, ma lo è altret-

33 Juul J., *op. cit.*

tanto per quella dei genitori. L'interazione tra genitori e figli è un processo di mutuo apprendimento, e quanto più trattiamo gli altri con dignità, tanto più ne otteniamo un vantaggio reciproco"[34]. Dare valore ai sentimenti di tutti e alla relazione che si instaura fra genitori e figli rappresenta una svolta fondamentale per assumere un ruolo genitoriale autorevole, fondato sul rispetto reciproco e sull'integrità personale.

Nel quarto capitolo di questo libro illustrerò come comunicare con i bambini in maniera efficace facendo emergere i loro sentimenti e i loro bisogni. Ogni genitore è in grado di "mettere i paletti" che ritiene più giusti per accompagnare il cammino dei propri figli e, come sempre, non è obbligatorio aderire ai vari modelli etichettati come "permissivi", "democratici" o "autoritari". In ogni famiglia le regole verranno definite anche in base alle esperienze infantili dei genitori, a chi si occupa per la maggior parte del tempo dei bambini, alla situazione socioeconomica della famiglia stessa e a mille altre variabili. Non si può generalizzare sulle regole e sui limiti, ma si può certo affermare che un bambino cresciuto nel rispetto e nell'autorevolezza, all'interno di una interazione familiare che si adatti alle situazioni della vita come esempio di flessibilità, sarà un bambino ascoltato, rispettato e guidato verso l'autonomia e l'autostima. Se noi genitori siamo i primi a non credere nei nostri figli e nelle loro capacità, come potranno loro stessi acquisire sicurezza e fiducia in se stessi? Sovente rimproveriamo i bambini senza reale motivo o imponiamo loro limiti non necessari che comunicano solo intransigenza e mancanza di ragionevolezza; oppure non siamo disponibili a tornare sui nostri passi quando ci accorgiamo di aver esagerato un po' o addirittura di aver sbagliato. Si pensa che i genitori debbano essere sempre d'accordo fra loro e "tutti di un pezzo" altrimenti perderanno il rispetto dei loro figli. Il pediatra spagnolo Carlos González ci fa notare invece che "quando cediamo, quando negoziamo, quando riconosciamo i nostri errori, non perdiamo il rispetto dei nostri figli. Anzi, è proprio in quel momento che lo guadagniamo maggiormente"[35].

34 *Ibidem.*

35 Gonzàlez C., *op. cit.*

Come difendersi dai suggeritori indesiderati

"Purtroppo, per esperienza personale, so sulla mia pelle che avere dei figli, lavorare e gestire una casa è davvero un'impresa immensa. Ritengo che per una madre, che si dedica in prima linea alla crescita del proprio piccolo (intendo anche madri che lavorano), può essere utile un supporto del tipo: dimostrazione del cambio pannolino, dimostrazione della medicazione ombelicale, illustrare il giusto attacco per nutrire il proprio piccolo, aiutare nella gestione delle faccende domestiche, portare una bella teglia di lasagne già pronte! Aiutare le madri significa incoraggiarle quando sono stanche, consigliarle quando credono di aver smarrito la strada, ma assolutamente non sostituirsi a loro. Aiutare le madri significa permettere loro un giusto confronto con altre mamme, informarle adeguatamente, e a questo può essere anche utile la figura di un professionista... ma poi bisogna sapere seguire, e soprattutto ascoltare il nostro innato senso materno! Le nostre nonne sì che sapevano ascoltarlo!"

Ester, mamma di Roberto ed Emanuela

"Il mio nipotino si è appena addormentato. Come sempre (o quasi sempre) desidera che io mi sdrai accanto a lui in modo da poter toccare la mia faccia fino a che lo vince il sonno (lo stesso avviene alla sera con la mamma). È questione di pochi minuti ma sembra proprio che lui abbia bisogno di addormentarsi con la certezza che chi lo ama è lì accanto. La cosa tra alcune amiche e conoscenti desta scalpore perché in questo modo 'prende l'abitudine'. Ovviamente il mio giudizio non è in alcun modo scientifico, ma mi chiedo: è proprio così grave che i nostri bambini prendano qualche abitudine che prima o poi perderanno ma che al momento dà loro qualche sicurezza in più? Provate a pensare con quanto accanimento nei primi mesi di vita cerchiamo di infilare il ciuccio in bocca ai nostri piccoli e con quanto altrettanto accanimento verso i tre anni cerchiamo di toglierglielo!

Voce di nonna (tratta dal sito www.mammeacrobate.com)

Quando nasce un bambino improvvisamente un "esercito di esperti suggeritori" si schiera intorno ai genitori, incalzando per dare pareri e consigli spesso non richiesti. Quindi, oltre alle indicazioni ricevute in ospedale, ci sono quelle di parenti e conoscenti, per non parlare poi di tutto quanto sta scritto su libri e articoli. Di fatto, alla nascita il bimbo reale spesso si rivela molto diverso da quello immaginato nelle fantasie dei nove mesi dell'attesa. C'è la stanchezza per le fatiche del parto, a volte la situazione non è quella ideale (per esempio perché la donna ha subìto un cesareo o perché c'è confusione intorno a lei). E allora c'è bisogno di tempo, di pazienza, di vicinanza e di intimità per imparare a conoscersi. Nella nostra cultura, invece, per la gioia di conoscere il nuovo arrivato si accorre nelle case e si telefona a tutte le ore impedendo alla neomamma di rilassarsi e mettersi nelle condizioni migliori per decodificare i bisogni propri e del neonato. Per il particolare assetto ormonale che segue il parto e per una buona riuscita delle fasi iniziali dell'allattamento, la donna ha bisogno di sentirsi accettata, protetta e contenuta sia dal partner sia dal gruppo familiare. Sembra che il parto sia soltanto un punto di arrivo e non un punto di partenza verso l'instaurarsi di una relazione fra genitori e neonato. Il risultato è che le puerpere spesso entrano in uno stato di confusione e di incertezza che può compromettere la loro percezione di poter assolvere al ruolo materno che, già di per sé, richiede un bel ventaglio di risorse e disponibilità al cambiamento. Più la mamma sarà protetta e incoraggiata verso il contatto col proprio bambino e più sentirà di essere l'unica vera esperta di suo figlio. Ecco cosa suggerisce Winnicott a tale proposito: "Accadrà spesso che persone sconsiderate cerchino di insegnarvi come fare le cose che voi siete in grado di fare *meglio* di quanto chiunque possa mai insegnarvi a fare. Se siete convinte di ciò, potete anche cominciare ad aumentare la vostra capacità di madri imparando da sole le cose che possono esservi insegnate. È mia opinione che non ci sia bisogno di dire alle madri che cosa devono fare o come devono essere. Ciò che possiamo fare è non interferire"[36]. In altre parole, è normale sentirsi incerte e smarrite di fronte a un piccolo bambino così bisognoso di attenzioni, ma le uniche risposte si trovano all'interno di se stesse e nella relazione con lui. Il divario culturale che c'è fra i neogenitori di oggi e i genitori di trenta o quaranta anni fa è molto profondo e non ci si può aspettare competenza su tutto dai propri genitori o dai conoscenti. È preferibile individuare poche persone che godono della nostra fiducia e confrontarsi con queste in caso di necessità, ignorando del tutto chi ci destabilizza, chi ci giudica e ci mette in confusione. Anche i rapporti familiari sono rimessi in discussione dalla nascita di un bambino: suocere, consuocere e parenti vari non tarderanno a esprimere opinioni e valutazioni che spesso accenderanno conflitti in un momento in cui la calma e la tranquillità sono fondamentali per la buona riuscita dell'allattamento e per la serenità di tutti. Come si è già accennato, il padre ha qui un ruolo prioritario: proteggere madre e bambino dalle ingerenze esterne e

36 Winnicott D., *op. cit.*

non mettersi in competizione con la compagna, rispettando il ruolo che la natura le ha donato.

Per concludere, ecco alcune frasi riassuntive da NON dire mai a una neomadre. Si noti come allattamento e sonno siano i due argomenti preferiti dai "dispensatori di buoni consigli" e come sia considerato scontato interferire nel contatto tra madre e bambino.

- *Ti dorme?* (Come se il bambino facesse un piacere alla mamma se dorme).
- *Ti fa dormire?* (Come se scegliesse di far dormire la mamma intenzionalmente).
- *Scambia il giorno per la notte?* (Il ritmo basato sulla luce e sul buio è un'acquisizione graduale dovuta alla secrezione di melatonina. Non una scelta del bambino).
- *Dove dorme?* (Per verificare subito che non dorma insieme ai genitori).
- *Ma si addormenta sempre al seno?* (Come se ci fosse qualcosa di sbagliato).
- *Dorme ancora fra voi?* (*Cosleeping* inteso come vizio quando invece non lo è).
- *Perché non lo stacchi? Sta dormendo!* (Spesso i bambini si rilassano col capezzolo in bocca ma poi riprendono a poppare perché non hanno finito, stanno solo prendendo un po' fiato).
- *Allatti tu?* (Come se fosse strano! Allattare è la norma biologica decisa da centinaia di migliaia di anni per la sopravvivenza della specie umana).
- *Che bello il MIO bambino! Dammelo!* (Come se il bambino fosse una proprietà di chi lo tiene in braccio).
- *È bravo?* (Non esistono bambini cattivi!).
- *Che fortuna! Hai il latte!* (Tutte le mamme hanno il latte, quelle che non possono allattare rappresentano una percentuale inferiore al 5%.[37]).
- *Non lo fai mai piangere! Appena fa "Ue" gli dài la poppa!* (La suzione

37 Negri P., *Tutte le mamme hanno il latte*, Il leone verde, 2005.

non è solo nutritiva ma anche consolatoria e il pianto è sempre un segnale di disagio del bambino).

- *Ha sempre la poppa in bocca questo bambino, per qualsiasi motivo!* (Per un buon allattamento l'OMS raccomanda allattamento a richiesta sia di giorno sia di notte).
- *Ogni quanto mangia?* (Non ci sono regole e orari nell'allattamento al seno a richiesta).
- *Come sei sciupata!* (Piuttosto si potrebbe offrire il proprio aiuto per permettere alla mamma di farsi una doccia o di sistemarsi un po', se ne ha voglia).
- *Non avrà freddo/caldo?* (Di solito queste domande sono frutto di condizionamenti culturali più che di reali pericoli per i bambini. Nessun genitore espone il proprio neonato a freddi e caldi intensi).
- *Ai miei tempi...* (I tempi sono cambiati e nel rispetto di tutti si devono accettare le novità...).
- *Non lo viziare, eh! Poi non lo ripigli più!* (Riconoscere e rispondere ai bisogni dei bambini non significa viziarli).
- *Ma sta sempre in braccio questo bambino!* (Il contatto fisico non è mai dannoso!).
- *Non ti preoccupare, se piange si fa i polmoni!* (Pregiudizio culturale privo di fondamento scientifico).
- *Ma lo tieni sempre in braccio tu! Non ce lo dài mai! Dallo a me!* (È normale che la mamma abbia l'istinto di tenere con sé il bambino, è stato nove mesi dentro di lei! Spesso le mamme sono profondamente infastidite se non hanno sott'occhio il bimbo).
- *Lascia fare a me, tu sei inesperta ancora, ti faccio vedere io come si cambia, come si lava, come si medica il cordone, come si veste ecc...* (Le mamme imparano prestissimo e da sole come maneggiare il proprio neonato!).
- *Cosa ha? Perché piange?* (Molte volte non si capisce all'istante perché il bimbo piange e questa domanda non fa che aumentare l'ansia di tutti!).
- *Crescono velocemente, non ti preoccupare, poi rimpiangerai questi mo-*

menti! (I primi tempi con un bambino sembrano infiniti e spesso sono pieni di incertezze. Alla neomamma serve concentrarsi sul bambino così come è sul momento, non immaginarselo ventenne!).

- *Ora non è nulla: bambini piccoli, problemi piccoli. Quando diventerà grande, invece...* (Non serve a nulla far credere alla madre che i problemi iniziali siano di poco conto, per lei sono importantissimi!).

II

I bambini nascono "viziati"

Gravidanza e parto influiscono a lungo termine sulla vita emotiva e fisica del bambino e sulla relazione con la madre

"Se ripenso al mio parto non posso certo dire che siano stati rispettati i miei tempi! Ho avuto un travaglio molto veloce e dopo circa due ore di spinte, e l'aiuto di un corpulento ginecologo, mio figlio è nato. Me lo hanno fatto vedere un attimo: piangeva disperatamente; non ho avuto nemmeno il tempo di toccarlo che già lo avevano portato via... Intanto l'ostetrica cercava la mia placenta, mi spremeva la pancia, ci frugava dentro e tirava. Ho provato un dolore bestiale, molto più forte delle contrazioni e ho urlato, cosa che ancora non avevo fatto! Così mi hanno addormentato ed eseguito un secondamento manuale. Dopo ho subìto varie visite perché il mio utero aveva smesso troppo presto di contrarsi e quindi mi hanno somministrato ossitocina per provocarmi nuove contrazioni. Poi, finalmente, mi hanno portato Lorenzo. Ho saputo solo dopo che il secondamento può anche avvenire dopo mezz'ora dal parto e che ci sono pratiche che possono favorirlo tipo attaccare subito al seno il bambino e fare massaggi particolari alla pancia; ma ci vuole tempo, e quella mattina c'erano molti travagli in corso... Ora mi chiedo: la mia difficoltà a interagire i primi tempi con Lorenzo e con i suoi pianti inconsolabili poteva essere minore se avessi potuto accoglierlo subito? La disperazione di mio figlio sarebbe stata più sopportabile se, nel momento forse più delicato della sua vita, non fosse stato lasciato da solo a gestirla? Il 'disturbo' avvenuto durante il mio parto non mi ha impedito di amare mio figlio, ma ha sicuramente causato sofferenza e insicurezza in entrambi. Sarebbe bello che un giorno questo fosse 'scontato' per tutti e che non ci fosse più bisogno di soffrire per capire."

Paola, mamma di Lorenzo

"Ho dovuto lottare per un diritto che la natura mi aveva dato: partorire naturalmente! Mi avevano detto che avevo il diabete gestazionale, l'ipertensione gravidica e pure lo streptococco... Bene, siccome nel primo parto mi sono sentita usurpata dall'incompetenza di alcuni operatori, nel secondo ero già pronta e mi sono documentata: ho dimostrato, studi alla mano, che le mie erano situazioni fisiologiche e che i valori di glicemia e pressione si erano stabilizzati; ma qualcuno mi ha chiuso la porta della fisiologia lo stesso! Non tutti però lo hanno fatto! Irene è nata in un altro ospedale, in una bellissima stanza del parto naturale, con un protocollo davvero rispettoso della fisiologia: in acqua, senza un punto, senza alcun intervento medico, in tre ore e non ha nemmeno pianto... Mi sono sentita potente come non mai, non ho subìto l'ansia dei medici, ho sempre contato sulle mie forze! Ho avuto fortuna? Io penso che il problema sia la mancanza di ascolto delle donne e l'assistenza protocollare che, per paura di denunce, annulla il buonsenso. O un parto è fisiologico o non lo è! Non deve bastare cambiare ospedale perché lo sia! Non è colpa di nessuno in particolare, è colpa del sistema: è un compromesso sociale e culturale. Ma alle conseguenze a lungo termine di tali pratiche protocollari chi ci pensa? Quando si esce dall'ospedale si chiude la cartella clinica, ma si inizia la vita insieme!"

Alessandra, mamma di Bianca e Irene

Perché parlare di concepimento, gravidanza e parto in un libro sui vizi dei bambini? Perché i condizionamenti culturali influiscono fortemente già in queste prime fasi delle maternità e una donna incinta ha un'occasione irripetibile per riflettere e informarsi, ancora prima di stringere il proprio bambino fra le braccia. Inoltre, le più recenti ricerche ci forniscono elementi importanti per capire il legame che esiste tra le esperienze endouterine e la salute fisica ed emotiva del bambino lungo l'intero corso della sua vita. L'assistenza alla donna in gravidanza, pertanto, dovrebbe tenere conto di questi aspetti e, invece, spesso passa il messaggio che il parto sia una specie di "pacchetto" da scegliere senza conseguenze.

Alle donne incinte vengono fatte domande del tipo: "Che parto farai? Il parto in acqua? Il parto naturale? Il parto senza dolore? O preferisci fare il cesareo?" Sembra che gravidanza e parto siano un traguardo da raggiungere, dopodiché tutto filerà liscio come l'olio. E invece, dopo che il bambino è nato, si torna a casa e si inizia la vita insieme, in famiglia. Il bello è appena cominciato: se gravidanza e parto durano all'incirca nove mesi, la vita con i nostri bambini sarà per sempre.

Non è questa la sede per discutere o dare indicazioni circa epidurale, metodi di assistenza e accompagnamento alla nascita, né per esaminare l'eccesso di medicalizzazione ancora preponderante nel nostro paese. Quello che mi preme è diffondere la fisiologia del *periodo primale*, definito da Odent come il periodo che va dal concepimento al primo anno del bambino, per dare spunti di riflessione e strumenti di scelta alle donne e alle famiglie.

Qualcuno potrebbe obiettare che non tutti i parti sono fisiologici e che con questo tipo di approccio si rischia di discriminare le donne che subiscono parti operativi e/o cesarei. In realtà, credo che sia necessario un grande salto di qualità: riconsiderare la nascita in maniera globale, per far sì che ogni singola donna sia ascoltata, tutelata e rispettata a prescindere dalle sue scelte e dalla sua esperienza di gravidanza e parto. In altre parole, non dovrebbe contare il luogo o la modalità di parto, quanto il fatto che la donna e la sua famiglia ricevano un'assistenza competente, aggiornata, informata, rispettosa, indipendente e libera dagli schemi istituzionali. È fin troppo evidente che i protocolli servono a tutelare il personale medico da eventuali cause legali e a uniformare le pratiche assistenziali, ma quando diventano una pura applicazione di regole senza che sia possibile adattarle alla singola circostanza, le donne sono costrette a piegarsi alle Istituzioni. Lorenzo Braibanti, illustre ginecologo, ha messo in luce come sia "insostenibile la contraddizione fra modelli istituzionali di intervento sulla maternità e bisogni espressi dalla donna e dal neonato. [...] Ne sono nati una sfiducia e un rifiuto verso l'istituzione ostetrica che potranno essere anche giudicati eccessivi, ma che per molti anni hanno rappresentato l'unica direzione possibile verso un cambiamento. [...] Si può e si deve restituire alla natura (ovvero alla mamma, al compagno, al neonato) la pienezza di un'esperienza che si riappropria dei versanti emozionali, affettivi, sessuali della gravidanza e del parto, ritrovando i termini di intimità e di socializzazione che l'istituzione non può e non vuole assumere come rilevanti o primari"[1] .

Il parto, invece, è ancora un evento della vita di cui troppo spesso si considerano secondari gli aspetti affettivi rispetto a quelli protocollari. Nel nostro Paese stiamo assistendo a un vertiginoso aumento dei bambini che nascono con taglio cesareo. Elisabetta Malvagna, mamma di due figli nati in casa, giornalista dell'ANSA e scrittrice, sottolinea come "l'Italia, con quasi il 40%, detiene il primato dei cesarei nel mondo occidentale, triplicati negli ultimi 20 anni. Il bisturi in sala parto raggiunge picchi al Sud (50-60%) e

1 Braibanti L., *Parto e nascita senza violenza*, Red Edizioni, 1993.

nelle cliniche private, dove sette bambini su dieci nascono chirurgicamente. Non solo: nel 50% dei casi il motivo del cesareo non viene indicato nelle cartelle cliniche; quattro donne su dieci non ricevono informazioni sul loro stato; e una donna su due non ha voce in capitolo al momento del parto."[2]

L'Organizzazione Mondiale della Sanità (OMS) stabilisce la soglia massima del ricorso al taglio cesareo al 10-15%[3], soglia che, come abbiamo appena visto, in Italia è superata ampiamente e con grande disparità fra le varie regioni. Se in molti Paesi questi valori sono fuori controllo significa che qualcosa non va, che dobbiamo almeno riflettere.

Afferma Odent a questo proposito: "Porsi l'obiettivo mondiale di ridurre il tasso di cesarei può far rischiare le donne in termini di un aumento di parti lunghi, difficili e con perfusione di ossitocina sintetica di routine. La priorità non è quella di ridurre i cesarei ma quella di conoscere la fisiologia del parto. Se non si rispetta la fisiologia ci saranno conseguenze transgenerazionali in termini di civiltà; è necessario riscoprire i bisogni di base della donna che partorisce, per favorirne il parto fisiologico. Solo così si avrà come conseguenza, e non come obiettivo a sé stante, l'effettiva riduzione del numero dei cesarei" [4]. In altre parole, la riduzione dei cesarei sarà un traguardo raggiunto quando l'assistenza alla donna in travaglio terrà conto dei suoi bisogni fisiologici di base.

La fisiologia è intesa qui come terreno comune per tutti i professionisti e per ogni essere umano, ovunque viva e a qualunque nazione e ceto sociale appartenga. In questi anni invece siamo di fronte a un insensato paradosso: dover dimostrare ciò che è normale! Ci troviamo a ri-scoprire la fisiologia e a dover studiare dal punto di vista scientifico ciò che è semplicemente naturale, con un notevole dispendio di risorse fisiche ed economiche. L'approccio fisiologico, per di più, è interdisciplinare e può servire ai vari operatori coinvolti nella nascita per lavorare insieme a partire da conoscenze di base uguali per tutti. Solo così si potrà davvero cambiar rotta e applicare un approccio olistico che comprenderà simultaneamente gli aspetti

2 Malvagna E., *Partorire senza paura*, Edizioni Red, 2008.

3 Raccomandazioni OMS 1985: *Appropriate technology for birth,* "Lancet" 1985; 2:436-7.

4 Appunti personali tratti da una Giornata di Studio con Michel Odent dal titolo *Nascita e salute primale* svoltasi a Empoli (Fi) il 15 maggio 2010.

psicologici, ginecologici, ostetrici e pediatrici inerenti alla gravidanza e alla nascita. Come sottolinea Odent: “Oggigiorno, per quello che riguarda la nascita, noi siamo come un viaggiatore che si accorge di aver sbagliato strada. In questo tipo di situazione, di solito, l’atteggiamento migliore è tornare al punto di partenza, prima che sia troppo tardi, e poi provare ad andare in un’altra direzione. Speriamo non sia troppo tardi. Speriamo che malgrado l’ingenuità umana, gli ormoni dell’amore continueranno a impregnare il corpo dei nostri discendenti. Se c’è futuro per l’amore, c’è anche futuro per l’umanità”[5].

Ossitocina e attaccamento

Vediamo allora in cosa consiste questo cocktail di ormoni[6] coinvolto nel parto. L’ossitocina (OT) è un ormone ipotalamico che sovraintende alla conservazione della specie. I suoi effetti sono noti soprattutto a livello meccanico. È l’ormone che permette di contrarre l’utero, è responsabile dei riflessi di eiezione[7] del feto e del latte materno ed è implicato nel legame parentale e fra pari. Ai più sono meno noti gli effetti dell’OT sul *comportamento* e il suo ruolo nell’instaurarsi della relazione fra madre e bambino.

Il picco massimo di secrezione di questo ormone si ha nell’ora successiva al parto, la cosiddetta *terza fase* del parto, spesso ignorata come momento importantissimo per l’instaurarsi di un buon legame madre/bambino: fra loro, subito dopo la nascita, avviene cioè un vero e proprio *imprinting* emozionale grazie alle secrezioni ormonali di entrambi.

L’ossitocina è definita ormone *dell’amore*, in quanto coinvolta in ogni atto d’amore che riguarda l’essere umano (concepimento, nascita, allattamento); ormone *dell’altruismo o pro sociale*, poiché si attiva quando c’è

5 Odent M., *Le funzioni degli orgasmi*, Editrice Aam Terranuova, 2009.

6 Un ormone (dalla lingua greca *ormào* = “mettere in movimento”) è un messaggero chimico che trasmette segnali da una cellula (o un gruppo di cellule) ad un’altra cellula (o altro gruppo di cellule).

7 Eiezione = Fuoriuscita. La prima a parlare di riflesso di eiezione del feto è stata la scienziata Niles Newton in: Newton N., *The fetus ejection reflex revisited*, Birth 14:106-108, 1987.

... con l'altro (a questo proposito esiste uno studio[8] che dimostra ...no mangiare in buona compagnia determini rilascio di ossitoci- ...e l'OT è nota anche come ormone *timido*, in quanto viene secreto ...zioni di intimità e di riservatezza. È presente solo nei mammiferi e qu... to ci spiega perché le cure materne di questa classe di esseri viventi siano simili.

È, poi, secreta in seguito a stimoli non dolorosi che si producono per contatto intimo con altri esseri viventi ed è un antagonista[9] dell'adrenalina, un ormone che si attiva invece in situazioni di pericolo e di paura. Nel parto l'adrenalina viene secreta se la donna ha paura, freddo, fame o se intorno a lei ci sono persone molto agitate e preoccupate. Odent afferma nelle sue opere che l'adrenalina è "contagiosa": vicino a una donna in travaglio ci dovrebbe essere un clima che riduca al minimo gli stimoli di pericolo e paura e, di conseguenza, faciliti in lei la secrezione di ossitocina naturale. Spesso quando un parto è piuttosto lungo ci si può domandare se i bisogni di base della partoriente siano stati sottovalutati. Odent ne identifica cinque:

- Sentirsi al sicuro e protetta
- Silenzio
- Luce soffusa
- Non sentirsi osservata
- Non avere freddo

Se consideriamo, per esempio, le innumerevoli sollecitazioni verbali a cui è sottoposta una donna in travaglio in ospedale, possiamo facilmente capire quanto sia costretta a porre attenzione a ciò che le viene chiesto o detto dall'esterno, piuttosto che concentrarsi sulle proprie sensazioni e sui messaggi che le manda il bambino. Per partorire "bene" serve, al contrario, mettere a riposo la parte razionale del cervello, che implica attenzione verso l'esterno e può ostacolare il progredire del travaglio: la neocortec-

8 Newton N., Modhal C., "Oxytocin-psycoactive hormone of love and breastfeeding", in *The free woman*, Parthenon, Carnforth, Lancashire, Regno Unito, 1989; pp. 343-50.

9 Due o più ormoni si definiscono *antagonisti* se vengono secreti in alternativa. La secrezione di uno inibisce il rilascio dell'altro.

cia cerebrale. Da un punto di vista pratico, se vediamo che la partoriente sembra "essere su un altro pianeta", che fa e dice cose che altrimenti non farebbe mai, o si mette in posizioni che sembrano strane e assurde, siamo certi che non è inibita dall'attività neocorticale, ma è a contatto con le sensazioni provenienti dalla parte più antica del cervello (la paleocorteccia). Soltanto questa ultima porzione cerebrale è utile al parto, mentre la neocorteccia rappresenta un serio ostacolo all'emergere delle capacità istintuali di ogni donna di partorire nel rispetto della fisiologia. Se pensiamo alla maggior parte dei nostri ospedali, dove le donne travagliano in camerate comuni, magari durante l'ora di visita o delle pulizie, si capisce come la fisiologia non venga rispettata e come sia facile deviarne il corso. Le donne sono mammiferi e hanno bisogno di percepire il luogo del parto come una "tana", cioè un posto dove sentirsi sicure e protette. Nei parti in casa spesso partoriscono in un angolo buio della casa, e negli ospedali si vedono di frequente donne in travaglio che cercano di isolarsi il più possibile, magari in bagno o, se li trovano, in luoghi solitari.

In un bellissimo articolo le pediatre italiane Annamaria Moschetti e Maria Luisa Tortorella illustrano anche il ruolo che l'OT endogena ha sul legame madre/bambino dopo il parto. Ritengo che questo articolo (facilmente scaricabile da internet)[10] dovrebbe essere patrimonio di chiunque sia coinvolto nell'evento della nascita, soprattutto famiglie e operatori. Gli effetti dell'OT naturale sul comportamento sono quasi del tutto ignorati dagli psicologi dell'età evolutiva e purtroppo anche da molti medici.

Queste autrici fanno notare come le *cure prossimali*[11], tramite il rilascio e l'azione dell'ossitocina, promuovano il legame madre/bambino. Evidenziano anche come certi interventi che ne riducono l'azione (l'epidurale, il ritardo nell'inizio dell'allattamento e la separazione forzata madre-bambino) siano sconsigliabili, in quanto possono influenzare la formazione di un saldo legame di attaccamento.

10 Moschetti A., Tortorella, M. L., *Ossitocina e attaccamento* "Quaderni ACP" 2007; 14(6): 254-260. Questo articolo è scaricabile al seguente link: http://db.acp.it/Quaderni2007.nsf/e437b874346b3d56c1256f44005a1f5a/2ae6f109e697ea4ec12573c60035d38f/$FILE/AGGIORNAMENTOAVAN.pdf

11 Le cure prossimali sono intese come quelle modalità di accudimento che non separano madre e bambino e li fanno restare vicini anche dopo il parto, come allattare al seno, dormire insieme, prenderlo in braccio e trasportarlo addosso con fasce e marsupi.

L'ossitocina non è l'unico, ma è *uno* degli ormoni del parto che insieme rappresentano un vero e proprio cocktail di fisiologia della nascita. Vediamone anche altri:

• Prolattina: ormone che facilita le cure materne, responsabile della produzione del latte.
• Endorfine: ormoni oppiacei che provocano l'inizio della dipendenza e dell'attaccamento; l'effetto è a lungo termine, cioè non si esaurisce in breve tempo.

Gli ormoni sintetici non hanno lo stesso effetto e interferiscono con la secrezione di quelli naturali, perciò possono condizionare in maniera negativa l'instaurarsi del legame di attaccamento madre/bambino, con conseguenze anche a lungo termine. Questi aspetti non sono abbastanza trattati e tenuti in considerazione dalla maggior parte dei protocolli ospedalieri, perché si dà per scontato – quando è vero l'opposto – che le modalità di nascita siano fini a se stesse, senza ripercussioni sulla sfera affettiva e relazionale nella coppia madre/bambino o che, tutt'al più, queste ripercussioni siano di modesta entità e solo temporanee.

Scrivono invece Moschetti e Tortorella: "La natura provvede a creare le condizioni per le quali il neonato e la madre, attraverso una serie di meccanismi finemente regolati, si legano di un legame 'amoroso' che li tiene *costantemente* vicini e che è, esso stesso, indotto dalla vicinanza [...] così che la madre può fornire al bambino le cure adatte alla sua sopravvivenza e alla sua crescita. Le cure prossimali sono uno dei fondamenti della naturale attitudine degli esseri umani a essere efficienti genitori"[12].

In seguito, a proposito dell'OT affermano: "L'OT secreta all'atto dell'accoppiamento, nel corso del parto e dell'allattamento, agisce sulla mente dei partner della relazione sessuale e sulla coppia madre/neonato e madre/lattante [...]. Alla nascita, il picco materno ematico di OT, che perdura per un'ora dopo il parto, sembrerebbe costituire la base fisiologica di una sorta di *imprinting* degli esseri umani: la madre all'atto di ricevere il neonato è per natura predisposta e facilitata all'innamoramento"[13]. Le autrici forniscono

12 *Ibidem*.
13 *Ibidem*.

anche alcune indicazioni per la pratica clinica: "È opportuno non interferire con la possibilità delle madri di offrire spontaneamente cure prossimali secondo la loro naturale tendenza, modulata attraverso caratteristiche individuali. Tale promozione passa attraverso la riorganizzazione delle cure ospedaliere: contatto pelle a pelle e *rooming-in*[14] precoce, contatto con la madre e allattamento al seno. Ma anche attraverso politiche sociali di protezione della donna lavoratrice e contrastando operativamente alcuni pregiudizi sulle cure del neonato e del bambino, relativi alla supposta nocività per la salute o lo sviluppo psicologico di pratiche prossimali come il *cosleeping* o il tenere in braccio. [...] Alla luce di tutto questo è proponibile l'implementazione delle cure prossimali anche nelle madri ansiose o depresse; difatti è stato dimostrato che promuovendo il contatto fisico migliora la reattività del bambino e la sua espressione di affetti positivi; sul versante materno, altresì, l'allattamento e il contatto fisico mitigano l'iperreattività dell'asse ipotalamo-ipofisi-surrene [implicato negli squilibri emozionali caratteristici di sindromi ansiose o depressive][15]".

Kerstin Uvnäs-Moberg, professore di Fisiologia a Stoccolma, è una delle più illustri studiose mondiali dell'ossitocina e dei suoi meccanismi d'azione sul comportamento umano. A un recente convegno mondiale sulla nascita questa autrice ha affermato: "L'OT viene diffusa nel nostro corpo attraverso tre vie differenti. Esiste la diffusione per via nervosa, per via sanguigna e quella diretta nel tessuto cerebrale. Anche i recettori per l'OT sono molti ed entrano in azione in maniera molto diversa fra loro. Alcuni sono recettori transitori e altri sono presenti solo durante l'infanzia o lo sviluppo; altri ancora sono presenti per tutta la vita.

Gli organi bersaglio di questo ormone sono: mammella, utero, ovaio, testicolo, prostata, rene, cuore e sistema vascolare, timo[16], cellule adipose,

14 Si parla di *rooming-in* quando i bambini dopo la nascita, in ospedale, vengono lasciati nella stessa stanza della madre.

15 *Ibidem* (NdA).

16 Il timo è una ghiandola appartenente al sistema linfatico e, più in generale, a quello immunitario. Si tratta di un organo localizzato nella parte alta del mediastino anteriore tra lo sterno ed i grossi vasi che escono dal cuore. Svolge un ruolo importante nello sviluppo del sistema immunitario, essendo il sito primario che permette la maturazione delle cellule-T. L'organo raggiunge il culmine del suo lavoro nelle ultime fasi della gestazione ed all'inizio della pubertà, quando la maggior parte delle cellule-T formate dureranno per tutta la vita dell'individuo. Con il passare della pubertà l'organo

pancreas, surrene. L'OT agisce sullo stato emotivo, diminuisce l'aggressività, la sensazione di paura, abbassa la pressione sanguigna e la frequenza delle pulsazioni cardiache, aumenta la curiosità, il senso di benessere e le capacità mnemoniche. Oltre a ciò, è un ansiolitico naturale, innalza la soglia del dolore, abbassa il livello sanguigno del cortisolo (l'ormone dello stress) e aumenta del 50% la velocità di guarigione delle ferite. Essa accresce l'interesse sociale e la capacità empatica, aumentando la capacità della donna di fidarsi del mondo esterno. Gli effetti a lungo termine dell'ossitocina sono più duraturi se essa viene rilasciata in maniera ripetuta, come per esempio durante tutto il periodo dell'allattamento; quindi l'ossitocina protegge la salute della donna.

È un ormone fondamentale nei primi momenti (minuti, ore e primi giorni) dopo la nascita [anche in caso di parto non fisiologico][17]. Attraverso i suoi effetti, essa promuove l'attaccamento madre/figlio, l'allattamento del bambino e il benessere della donna. È un ormone che agisce a doppio senso: sia dalla mamma al bambino sia viceversa. Così la madre ha un adattamento fisiologico che la rende più adeguata a prendersi cura del bambino"[18].

Molto spesso, le donne in travaglio subiscono una somministrazione di OT sintetica per indurre o velocizzare il parto, o per facilitare l'espulsione della placenta dopo che è nato il bambino. Odent mette in guardia dai possibili effetti inattesi di questa pratica: "Per quanto riguarda la perfusione di OT sintetica siamo davanti a un grosso problema. In quasi nessuno studio relativo al parto si registrano le perfusioni di OT sintetica; non abbiamo una reale statistica di quante donne nel mondo la ricevano. Varrebbe la pena includere questo dato nelle statistiche in quanto abbiamo prove che l'OT sintetica attraversa la placenta nelle due direzioni ma, preferibilmente, dalla madre al bambino. Il fegato del bambino non riesce ancora a metabolizzarla e quindi questa sostanza raggiunge la barriera ematoencefalica, che non è ancora matura e si trova sotto stress ossidativo: arriva cioè al suo cervello e lo penetra. Questo è molto pericoloso poiché alcuni studi provano che i recettori

diminuisce in forma ed efficienza, quest'atrofia è dovuta alla circolazione degli ormoni sessuali.

17 NdA.

18 The Mid-Atlantic Conference on Birth and Primal Health Research, Las Palmas, Gran Canaria, 26-28 Febbraio2010.
Per approfondimenti: http://www.wombecology.com/conference.html

per OT presenti nell'utero, nel seno della madre e nel cervello del bambino diverranno meno sensibili all'OT naturale per molto tempo, se durante il travaglio sono bersagliati dall'OT sintetica. Ciò si verifica poiché travaglio e parto sono periodi critici degli esseri umani, in cui si decidono molti aspetti che hanno ripercussioni sulla salute di tutta la loro vita. Dobbiamo inoltre ragionare su basi transgenerazionali, e non solo a lungo termine relativamente a un singolo individuo. Il rischio, quindi, è che l'OT naturale diventi a lungo andare un ormone superficiale, se continuiamo a inibirne l'azione spontanea. L'OT sintetica, inoltre, desensibilizza molto anche i recettori dell'OT naturale presenti nel seno e può perciò condizionare l'allattamento. Oggigiorno ci sono molte campagne per l'allattamento al seno, ma la loro efficacia può essere vanificata se non indaghiamo ulteriormente gli effetti della perfusione di OT sintetica nel parto e subito dopo la nascita. Spesso si usa anche nella terza fase del parto, quando il bambino è già nato, per favorire l'uscita della placenta, proprio nel picco di massima produzione materna"[19].

A questo proposito, lo stesso autore continua: "La maggior scoperta scientifica del XX secolo è curiosa. Abbiamo scoperto l'importanza della prima ora dopo la nascita e che il neonato ha bisogno della madre e deve stare con lei senza essere disturbato. Fino a cinquant'anni fa la separazione tra madre e bambino dopo la nascita era la regola in moltissime culture; le donne davano per scontato che i bambini dovessero stare nelle *nursery*. Le società umane agiscono spesso attraverso credenze e rituali che separano madre e bambino e non avvalorano l'istinto materno. La trasmissione di teorie scientifiche è una delle forme di controllo culturale più sofisticate e senza precedenti. A un certo punto le ricerche sui mammiferi e sull'*imprinting* emozionale nel periodo perinatale hanno studiato cosa succedeva a lasciare madre e cucciolo insieme: gli ormoni fluttuavano liberamente, il colostro veniva secreto e succhiato con facilità. Se non si interferisce nel contatto fra madre e bambino subito dopo la nascita, questo trova da solo il seno entro un'ora. Quindi la più importante scoperta scientifica è che il bambino appena nato ha bisogno di sua madre e che la madre va lasciata in pace! Ma i bisogni di base della mamma e del bambino si scontrano con gli ostacoli culturali. Perciò, dobbiamo stare alla larga dalle dottrine e dalle teorie e co-

19 Appunti personali tratti da una Giornata di Studio con Michel Odent dal titolo *Nascita e salute primale* svoltasi a Empoli il 15 maggio 2010.

noscere la fisiologia che è transculturale! Essere mammiferi significa andare contro i condizionamenti culturali. Diventa importante quindi non esprimere opinioni ma studiare i fenomeni in profondità, così come sono”[20].

Da questa breve analisi degli effetti dell’OT naturale sul comportamento materno e sul bambino, si evince come i bambini nascano programmati alla vicinanza con la madre per molti mesi/anni e come la madre stessa sia equipaggiata, grazie agli ormoni naturali, ad affrontare la maternità. Ecco perché i bambini nascono “viziati” e non lo diventano! Ciò che intendiamo come “vizi” dei bambini altro non sono che bisogni primari irrinunciabili di ogni cucciolo d’uomo. Sono bisogni d’amore che trovano conferma nella fisiologia e nelle secrezioni ormonali coinvolte nel parto e nell’allattamento. Non sono opinioni o mode educative, ma norme biologiche imperative da rispettare come base della salute fisica e affettiva di ogni essere umano, lungo tutto il suo ciclo vitale.

Allora potremmo affermare che i bambini nascono per essere amati e che i vizi non c’entrano in quanto sono sovrastrutture culturali e basta; sviano gli istinti di accudimento dei genitori e creano malintesi educativi fin dai primi istanti di vita dei loro figli. Ecco perché ho voluto andare all’origine dei bisogni dei bambini e ho parlato di gravidanza e parto, cercando di sgombrare il campo dai pregiudizi: chi ben comincia è a metà dell’opera, grazie anche al rispetto della fisiologia e del ruolo dell’OT materna. Ovviamente la fisiologia è condizione necessaria ma non sufficiente, in quanto è altrettanto necessaria la relazione diretta e il contatto fisico fra madre e bambino. Vorrei rassicurare le mamme che avessero avuto un parto difficile che, attraverso la relazione con il bambino, con l’allattamento e un accudimento ad alto contatto, molto può essere recuperato. Il parto non è un marchio indelebile come molti vogliono far credere. Le risorse delle donne sono infinite e imprevedibili, perciò anche una brutta esperienza, con il tempo e magari ricorrendo all’aiuto di un bravo psicologo, può essere vista come un’occasione di crescita interiore ed essere trasformata e integrata senza traumi nella propria storia personale. Vorrei anche che le mamme in attesa potessero riflettere sul fatto che sono le protagoniste della *loro* gravidanza e del *loro* parto, così come dopo saranno le principali esperte dei *loro* bambini. Delegare, quando non è davvero necessario, impoverisce il lega-

20 *Ibidem.*

me con il figlio fin dall'inizio e può portare a delegare ancora ogni qualvolta ci si trovi di fronte a difficoltà anche banali nell'accudimento dei bambini.

Pratiche assistenziali che promuovano al massimo l'*empowerment* delle donne e delle famiglie saranno un guadagno per tutti: per i medici, che si troveranno di fronte mamme più autonome e studi meno affollati; per le mamme stesse, che saranno più libere di esprimere le proprie competenze e di rivolgersi ai medici soltanto quando davvero necessario; e per i bambini, che si sentiranno accolti e rispettati fra le braccia sicure e amorevoli di chi li ha generati.

Ascoltare le donne e aiutare l'emergere delle loro competenze

"Avendo più di 35 anni quando sono rimasta incinta, tutti si sentivano in dovere, senza che io lo chiedessi, di avvertirmi 'per il mio bene': dovevo assolutamente sottopormi ad accertamenti prenatali dal ginecologo più famoso (e costoso, ma quando c'è la salute di mezzo non si deve badare a spese); avevo le caviglie gonfie? Poteva trattarsi di gestosi; volevo lavorare fino all'ottavo mese? Non ce l'avrei mai fatta, troppo caldo (la data presunta del parto era il 20 settembre); parto non medicalizzato? Una follia! poi, povera me, probabilmente non sarei più tornata magra: questo è il destino di chi ha figlie femmine... E che pancia enorme, sicura che dentro non ce ne fossero due di bambini?
Io lasciavo che parlassero, stavo bene e sapevo che sarebbe andato tutto bene, non mi importava delle loro chiacchiere. La cosa che più mi piaceva era immaginare come fosse stare nella pancia: il liquido amniotico che avvolgeva Angela come un abbraccio, i rumori che arrivavano dall'esterno morbidi e la luce che filtrava rosa attraverso la pelle (così avevo letto...)."
Rossella, mamma di Angela

"Ero incinta di quattro mesi della mia prima figlia quando sono stata madrina al battesimo di Simone. Ero molto emozionata e felice. Al ricevimento dopo la cerimonia, con mio profondo stupore, molte donne che si accorgevano del mio stato di gravidanza mi hanno raccontato i loro parti, spesso molto drammatici.
Sinceramente avrei voluto che qualcuno mi ascoltasse e mi chiedesse come stavo; quei racconti mi hanno dato molto fastidio. Al mio parto mancava ancora molto e tutti sembravano sapere cosa sarebbe successo a me!"
Alessandra, mamma di Bianca e Irene

La gravidanza, soprattutto la prima, è un momento unico e irripetibile per la donna e per tutta la sua famiglia. Passo dopo passo la mamma, stando a contatto con se stessa, ascoltando il proprio corpo che cambia e le proprie sensazioni, accogliendo tutto quello che ha dentro, scoprirà emozioni di ogni genere: senso di potere, paure, momenti di sicurezza o in cui sembra di non farcela. Spesso sentirà il bisogno di informarsi o di confrontarsi con esperti, familiari e conoscenti su molti aspetti della gravidanza, del parto e del futuro accudimento del bambino.

Ascoltare se stesse sarebbe ancora più facile se le donne fossero ascoltate dagli altri. La donna in stato interessante diventa interessante davvero, soprattutto per altre donne già diventate mamme; diventa il fulcro di parole spesso inutili e ridondanti, di esperienze altrui riportate come presagi di cui tenere assolutamente conto. In definitiva, capita molto di frequente che altri si sentano padroni dell'esperienza unica e irripetibile della donna che hanno davanti senza, il più delle volte, averle dato ascolto. La donna in gravidanza ha bisogno di vivere la propria esperienza avendo fiducia nelle proprie sensazioni ed emozioni; di essere stimolata e incoraggiata nell'espressione di ciò che sta cambiando dentro di lei e di rafforzare il proprio senso di autonomia e di unicità attraverso il confronto con altre donne o con gli esperti. Troppo spesso, se questo non accade, donne non ascoltate quando erano incinte colgono proprio l'occasione del confronto con un'altra donna in gravidanza per rielaborare la propria esperienza, creando un circolo vizioso che non serve a nessuno.

Pertanto, operatori sanitari e familiari dovrebbero tenere ben presente la necessità della donna incinta di essere ascoltata. Più di tanti racconti, libri o giornali da leggere passivamente, forse sarebbe necessario creare spazi di confronto che aiutino le donne a esprimersi e a integrare dentro di sé i veloci cambiamenti che la gravidanza propone e impone. I corsi di accompagnamento alla nascita o quelli dopo parto dovrebbero tenere conto di questi aspetti affettivi e intimi delle donne. Ho visto incontri dove 30 donne assistevano insieme a lezioni didattiche sulla fase dilatante o sulle posizioni più vantaggiose per il travaglio, senza poter parlare ma solo ascoltare. Queste nozioni sono importanti tanto quanto la maniera in cui vengono recepite ed elaborate da ogni singola persona. La donna incinta che frequenta un corso di accompagnamento alla nascita deve potersi esprimere in un contesto protetto e in presenza di persone competenti che possano contenere tali elaborazioni.

Afferma Braibanti a questo proposito: "Se fosse vero che basta spiegare alla donna com'è fatto l'utero, quali sono le fibre muscolari che si contraggono e come si susseguono le varie fasi del parto, le ostetriche partorirebbero benissimo. [...] Ogni volta che si cerca di dominare un atto involontario riducendolo a una manovra cosciente (sia questa una condotta innata come il deglutire o un comportamento appreso come lo scrivere o l'andare in bicicletta), in realtà si diventa più impacciati e maldestri. Chi ha l'enorme responsabilità di 'preparare' le donne al parto, deve tener conto di tali elementi: rispettare il profondo, perché lì è scritta la verità. La donna partorisce bene se interroga il suo profondo"[21].

Michele Grandolfo, dirigente di ricerca presso l'Istituto Superiore di Sanità, ha sostenuto più volte come non sia sufficiente che il personale sanitario padroneggi i contenuti, ma che sia ancora più importante il modo in cui questi vengono trasmessi. Se gli operatori della nascita si pongono come "detentori della verità", la donna tenderà ad assumere una posizione subordinata e a delegare la propria esperienza, senza essere incoraggiata a esprimere le proprie competenze. Poiché le persone mescolano le informazioni scorrette con il proprio vissuto e con il momento di vita che stanno attraversando, gli operatori sanitari dovrebbero mettere in atto, più che una modalità taumaturgica, una sorta di "maieutica" di ispirazione socratica. Questo termine viene dal greco *maieutiké* e indica "l'arte della levatrice" (o "dell'ostetricia"). L'arte dialettica, cioè, viene paragonata da Socrate a quella della levatrice: come quest'ultima, il filosofo di Atene intendeva "tirar fuori" dall'allievo pensieri assolutamente personali, al contrario di quanti volevano imporre le proprie vedute con la retorica e l'arte della persuasione. Sarebbe perciò molto meglio aiutare la donna a tirare fuori le proprie competenze e le proprie riflessioni piuttosto che inculcarle verità a lei estranee. Questo tipo di approccio la aiuterà nel processo di *empowerment* personale e non provocherà dipendenza dal medico o dal personale sanitario. Ancora Braibanti sottolinea che "la madre iperprotettiva nasce dall'insicurezza. In un'indagine retrospettiva sulle madri iperprotettive potrebbe essere molto spesso trovato un errore di comportamento medico [...]. In questo modo possono essere sollecitati nella donna sentimenti di inadeguatezza rispetto alla propria capacità di far nascere e di prendersi cura del bambino. Tutte le volte che si sente colpevole o inadeguata, può scattare la disforia depressiva cui segue inevitabilmente l'iperprotettività. [...] Tutto quello che rafforza l'autostima della madre è importante nella

21 Braibanti L., *op. cit.*

preparazione al parto e nel momento del parto"[22]. Ognuno eserciterà così il suo ruolo nel rispetto di quello dell'altro. La delega al sapere medico lascerà il posto all'autonomia e alla consapevolezza di potersi rivolgere e di essere ascoltati dagli esperti se necessario, ma anche di poter contare sulle proprie forze e sulle proprie risorse interiori. Poiché la scienza si contraddice di frequente e non esiste una verità assoluta né in medicina né in ostetricia, da parte degli operatori non serve un atteggiamento di potere e di gerarchia; al contrario sarà certamente più vantaggioso favorire l'autonomia e la sicurezza delle persone, intese come individui unici e non soltanto come massa indifferenziata di utenti.

Se si dà l'impressione di avere la verità in tasca la donna si chiude, si sente subordinata e inferiore. Rifuggirà, inoltre, dal mettersi in gioco personalmente anche dopo che è nato il bambino, perché sarà troppo difficile e faticoso andare controcorrente, contro il sapere medico in una società basata sul consumo e sulla mercificazione, che trascura gli affetti, le relazioni e il mondo interiore delle persone, bambini *in primis*.

Endogestazione

L'*endogestazione* è il periodo – dal concepimento alla nascita – in cui la gestazione ha come ambiente l'utero materno. Questa fase culmina con la nascita di un bimbo incapace di sopravvivere senza un legame profondo, sia fisico sia emotivo, con la madre o con altri adulti che si prendano cura di lui. Il cucciolo d'uomo nasce molto più dipendente e immaturo di altri mammiferi. È per questo motivo che si può intendere la nascita come una tappa di continuità fra la gestazione endouterina e la fase di vita successiva. Braibanti ha proposto di parlare di *esogestazione* per individuare il periodo che segue la nascita, quando il bambino evolve a poco a poco grazie all'interazione con l'ambiente e alle relazioni affettive che instaura con chi lo accudisce. Interpretare in questo modo lo sviluppo e la crescita del neonato lega indissolubilmente la vita uterina con quella dopo la nascita e ci fa capire meglio i bisogni primari dei neonati. In questo paragrafo desidero occuparmi del legame che si stabilisce in utero tra la madre e il bambino.

22 *Ibidem.*

Questo legame avrà conseguenze per entrambi lungo tutto il corso della vita. Non penso sia necessario violare il sacro spazio uterino e indagare la struttura della “psiche” del feto, sarebbe come voler salire all’ultimo piano di un edificio prima di averlo costruito. Penso anche che non sia utile cercare di prevederne il carattere o la fisionomia. *Aspettare* un bambino ha un significato profondo. Vuol dire dargli tempo e fiducia, fin dai suoi primi istanti di vita dopo il concepimento. Significa non avere fretta e non voler precorrere le tappe della sua crescita. Perché nel nostro Paese siamo arrivati a una media ben più alta delle classiche tre ecografie a gravidanza? A questo proposito il noto pediatra neonatologo francese Jean Pierre Relier è categorico: “Fare un bambino richiede tempo, pazienza e serenità, tutte cose che nella nostra società occidentale e frenetica vanno scomparendo, e delle quali le donne hanno voluto credere di poter fare a meno. [...] Se la tecnologia talvolta può aiutare la natura a sopperire a certi suoi difetti, essa comunque non può mai sostituirsi a ciò che una madre, nel corso di una gravidanza vissuta in armonia, dà a suo figlio, e che determina in parte la sua salute e il suo equilibrio futuro”[23].

Pertanto, mi interessa riflettere sugli aspetti affettivi che legano madre e bambino fin dal concepimento e ben oltre la nascita. Il ruolo del legame affettivo che si instaura nel corso della gestazione è importante quanto gli aspetti biologici e genetici. Il bambino nasce completo e unico. Di solito, alla nascita, ne misuriamo peso, altezza e indice di Apgar[24] come parametri indicatori del suo stato di salute generale. Nessuna di queste misure comprende però lo stato emotivo del bambino: eppure esiste anche quello, già da prima della nascita. Il pediatra italiano Alessandro Volta ha suggerito

23 Relier J. P., *Amarlo prima che nasca*, Le lettere, 1994.

24 L’indice di Apgar prende il nome da Virginia Apgar, una anestesista statunitense che lo ideò nel 1952. È il risultato derivante da alcuni controlli effettuati immediatamente dopo il parto e, in modo molto rapido, finalizzati a valutare la vitalità di un neonato e l’efficienza delle funzioni vitali primarie. Si basa su cinque parametri di base ai quali dà un “voto” da zero a due. Il valore massimo dell’indice è quindi 10. Il test viene effettuato a 1 minuto e a 5 minuti di vita del neonato e può essere ripetuto se il punteggio rimane basso. I neonati con punteggio alla nascita inferiore a 4 sono gravemente depressi e necessitano di intervento medico immediato, quelli con punteggio fra 4 e 6 sono moderatamente “a rischio”, bisognosi di assistenza, vigilanza e ripetizione del test ogni 5 minuti, i neonati con punteggio fra il 7 e il 10 sono considerati normali.

di ampliare il punteggio Apgar, comprendendo anche i punteggi 11 e 12[25] come indicatori dello stato di benessere psichico del neonato. I tempi necessari per raggiungere l'Apgar 12 rappresenterebbero un ottimo indicatore di assistenza orientata a un accudimento del bambino che tenga conto anche del suo stato emotivo, permettendo di far entrare questa pratica a tutti gli effetti nelle routine assistenziali dei punti nascita.

Ciò nonostante, lo stato emotivo del bambino continua spesso a essere trascurato prima, durante e dopo la nascita. Dato che un bambino inizia la propria vita nel ventre di sua madre e che questa è una persona che prova emozioni, come si può, ai giorni nostri, ignorare il ruolo dell'affettività in gravidanza e nel parto?

Relier continua: "L'amore è un principio vitale come l'ossigeno e gli aminoacidi. La mamma dovrebbe prepararsi a un legame affettivo molto forte, che dovremmo chiamare 'bio-affettivo' tanto il fattore biologico e quello affettivo sono legati. [...] Esistono tre dimensioni non scindibili che collaborano in gravidanza: la componente affettiva (la paura, l'angoscia, la gioia) condiziona quella biologica sotto forma di secrezioni ormonali; le secrezioni ormonali, d'altro canto, determinano sentimenti diversi (angoscia, depressione, euforia, ecc.)"[26].

Ecco perché alla nascita bambino e madre sono sincronizzati, per esempio, nel sonno; ecco il motivo della capacità specifica delle madri di calmare e comprendere i bisogni dei propri figli: hanno avuto nove mesi per stabilire una comunicazione affettiva ed equilibri fisiologici simbiotici che continuano anche dopo il parto.

La nascita non è soltanto il traguardo dell'attesa, ma rappresenta anche un cambiamento di stato dell'esistenza uterina. Quando nasce, il bambino ha già conosciuto una vita emotiva propria e le emozioni della madre. La donna incinta si riappropria di uno stato infantile che le permette di sintonizzarsi meglio sul bambino. Lo stato di gravidanza la riporta a una dimensione personale spesso accantonata e la induce a rielaborare i rapporti con i familiari. Gli ormoni della gravidanza la aiutano ad accentuare la sensibilità verso modi di comunicazione non verbali che saranno fondamentali poi per relazionarsi col neonato. Allan Shore, neuropsicanalista, membro del

25 Volta A., *Apgar 12*, Bonomi, 2006.

26 Relier J. P., *op. cit.*

Dipartimento di Psichiatria e delle Scienze del Comportamento alla Geffen School of Medicine e del Centro per la cultura e lo sviluppo del cervello alla UCLA (Università della California), ha il merito di aver integrato le neuroscienze con le altre discipline che studiano la nascita e con la psicologia dello sviluppo. Questo autore utilizza la teoria dell'attaccamento come modello fondamentale e propone una teoria degli affetti che comprende la vita uterina e prosegue lungo l'intero arco della vita. Shore ha unito nozioni psicologiche a nozioni biologiche e anatomiche e ha illustrato come la struttura del cervello fetale sia collegata alla sua funzione. È la base per capire come le interazioni precoci fra madre e bambino, comprese quelle uterine, influenzino lo sviluppo del cervello del bambino e modulino in parte anche quello della madre. Questo autore propone un modello multidisciplinare complesso che ha il merito di considerare l'essere umano nella sua interezza e nelle sue interazioni con l'ambiente, fin dal concepimento. Afferma Shore: "Se noi osserviamo il cervello al concepimento, la sua crescita nel periodo prenatale e poi al momento della nascita, si nota una crescita massiccia che interessa i primi due anni di vita; si passa dai 400 grammi alla nascita fino agli oltre 1000 grammi all'età di dodici mesi; in nessun altro periodo della vita il cervello cresce in modo così rapido. Tutto ciò accade tra il primo trimestre di gravidanza e il secondo anno di vita. La crescita interessa il periodo prenatale, perinatale e postnatale ed è determinata da qualcosa di più di un semplice programma genetico. L'ambiente influenza in maniera molto forte questo programma genetico. [...] I cambiamenti del cervello continuano fino all'età adulta. Nei primi due anni di vita sono i fattori ambientali che danno un notevole contributo mediante la relazione madre/bambino. Questa interazione che coinvolge le emozioni ha un impatto diretto sul genotipo[27]. L'idea che tutto ciò che avviene prima della nascita sia genetico e tutto ciò che accade dopo la nascita sia appreso, è una delle grandi bugie della scienza"[28].

Anche Odent sottolinea il ruolo simultaneo dei fattori genetici e ambientali nello sviluppo dell'individuo, fin dal concepimento: "I progressi

27 Il genotipo di un individuo è dato dal suo corredo genetico: è ciò che è "scritto" nel DNA contenuto nel nucleo di tutte le sue cellule.

28 Schore A., *La neuroscienza dello sviluppo e la teoria dell'attaccamento,* in "Donna & Donna: L'imprinting dell'amore", n.40/41, Ed. Scuola Elementale di Arte Ostetrica, 2003.

scientifici degli ultimi anni riguardano soprattutto l'epigenetica e cioè la relazione tra l'uomo e l'ambiente. Al concepimento ogni bambino riceve materiale genetico dai genitori e, in seguito, in periodi critici per lo sviluppo (subito dopo il concepimento e vicino alla nascita) alcuni geni si esprimono mentre altri diventano silenti. Il DNA non si modifica mai perché i geni sono sempre gli stessi durante tutta la vita, ma alcuni di loro hanno una specie di 'etichetta' che li fa esprimere. Questi geni si possono modificare in seguito all'incontro coi fattori ambientali (anche intrauterini): questo è il meccanismo dell'epigenetica. Di solito la domanda che gli scienziati si ponevano era: qual è il ruolo dei fattori genetici e di quelli ambientali nell'origine delle malattie? Ora ci si chiede quale è la cronologia di questi fattori; quale è il periodo critico per la combinazione di questi fattori nell'origine delle malattie o dei tratti caratteriali delle persone"[29].

Shore spiega anche l'importanza di studiare il ruolo dell'emisfero destro[30] del cervello fin dall'epoca fetale. Infatti: "L'emisfero destro è più connesso ai processi emozionali del sistema limbico[31] ed elabora le emozioni in un modo che l'emisfero sinistro non riesce a fare. [...] L'emisfero

29 Appunti personali tratti da una Giornata di studio con Michel Odent dal titolo "*Nascita e salute primale*" svoltasi ad Empoli il 15 maggio 2010.

30 Molti anni fa Roger Sperry, premio Nobel per i suoi studi sul *sistema nervoso*, scoprì le seguenti specializzazioni associabili ai due *emisferi* del cervello:

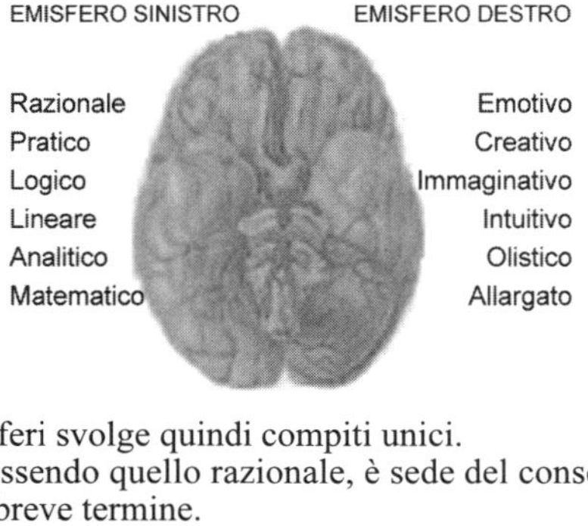

Ognuno dei due emisferi svolge quindi compiti unici.
L'emisfero sinistro, essendo quello razionale, è sede del conscio ed elabora quindi le informazioni vitali a breve termine.
L'emisfero destro, invece, è sede dell'inconscio (per definirlo come diceva Freud "è quella parte di cervello che fa cose di cui non mi accorgo") ed elabora informazioni a medio e lungo termine. Fonte: http://www.piuchepuoi.it/emisferi_cerebrali.php

31 Il sistema limbico indica una serie di strutture cerebrali che supportano svariate funzioni psichiche come emotività, comportamento, memoria a lungo termine e olfatto.

sinistro non inizia la sua maturazione fino al 18° mese di vita, mentre il destro è quello che matura per primo ed è più connesso al corpo. Questo emisfero si sviluppa dal periodo prenatale fino al primo anno e mezzo di età. Ciò significa che tutte le esperienze precoci relative alla relazione d’attaccamento sono impresse nella memoria dall’emisfero destro che, infatti, è dominante nei primi tre anni di vita. In genere dopo il quarto anno l’emisfero sinistro diventa dominante come negli adulti”[32].

Queste affermazioni sono di fondamentale importanza per capire la ragione per cui i neonati e i bambini fino a tre anni hanno necessità che si riconoscano i loro bisogni emotivi e di rassicurazione: servono per la maturazione del loro cervello. Se il neonato chiede di essere preso in braccio non è viziato, furbo o tiranno: ne ha bisogno! È assurdo pretendere dai neonati comportamenti razionali, logici e analitici se ancora le loro strutture cerebrali non comprendono queste capacità. Non si può pensare alla nascita o ai primi mesi come a un periodo in cui si deve insegnare al bambino a “ragionare” o a imparare razionalmente un metodo. Non si può pretendere che un bambino di sei mesi impari a dormire tutta la notte, perché lui *sente* la necessità di svegliarsi e di essere rassicurato. Non si può applicare un modello adulto a un bambino il cui cervello è una struttura in crescita e in trasformazione continua grazie alle relazioni affettive e ambientali che lo circondano. Perciò, se vogliamo assecondare la crescita neurofisiologica delle cellule nervose dei nostri bambini, dobbiamo partire dal presupposto che il loro cervello funziona diversamente da quello di un adulto e ha bisogno della nostra presenza e della nostra regolazione affettiva per crescere. Non serve allenare il bambino all’indipendenza né di giorno né di notte, serve esserci e stare con lui, toccarlo, allattarlo, parlargli e rassicurarlo quando avrà paura di un mondo troppo adulto e sconosciuto per lui. Naturalmente ciò non significa che gli adulti debbano essere “schiavi” dei neonati; ogni madre saprà con il tempo quando e come interagire con il proprio bambino. L’importante è tenere presente che il bambino cerca di comunicare sempre come può, non sfida, non è furbo e non è in malafede; è competente, chiede quello che gli serve per crescere e sarà normale per lui aumentare la sua indipendenza in modo spontaneo a partire dalla pronta risposta che gli adulti daranno ai suoi bisogni primari.

32 Schore A., *op. cit.*

Queste semplici nozioni neuroscientifiche dovrebbero sgombrare il campo dai pregiudizi che vogliono i bambini capaci di essere "indipendenti" e "ragionevoli" fin dalla nascita. Non è un caso che i tre anni siano proprio l'età media in cui i bambini acquistano la capacità di dormire tutta la notte e si staccano da soli dal seno, se sono allattati. Finché queste informazioni non saranno sufficientemente note alle famiglie, finché i pediatri non divulgheranno questi normali meccanismi del funzionamento e della struttura del cervello dei bambini, continueremo a rischiare di sottovalutare i bisogni primari dei nostri figli scambiandoli per potenziali vizi e a costruire una società che trascura l'affettività e l'empatia.

Come abbiamo accennato, l'emisfero sinistro è considerato dominante per l'adulto ed è la sede del linguaggio verbale, mentre l'emisfero destro è la sede della comunicazione non verbale. Approfondirò questi temi nel quarto capitolo; qui è sufficiente sottolineare che anche per la mamma sarà utile ripensare a forme comunicative infantili basate sul linguaggio non verbale e sulle attività dell'emisfero destro.

Fin dalla gravidanza, tutti questi cambiamenti permetteranno alla donna di orientarsi psicofisiologicamente verso la relazione con la sua creatura. Chi le sta intorno dovrebbe aiutarla in questo processo e favorirne la presa di coscienza: si tratta di un percorso normale e indispensabile, per arrivare preparata al momento in cui sarà necessario riconoscere e rispondere ai bisogni del neonato. Anche la mamma che sta benissimo fisicamente a un certo punto della gravidanza sente che la sua vita deve rallentare verso tempi più "infantili". Se la nostra società vive "con l'orologio", la donna incinta dovrebbe provare a farne a meno come allenamento per ciò che la aspetta nel parto e dopo che il bambino sarà nato. Lo stile di vita che una madre conduce in gravidanza influisce certamente sullo sviluppo del bambino: i momenti di attività e di riposo determinano all'inverso quelli del bambino. Molte madri notano che, di solito, quando sono in movimento il bambino sembra stare fermo, e quando si riposano iniziano a percepire i movimenti fetali. Questa altalena stimolatoria serve al bambino per calibrare i suoi ritmi di attività già in utero. La simbiosi madre/bambino ha origine nell'utero, come fondamenta di ciò che sarà necessario dopo la nascita; perciò è affatto incomprensibile come si possa far coincidere la nascita con la forzata separazione fisica tra madre e bambino. Casomai, madre e bambino hanno bisogno di stare insieme per ritrovarsi e riconoscersi anche fuori dall'ambiente uterino. Come abbiamo già visto, il neonato è geneticamente e affettivamente allenato e predeterminato per restare vicino a sua madre. Se ci vogliono nove mesi per sintonizzarsi col bambino fino a poterne soddisfare i bisogni dopo la nascita, non possono bastare poche ore per decretare l'indipendenza di entrambi!

Fedor Freyberg, ginecologo dell'Università di Bratislava e Past-President della ISPPM (International Society of Prenatal and Perinatal Psychology and Medicine) di Stoccolma, ha studiato il periodo prenatale come opportunità unica di prevenzione primaria di disturbi psicologici, emozionali e fisici. Secondo questo autore è necessario estendere la definizione di ciclo di vita al periodo prenatale, poiché è in base alle esperienze in utero che si potrà comprendere meglio la vita fisica ed emotiva dell'individuo. Scrive Freyberg: "È sorprendente vedere quanti psicologi, ostetriche, ginecologi e altri professionisti considerano ancora l'utero semplicemente come un 'contenitore anatomico per il bambino'. Nonostante migliaia di studi scientifici, ci sono ancora professionisti della nascita inconsapevoli dell''inquinamento tossico' a cui potenziali pericoli psicologici e sociali espongono il bambino non ancora nato. [...] La vita umana dovrebbe essere considerata come un indivisibile *continuum* in cui ognuna delle fasi di sviluppo è ugualmente importante e tutte sono interdipendenti e inseparabili dall'insieme della vita di un individuo. [...] Per comprendere cosa accade durante la vita prenatale, c'è bisogno di un nuovo linguaggio e di una nuova teoria scientifica. [...] Non è possibile separare nessuna fase di sviluppo di un essere umano dal resto della sua vita. Il *continuum* della vita è uno dei bisogni più fondamentali nel corso della vita umana e assicura il mantenimento di omeostasi[33] e di equilibrio"[34].

Questo autore parla di "regressione creativa" della madre per stabilire un dialogo intimo con il proprio bambino in utero e sottolinea come "La futura madre ha bisogno di essere cosciente di questi poteri creativi e di sapere come usarli, in modo da essere meglio dotata per dirigere e accre-

33 Con il termine "omeostasi" si intende la condizione di stabilità interna degli organismi che deve mantenersi anche al variare delle condizioni esterne attraverso meccanismi autoregolatori. Un esempio di omeostasi può essere la temperatura corporea dell'uomo che tenderà sempre ad essere intorno ai 37° centigradi anche se potrà subire variazioni.

34 Freybergh F., *Le radici dell'individuo*, in "Donna & Donna: L'imprinting dell'amore", n. 40/41, Ed. Scuola Elementale di Arte Ostetrica, 2003.

scere tale impresa creativa. [...] Bisogna attuare anche un cambiamento radicale dell'assistenza prenatale al fine di tener conto non solo dell'aspetto medico, ma anche dello stato psicologico e delle condizioni della vita sociale di entrambi i genitori"[35]. Questi aspetti possono aiutarci a dare un senso diverso alla vita prenatale e a capirne i collegamenti con la vita extrauterina. Per una mamma, sapere che il neonato non è strutturalmente così diverso da colui che ha tenuto in grembo per nove lunghi mesi, può farla sentire molto meno inesperta, da un punto di vista emotivo, di quanto le viene fatto credere da tanti manuali di puericultura. Di più, la madre e il padre possono considerare la gravidanza come un'occasione per rivedere il proprio sviluppo psicologico interiore. Ludwig Janus, medico chirurgo tedesco, psicanalista e psicologo prenatale, riferisce[36] che i due terzi dei suoi pazienti adulti sottoposti a psicoterapia avevano subìto traumi psicologici risalenti alla vita prenatale e perinatale. Sono numerosissimi gli psichiatri e gli psicoterapeuti che, riscontrando questa stessa situazione nel corso delle terapie, hanno presentato nelle sedi congressuali, o pubblicato, i risultati delle loro esperienze, avvalorati da significativi casi clinici.

Ciò che potrebbe influenzare negativamente lo sviluppo psicofisico del feto non è un evento traumatico o luttuoso in sé, ma l'intensità di uno stress prolungato associata al senso d'abbandono che la madre gli potrebbe comunicare. Thomas Verny, psichiatra americano, scrive a questo proposito: "Quello che mette più in pericolo il nascituro non è tanto la reazione fisico-ormonale immediata della madre a un avvenimento tragico, quanto la reazione successiva a livello emotivo se è a lungo termine. Se la donna rimane tanto sconvolta dal dolore e dalla perdita da rinchiudersi in se stessa, il bambino ne soffrirà terribilmente. Ma se, invece, mantiene aperti i canali di comunicazione con il figlio inviandogli messaggi rassicuranti, il bambino potrà continuare a crescere rigoglioso"[37].

Davvero non si può più ignorare come le esperienze perinatali rientrino nel campo che ogni psicoterapeuta dovrebbe indagare durante il suo lavoro coi pazienti e come la gravidanza sia una fase della vita in cui certe dinamiche irrisolte possano riemergere ed essere rielaborate con strumenti unici e

35 *Ibidem.*

36 Janus L., *Come nasce l'anima*, Ed. Mediterranee, 1997.

37 Verny T., Kelly J., *Vita segreta prima della nascita*, Mondadori, 1981.

particolarmente utili per la loro risoluzione.

Freyberg suggerisce che l'individuo debba essere inteso secondo una visione olistica e globale, inclusiva delle dimensioni fisiche, biologiche e sociali, e considerando anche i temi di salute e malattia. In altre parole, la salute dell'individuo si costruisce molto prima della sua nascita, in quanto l'importanza della storia familiare individuale diventa sempre più evidente. Freyberg afferma: "Dobbiamo batterci per la rinascita dell'unicità dell'individuo umano in un mondo in cui l'individuo e l'ambiente dovrebbero convivere in un'unità spirituale e in uno stato di pace, sia etnica sia ecologica."[38] In conseguenza di ciò, l'autore inserisce il bisogno di prendersi cura di qualcuno, e che qualcuno si prenda cura di noi, tra i bisogni basilari dell'essere umano e sottolinea come questa necessità sia "uno dei prerequisiti per la nostra sopravvivenza che determina l'omeostasi e l'equilibrio fra noi e il nostro ambiente. [...] Il mondo può essere cambiato solo se modifichiamo il modo di intendere il rispetto per la vita fin dalle sue prime manifestazioni. Il cambiamento inizia con un profondo rispetto verso il feto e la sua posizione ecologica nell'utero, il rispetto per la madre, il rispetto per il bambino al momento del parto e nel modo in cui viene accolto nella società, con grande dignità, in qualità di essere pari a noi. [...] Siamo convinti che solo un cambiamento degli atteggiamenti, della filosofia e della pratica di base nei confronti delle condizioni prenatali della vita umana condurrà all'umanizzazione delle società, verso la non violenza, al comune rispetto per la vita e alla tolleranza per la libertà dell'individuo e alla sua autorealizzazione. [...] Se saremo in grado di garantire che ogni bambino sia amato e desiderato fin dall'inizio, che sia trattato con rispetto e che il rispetto per la vita sia al più alto grado dei valori umani, e se potremo ottimizzare gli stadi della vita prenatale e perinatale senza frustrazione dei bisogni di base, senza influenze aggressive e psicologicamente nocive, il risultato potrebbe essere quello di una società non violenta"[39].

38 Freybergh F., *op. cit.*

39 *Ibidem.*

L'importanza dello stato emotivo della madre

"Nei giorni successivi alla scoperta di essere incinta, alla gioia infinita si è unita una sensazione di 'onnipotenza'... Non riesco a trovare una parola che spieghi meglio quell'emozione dovuta al fatto che una vita ti sta crescendo dentro, mista all'ammirazione per la potenza della natura..."
Margherita, mamma di Chiara

"Quando ero incinta mi sentivo come il gatto di Alice nel paese delle meraviglie di Lewis Carroll: tutto poteva sparire, restava il sorriso. Era una sensazione che mi diceva continuamente 'Tutto va bene, siamo qui, siamo al sicuro... una bolla di energia potente ci protegge'. Cosa che mi è rimasta anche dopo la nascita del mio bambino."
Annalisa, mamma di Diego

"È l'incanto di un attimo... e il tempo si dilata perdendone confini e significato, da quel momento il cuore non t'appartiene e il corpo si mostra tempio nella sacralità ancestrale dell'atto di racchiudere entro sé la Vita! L'incedere nel quotidiano assume un passo diverso, morbido eppur pesante. È il passo delle Donne che, donna dopo donna, mostra istintivamente il cammino. Ascoltare... In un'implosione d'ascolto... Il battito del cuore che diviene voce... Un fremito d'ali tra pancia e anima... Amore... Mai solitudine più dolce, malinconia più struggente. Potere! E un uomo, a proteggere questa storia lieve, a filtrare una realtà che le emozioni rendono a tratti insostenibile... a sostenere il respiro, ad accarezzare un Sogno."
Paola, mamma di Alessandra, Elisa e Giada

"Le mie gravidanze sono state molto diverse... la prima piena di euforia e la sensazione di poter fare qualsiasi cosa... anche se poi bastava un soffio di vento per farmi piangere come una bambina... ma l'ho vissuta con spensieratezza e naturalezza. La seconda è stata costellata da eventi negativi che mi hanno toccato nel profondo... l'ho vissuta come se stesse capitando a qualcun altro... perché le cose che mi succedevano intorno erano così terribili... che non potevo pensare che succedessero davvero a persone intorno a me... in qualche modo estraniandomi da quel che stava succedendo dentro di me mi sembrava quasi che quel miracolo sarebbe stato 'salvato' da tutto il resto... ci sono state poche coccole e pochi discorsi al pancione... per non legarmi troppo... Lo so, è triste... ma non è stata una scelta razionale... e mi manca non aver fatto foto al pancione, e non aver parlato al mio bambino... e proprio per questo penso che in gravidanza scatti qualche meccanismo particolare per cui non si è realmente lucide... mi ricordo di essere tornata in me mentre lo stringevo tra le braccia cercando di capire se stava davvero bene... il mio cervello si è come 'riacceso'"
Annalisa, mamma di Alice e Federico

“Nella mia seconda gravidanza ho dovuto affrontare un’esperienza terribile... ho avuto tanta paura per la mia bambina! Ma quando l’ho stretta tra le braccia appena nata ho potuto finalmente allentare la tensione che per mesi non avevo potuto esprimere per paura di nuocerle.
I lutti in gravidanza, di sicuro quelli improvvisi, sono del tutto contro natura: sei concentrata sulla magia della vita e devi affrontare la morte.
Certo un cerchio unisce tutto: la morte è l’altra faccia della vita, ma in gravidanza proprio non riesci a pensare a questo! Devi proteggere la tua creatura e spiegarle che non è colpa sua se alla mamma batte forte il cuore!”
Alessandra, mamma di Bianca e Irene

Da quanto esposto nel paragrafo precedente si evince come sia importante proteggere lo stato emotivo della donna incinta, poiché può influenzare la crescita e lo sviluppo del feto. Nella nostra cultura, invece, si sente di rado parlare di questo aspetto fondamentale della gravidanza. La medicina, l’ostetricia e la ginecologia dovrebbero salvaguardare l’unicità della persona che assistono e invece, troppo sovente, sono proprio i medici a far preoccupare le donne. Tutelare la salute fisica significa anche tenere conto di quanto su questa influisca la mente. Odent parla proprio di *effetto nocebo* delle consultazioni perinatali. Fa notare come “lo stile stesso in cui sono condotte le visite prenatali può avere un effetto nocebo, perché consiste sempre nel mettere l’accento su potenziali patologie, nell’indagare possibili anomalie, nel cercare ciò che è patologico”[40]. Non si tende, invece, a valorizzare la fisiologia e a cercare le condizioni per favorirla. L’approccio assistenziale, di regola, è protocollare e di routine, non individuale.

Nei nove mesi la madre crea spazio per il suo bambino, all’interno del suo corpo ma anche all’interno della sua mente e della sua vita. Per creare questo spazio, per prepararsi alla nascita e alla maternità, è necessario del tempo e tanta tranquillità. Infatti non soltanto il corpo rallenta, ma anche la mente si sintonizza su frequenze diverse, che saranno utili per accudire il bebè e comprenderne i segnali.

Per questo motivo la mamma sarà particolarmente sensibile e di frequente proverà emozioni molto intense che meraviglieranno lei stessa e chi le sta intorno. Questo è normale e, anzi, il processo di cambiamento emotivo dovrebbe essere agevolato e accolto con fiducia.

40 Odent M., *op. cit.* 2003.

La gravidanza allena la donna alla continua ricerca di nuovi equilibri. Questa è la chiave per vivere la gravidanza e il parto con serenità: assecondare i cambiamenti, fisici e emotivi, andando incontro al bambino con fiducia. La gravidanza può essere così l'occasione per sperimentare tempi diversi e per provare a rallentare le attività quotidiane, favorendo il ripiegamento su se stesse. Anche nella scelta dei corsi di accompagnamento alla nascita si tende a cercare la tecnica per respirare, l'esercizio fisico o la ginnastica da "fare". Sembra che si debba imparare a partorire da altri più competenti che insegnano cosa fare in travaglio. In realtà, il parto è un processo involontario che nessuno può anticipare o prevedere; così, dedicare un po' di tempo al contatto con se stesse e alla comunicazione con il bambino e cercare di cogliere i segnali del proprio corpo sarà di sicuro utile per affrontare il travaglio e l'accudimento del neonato.

Questa introspezione può avvenire soltanto se la mamma si concede tempo e se non ha preoccupazioni eccessive durante la gravidanza. Per questo motivo, non bisogna mai ignorare il bisogno di serenità di una donna incinta: le servirà per essere una mamma più tranquilla con il suo bambino.

Esogestazione

"Dopo un parto fantastico, sono uscita dall'ospedale con la mia bimba in fascia per la prima volta. Ho sentito addosso i suoi movimenti e li ho riconosciuti subito: erano gli stessi che sentivo quando era dentro di me! È stata una sorpresa meravigliosa, quasi mi sembrava che essere dentro la mia pancia o dentro la fascia fosse la stessa cosa. Lei era sempre la stessa e io, finalmente, la stringevo a me e la potevo vedere. La nascita e il parto mi sono sembrati la cosa più naturale del mondo e questo mi è servito tanto per i mesi successivi. Ora Camilla ha due anni e mezzo, dorme con noi, la allatto al seno e comincia a essere davvero autonoma e indipendente."

Benedetta, mamma di Camilla

Quando viene alla luce, il bambino non è pronto ad affrontare la vita extrauterina. Il suo sviluppo deve continuare fuori dall'utero ma in condizioni molto simili a quelle prima della nascita. Per questo si parla di *esogestazione*, cioè di gestazione fuori dal grembo materno. Il piccolo d'uomo si trova in una condizione molto simile a quella degli animali marsupiali e delle specie nidicole: per sopravvivere è totalmente dipendente dai genitori o da chi si prende cura di lui. La scienza antropologica ci suggerisce che il bambino nasce quando le dimensioni della sua testa raggiungono un valore oltre il quale non sarebbe più possibile attraversare il canale del parto. Alla nascita quindi lo sviluppo del sistema nervoso e delle dimensioni craniche non è completo e avrà un rapido accrescimento nei primi tre anni di vita.

L'indipendenza fisica ed emotiva del bambino dall'adulto sarà poi un'acquisizione graduale e irregolare, che attraverserà tappe fisiologiche più o meno contemporanee in tutti gli esseri umani. La crescita fisiologica del bimbo avviene all'interno di una relazione di dipendenza con le figure di attaccamento significative che riflette le competenze reciproche.

Sottolinea Braibanti: "A partire dagli anni Settanta si è affermata una posizione che, senza mettere in discussione l'indispensabilità per il neonato di un ambiente sociale ricco e di cure parentali adeguate, ha peraltro messo in luce una competenza precoce del bambino rispetto a quello stesso ambiente sociale e alle cure parentali, che ne fanno un protagonista attivo, in grado di indirizzare il corso dell'interazione con gli adulti e, in parte, di anticiparlo intenzionalmente. Il neonato, insomma, non sarebbe affatto privo di proprie strategie di adattamento ma, piuttosto, queste strategie sarebbero specializzate per il contesto sociale entro cui la specie ha 'scelto' di collocare l'esperienza delle prime fasi di sviluppo"[41]. Quindi il neonato sarebbe sì un essere immaturo, ma equipaggiato per svilupparsi velocemente all'interno di relazioni di amore e di scambio comunicativo. Egli fa parte, cioè, di un'unità simbiotica: durante la gravidanza la madre, che gli ha dato rifugio e sostentamento nel grembo, si è "trasformata" per continuare a fornirgli nutrimento fisico e affettivo anche dopo la nascita.

Ogni neonato che viene al mondo chiede soltanto amore e risposte ai propri bisogni che comunica come può. Niente di più. A qualsiasi età, i bisogni dei bambini ("capricci", direbbe qualcuno) non vanno mai ignorati ma interpretati, perché prima della rabbia espressa c'è sempre un sentimento non ascoltato o non riconosciuto. Più di tutti, la madre è in grado di sintonizzarsi con lo stato emotivo del neonato e del bimbo piccolo, di riscoprirlo nel proprio intimo, costruendovi un rapporto empatico e affettivo. Inoltre, può esercitare nei confronti di suo figlio un'azione di regolazione affettiva, facendo evolvere il legame che la nascita ha spezzato.

41 Braibanti L., *op. cit.*

Nella nostra cultura, viceversa, si vede erroneamente la nascita soltanto come l'inizio di una separazione anche emotiva e relazionale fra madre e bambino. Ecco quindi il motivo per cui si moltiplicano le teorie e le figure più o meno professionali che devono *per forza* inventarsi qualche metodo per avvalorare questa separazione. Se si va contro natura è necessario scovare qualcosa che la sostituisca, almeno in apparenza. Poiché, invece, all'interno di una relazione non esistono regole generali, questi metodi non servono a molto, e conta "soltanto" lo stare insieme e imparare a conoscersi trovando modalità interattive proprie.

Abbiamo visto come nei primi tre anni del bambino il suo sistema neurologico sia estremamente flessibile e ricettivo. Si pensi che nel primo anno di vita il bebè sviluppa circa il 75% dei collegamenti fra le cellule del suo sistema nervoso. Tutti i messaggi che gli arrivano sono di tipo sensoriale, cioè affluiscono direttamente al cervello. Essi ricordano quelli sperimentati in utero: i rumori, le sensazioni tattili, termiche, di movimento e spaziali tipici della vita uterina vengono più facilmente riconosciuti dal neonato.

I processi chiave che aiutano lo sviluppo cerebrale di un bambino sono il contatto fisico, l'allattamento al seno e il rispetto della fisiologia del sonno. In questo libro ho dedicato un capitolo a ognuno di questi processi, per poter approfondire meglio argomenti di vitale importanza per chiunque si occupi di bimbi piccoli.

In genere si parla di esogestazione fino a che un bambino è in grado di spostarsi da solo gattonando, cioè circa a nove mesi. Considerando i bisogni affettivi dei bambini, il fatto che l'emisfero destro resti dominante fino al terzo anno di vita e gli studi antropologici, i quali indicano i tre anni come l'età in cui i bambini, di norma, raggiungono spontaneamente una maturità cerebrale sufficiente per dormire tutta la notte e si staccano mediamente dal seno se allattati, forse si potrebbe estendere il termine "esogestazione" fino al terzo anno. Questo per indicare con precisione che prima di quell'età i bambini hanno bisogno di essere dipendenti dalla propria madre per crescere in armonia con i princìpi della fisiologia. Forse il mio azzardato suggerimento potrà lasciare perplessi, ma penso che potrebbe servire per dilatare il periodo in cui, nell'idea comune, si ha il diritto di stare coi propri figli, senza essere considerati genitori che li viziano.

Per concludere, vorrei citare a questo proposito ancora Shore che afferma come "Nei primi due anni di vita del bambino si hanno due processi regolatori:

• La sincronia dell'affetto fra madre e bambino, che crea stati di eccitazione positiva, eccitamento e gioia.
• Il recupero interattivo che regola l'eccitamento negativo"[42]

Ciò significa che la madre agisce da regolatore emotivo delle emozioni di suo figlio attraverso la relazione con lui nell'intero corso dei suoi primi due anni di vita. Questa regolazione affettiva permetterà al bimbo di affrontare gli squilibri emozionali attraverso il filtro del contenimento materno. A sua volta questo meccanismo servirà al cervello del piccolo per stabilire connessioni fra le cellule nervose.

Nei prossimi capitoli spiegherò in dettaglio quali sono i meccanismi fisiologici responsabili del bisogno di contatto, del bisogno di essere allattati a richiesta giorno e notte e del bisogno di dormire vicini ai propri genitori.

42 Shore A., *op. cit.*

III

Il bisogno di contatto dei bambini va soddisfatto

Pelle ed emozioni in contatto

"Non è rispondendo alle loro richieste di affetto e contatto fisico che si viziano i bambini, ma piuttosto con la soddisfazione di ogni loro richiesta di oggetti come giocattoli, cibo spazzatura, televisione o giochi elettronici."
Margherita, mamma di Emanuele

"Io vengo da una famiglia in cui non ci si è mai abbracciati. Mi sono sforzata, arrivata a un'età matura, di non ripetere lo stesso errore. E i risultati si vedono... si sentono..."
Barbara, mamma di Riccardo e Irene

Se dovessi limitarmi a esporre *un solo* bisogno dei bambini, non avrei esitazione: senz'altro parlerei del bisogno di contatto fisico. Per tale ragione dedico a questo tema un capitolo intero: lo ritengo di centrale importanza come chiave di lettura per tutti gli altri bisogni primari dei bambini. Nella nostra società non si parla molto delle necessità affettive dei più piccoli; è più facile trovare prodotti industriali, manuali ed esperti che le sottovalutino e propongano metodi per controllarle o per reprimerle. Si ritiene normale considerare i bambini come "piccoli adulti da impostare" perché crescano ben educati e non diano fastidio. Sembra che abbiano soprattutto doveri e pochi diritti. Pare che i genitori abbiano l'obbligo di intervenire fin dal principio per indirizzarli verso l'indipendenza e l'autonomia attraverso lodi e punizioni. Sembra che "diventare grandi" significhi dominare le proprie emozioni piuttosto che imparare a conoscerle e a gestirle con l'aiuto degli adulti; ed è anche sottinteso che fra bambini e genitori debba aumentare la distanza fisica prima possibile, per guadagnare spazio e tempo sì da potersi svincolare reciprocamente. Nella nostra cultura, poi, è più accettato guardare e parlare con i bambini piuttosto che toccarli, coccolarli o tenerli in braccio per lungo tempo. C'è uno vero e proprio tabù riguardo al bisogno di contatto dei bambini.

González scrive: "La nostra società, per alcuni aspetti così comprensiva, lo è molto poco nei confronti delle madri e dei bambini. Questi tabù moderni potrebbero essere classificati in tre grandi gruppi:

- Tabù relativi al pianto: è proibito preoccuparsi dei bambini che piangono, prenderli in braccio, dare loro ciò che chiedono.
- Tabù relativi al sonno: è proibito addormentare i bambini tenendoli in braccio o allattandoli, cantare o cullarli perché si addormentino, dormire con loro.
- Tabù relativi all'allattamento materno: è proibito allattare in qualsiasi momento o in qualsiasi luogo, o dare il latte a un bambino 'troppo' grande.

Quasi tutti questi tabù hanno una cosa in comune: proibire il contatto fisico tra madre e figlio. Al contrario, godono di grande successo divulgativo tutte quelle scelte comportamentali che tendono a fare diminuire questo contatto fisico e a far aumentare la distanza tra madre e figlio"[1].

Non esistono fondamenti scientifici che giustifichino il pregiudizio secondo cui il contatto fisico fra genitori e figli va limitato o è dannoso, eppure questa credenza errata sembra scontata tanto quanto sentir dire da un genitore: "Non posso mai mettere giù mio figlio. Come provo a rimetterlo in carrozzina si sveglia e piange! Vuole *sempre* stare in braccio". E cosa dovrebbe volere un bambino, dopo essere stato per nove mesi avvolto e contenuto fra le flessibili e rassicuranti pareti uterine materne?

I genitori sappiano che il proprio bambino è del tutto normale se esprime la necessità di contatto fisico continuo. Per tutti i bambini del mondo questo è un bisogno primario che va soddisfatto. Non dimentichiamoci che

1 Gonzàlez C., *Un dono per tutta la vita*, Il leone verde, 2008.

ognuno di noi è stato concepito attraverso un atto di contatto fra due persone che si sono incontrate e amate.

Afferma Gerhardt, psicologa: "Essere tenuto tra le braccia con amore è il più grande stimolo allo sviluppo, più efficace persino dell'essere allattati. Non è un caso che l'immagine della Madonna con il Bambino sia diventata un'icona nella cultura umana. Nelle braccia della madre o del padre, dove c'è calore e si è al sicuro, i muscoli si rilassano e il respiro si fa più profondo; nello stesso modo, accarezzare dolcemente e cullare lievemente scioglie le tensioni. È stato rilevato che la frequenza cardiaca del bambino si sincronizza con quella della madre: se lei è rilassata e in armonia, lo sarà anche il bambino. In effetti il sistema nervoso autonomo della madre comunica con il sistema nervoso del bambino, calmandolo attraverso il tatto. Quando siamo tenuti fisicamente sappiamo di essere protetti dagli altri"[2].

Vediamo allora quali sono i presupposti fisiologici che motivano l'esigenza irrinunciabile di contatto dei neonati e dei bimbi piccoli. Per iniziare dobbiamo parlare del senso del tatto e dell'organo a esso corrispondente: la pelle.

Relier, neonatologo, sottolinea come: "Nei mammiferi (il gruppo animale di cui facciamo parte) l'attivarsi dei sistemi sensoriali segue sempre quest'ordine: tatto (il toccare e la sensibilità cutanea), equilibrio (apparato vestibolare), olfatto, gusto, vista."[3]

Perciò, così come la pelle è l'organo del nostro corpo che si sviluppa per primo e che presenta il maggior numero di connessioni con il sistema nervoso centrale, il bisogno di contatto dei bambini è il primo bisogno che garantisce loro la sopravvivenza fuori dall'utero.

A concepimento avvenuto, si parla di *embrione* fino all'ottava settimana di gestazione e di *feto* dalla nona settimana fino alla nascita. I *foglietti embrionali* indicano, nella biologia evolutiva degli organismi pluricellulari, una prima differenziazione di un embrione in diversi strati cellulari, dai quali successivamente si sviluppano strutture, tessuti e organi differenti. Si distinguono tre foglietti: endoderma, mesoderma ed ectoderma, che si differenziano come illustrato nella figura seguente:

2 Gerhardt S., *op. cit.*

3 Relier J. P., *op. cit.*

Figura 1: Differenziazione dei foglietti embrionali

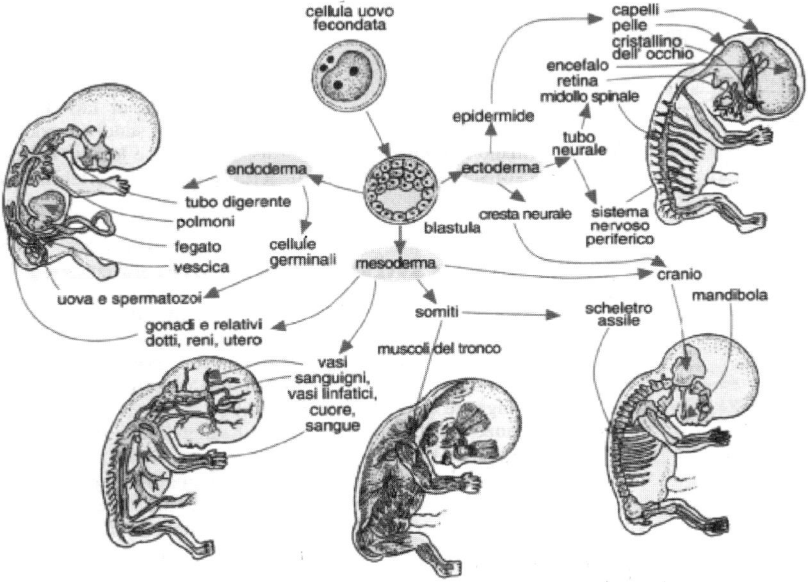

(Fonte: http://digilander.libero.it/emcalvino/embrione/images/gastrulazione.gif)

Già all'ottava settimana di gestazione l'embrione presenta una pelle molto sviluppata e capace di reagire agli stimoli (nella regione intorno alla bocca). A undici settimane le parti sensibili si estendono a tutto il viso, ai palmi delle mani e sulle piante dei piedi.

Dalla figura si può notare come la pelle abbia origine dallo stesso foglietto embrionale degli organi di senso e del sistema nervoso. Questo significa che, fin dagli esordi della vita uterina, la pelle e le sensazioni emotive sono collegate indissolubilmente da strutture e funzioni anatomiche. Infatti, è dall'ectoderma che inizia a costruirsi la comunicazione dell'individuo fra ambiente interno ed esterno. Attraverso la pelle, ogni essere umano percepisce le sensazioni tattili e grazie anche agli altri organi di senso (vista, udito gusto e olfatto) lo scambio con l'ambiente diventa completo. I cinque sensi dell'uomo portano le informazioni al cervello attraverso recettori sensoriali[4] che trasmettono segnali ad aree apposite presenti nella corteccia cerebrale.

La pelle è l'organo più esteso del corpo, nel neonato rappresenta circa il 20% del peso corporeo e nell'adulto circa il 18%. Può destare stupore sapere che per ogni centimetro quadrato di pelle esistono circa 5.000 recettori che trasportano l'informazione cutanea alla corteccia cerebrale. Le aree del cervello che elaborano le informazioni provenienti dagli organi di senso sono raffigurate schematicamente nel cosiddetto *homunculus sensomotorio*. Si tratta di una rappresentazione grafica della destinazione cerebrale dei segnali provenienti dagli organi di senso e dei corrispondenti impulsi nervosi inviati di ritorno, in risposta agli stimoli. Il termine *homunculus* è dovuto al fatto che la rappresentazione del corpo umano appare grottesca e sproporzionata: infatti alcune regioni, soprattutto la mano, il piede e la bocca, sono ingrandite proporzionalmente al numero di recettori presenti. Si veda la seguente figura per farsi un'idea:

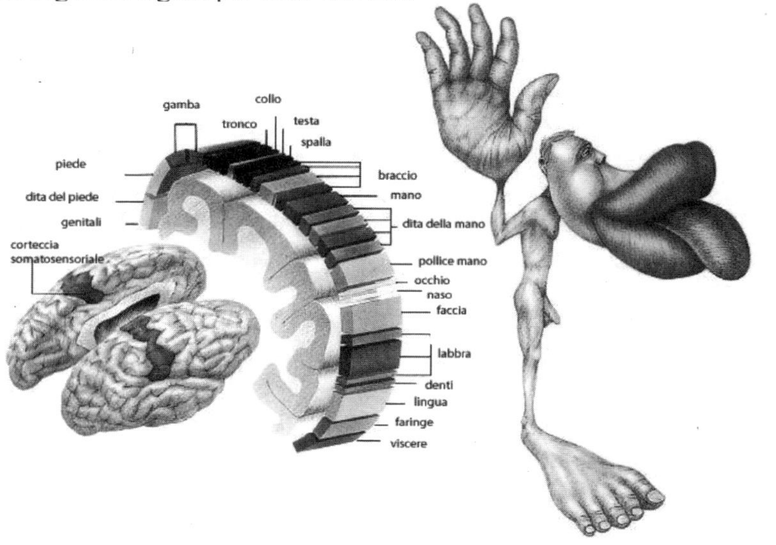

Fonte: http://universe-review.ca/I10-13-homunculus.jpg

4 I recettori sensoriali sono organi di dimensioni microscopiche costituiti da terminazioni di cellule nervose, di struttura anatomica differente, a seconda del ruolo che ciascun tipo di recettore deve svolgere.

Appare chiaro, quindi, che la rappresentazione di un organo sulla corteccia cerebrale non è proporzionale alla sua dimensione ma, piuttosto, alla sua funzione. In altre parole, le mani, i piedi e la bocca sono le parti del corpo umano che presentano più recettori cutanei perché compiono moltissime attività. Ciò dimostra l'importanza primaria della funzione tattile per l'essere umano. Il tatto è l'unico senso senza il quale non si potrebbe sopravvivere a lungo.

Ashley Montagu, antropologo inglese, ha scritto un testo[5] importantissimo sul linguaggio della pelle, grazie al quale si possono comprendere le ragioni fisiologiche del bisogno di contatto dei bambini. Questo autore per primo intuisce che la pelle è coinvolta anche nello sviluppo del comportamento dell'essere umano. Infatti, così come l'ossitocina non si limita ad avere soltanto effetti meccanici ma ne ha anche sul comportamento[6], anche la pelle ha questa duplice azione. In genere siamo abituati a considerare la pelle soltanto come un organo con funzioni multiple: 1) è un barriera fisica che difende il corpo da agenti esterni di vario genere; 2) è l'organo del senso del tatto; 3) regola la temperatura corporea; 4) è l'organo responsabile del metabolismo dell'immagazzinamento dei grassi, dell'acqua e dei sali minerali attraverso la traspirazione. Oltre a questi aspetti funzionali, la pelle ricopre un ruolo fondamentale nel garantire lo sviluppo ottimale dell'intero organismo fin dalla vita fetale. Afferma Montagu: "È evidente che nei mammiferi in generale la stimolazione cutanea è importante a tutti gli stadi di sviluppo, ma in particolare durante i primi giorni di vita del neonato e durante la gravidanza, il travaglio, il parto e l'allattamento. Effettivamente, più si approfondisce la nostra conoscenza riguardo agli effetti della stimolazione cutanea, più ci rendiamo conto della sua estrema importanza per un sano sviluppo. Per esempio, si è trovato che la stimolazione cutanea della prima infanzia esercita un'influenza altamente benefica sul sistema immunitario, con importanti conseguenze sulla resistenza alle infezioni e alle malattie"[7].

Secondo questo autore, in tutta la gravidanza il feto sarebbe massaggiato dalle pareti uterine e dal liquido amniotico materno e le contrazioni del

5 Montagu A., *Il linguaggio della pelle*, Vallardi, 1989. (Testo non più in commercio).

6 Ho illustrato i meccanismi di azione dell'ossitocina nel Capitolo 2 di questo libro.

7 Montagu A., *op. cit.*

parto servirebbero a stimolare e attivare il corretto funzionamento degli apparati fondamentali che serviranno al bambino subito dopo la nascita. Per ritornare a quanto ho illustrato nello scorso capitolo, anche Montagu pensa che il periodo di gestazione non termini con la nascita ma: "rappresenta una complessa e importantissima serie di mutamenti funzionali che servono a preparare il neonato per il passaggio dalla gestazione intrauterina a quella extrauterina. Dato che il bambino nasce a uno stadio così rischiosamente immaturo, è particolarmente necessario che i genitori capiscano appieno il vero significato dell'immaturità dei propri figli: cioè che, con i mutamenti iniziati durante il periodo della nascita, il bambino continua il suo periodo di gestazione, passando, attraverso il canale naturale, dall'uterogestazione all'esterogestazione in un continuo e sempre più complesso rapporto di interazione con la madre, che è ottimamente dotata per venire incontro alle sue necessità. Fra le esigenze più importanti del neonato, vi sono i segnali che riceve attraverso la pelle, il suo primo mezzo di comunicazione con il mondo esterno. Per prepararla al suo funzionamento nel mondo postnatale – per dargli un grembo adeguato – le forti contrazioni dell'utero sul corpo del feto hanno un ruolo importante"[8].

Anche per quanto riguarda l'allattamento al seno, Montagu fa notare come il contatto pelle a pelle favorisca la secrezione, da parte dell'ipofisi materna, della prolattina, un ormone necessario per l'inizio e il mantenimento della lattazione nei mammiferi. Inoltre, sottolinea che lo scopo dell'allattamento al seno "è quello di dare al bambino molto di più che una dieta adeguata, di fornirgli insomma, un ambiente emozionale di sicurezza e di amore nel quale la creatura nel suo insieme possa crescere vigorosamente. L'allattamento al seno da solo non glielo garantirà. È il rapporto globale della madre con il proprio bambino che rende significativo l'allattamento al seno."[9]

Margaret Ribble, psicologa, già alla metà del secolo scorso mise in evidenza come i bisogni psicologici dei bambini debbano essere soddisfatti quanto quelli fisici. In particolare questa autrice ha sottolineato l'importanza della stimolazione tattile sulla respirazione del neonato: "La respirazione, che nelle prime settimane di vita è tipicamente superficiale, instabile

8 *Ibidem.*

9 *Ibidem.*

e inadeguata, viene stimolata in modo definitivo per via riflessa attraverso la suzione e il contatto fisico con la madre. [...] È evidente che il contatto fisico con la madre ha una precisa implicazione biologica nella regolazione della respirazione e nelle funzioni nutritive del bambino"[10].

Anche Frederick Leboyer, grande innovatore della pediatria mondiale e autore di famosi testi sulla nascita, scrive: "Per i bambini piccoli, essere portati, cullati, accarezzati, essere tenuti, massaggiati sono tutti nutrimenti indispensabili, come le vitamine, i sali minerali e le proteine, se non di più. Se viene privato di tutto questo e dell'odore, del calore e della voce della madre che conosce bene, il bambino, anche se gonfio di latte, si lascerà morire di fame"[11].

Montagu afferma anche: "Sebbene il tatto non sia di per sé un fatto emotivo, i suoi elementi sensoriali inducono quei cambiamenti neurali, ghiandolari, muscolari e mentali che chiamiamo complessivamente sentimento. Per cui il tatto non è sentito come una semplice modalità fisica, come sensazione, ma affettivamente, come sentimento"[12].

Anche nel linguaggio comune "essere toccati" da un evento significa provare un forte sentimento al riguardo; oppure vedere un film "toccante" significa che ci ha colpito emotivamente. Ugualmente l'espressione "teniamoci in contatto" significa che si vuole continuare ad avere una relazione anche con persone lontane fisicamente.

Da tutto questo si può capire come il senso del tatto abbia notevoli implicazioni nello sviluppo e nel rinforzo dell'affettività dei bambini e nella loro crescita psicofisica globale. Non stupisce, quindi, che in una società come la nostra, dove difficilmente è accettato che i bambini possano esprimere le proprie emozioni e i propri sentimenti, si tenti fin dalla nascita di deviarli verso il controllo affettivo. Invece, afferma Gerhardt: "Una buona 'immunità' emotiva è il risultato dell'esperienza di sentirsi sicuri, del contatto fisico, dell'essere visti e aiutati a riprendersi dallo stress, mentre la reazione a esso è minacciata dalla separazione, l'incertezza, la carenza di

10 Ribble M., *I diritti del vostro bambino. Le prime necessità psicologiche come soddisfarle*, Bompiani, 1952.

11 Leboyer F., *Per una nascita senza violenza*, Bompiani, 2000.

12 Montagu A., *op. cit.*

contatto e la mancanza di contenimento”[13].

Come ho già affermato nel primo capitolo, i beni materiali e consumistici dedicati ai bambini dal mercato e dall’industria tendono a colmare i vuoti affettivi che la nostra cultura produce in loro. Se non cominciamo a invertire questa tendenza a riempire i bambini di oggetti spesso inutili fin dalla prima infanzia, anziché soddisfare pienamente i loro bisogni primari, perdiamo la possibilità di offrire un’educazione affettiva ed emotiva fondata sulle persone e sul “calore umano”, che servirà loro come base relazionale per tutta la vita. Se continuiamo a togliere i bambini dalle braccia dei genitori con assurde pretese educative, ci troveremo davanti adulti che hanno difficoltà ad abbracciare e a essere abbracciati come triste memoria di una carenza del passato.

Non è facile andare controcorrente e rivendicare il diritto di tenere in braccio e accudire i nostri figli, per tre motivi principali.

• Primo: come ho già illustrato, molti genitori di oggi sono figli dei dogmi educativi di trenta-quaranta anni fa, grazie ai quali la separazione madre/bambino era massima. Siamo stati per la maggior parte bambini messi nelle *nursery* alla nascita, separati precocemente dalle nostre madri e allattati artificialmente. I nostri genitori ci lasciavano piangere “finché non ci facevamo i polmoni a sufficienza”, perché la cultura del momento voleva così; perciò, nella nostra memoria, ci sono esperienze che non aiutano a cambiare rotta con i figli. Non bisogna trascurare l’importanza del bagaglio affettivo e delle esperienze infantili, né negare il bambino che è in noi. Mi viene in mente una frase famosissima che non mi stancherò mai di ricordare ai genitori e agli adulti in generale: “Tutti i grandi sono stati bambini una volta (ma pochi di essi se ne ricordano)”[14]. Inoltre ognuno di noi fa parte di un cerchio che comprende molte generazioni. In psicologia questo concetto è noto e riguarda vari approcci teorici, fra cui quello della psicogenealogia e delle teorie che studiano la trasmissione intergenerazionale dei modelli di attaccamento. Ognuna di queste branche della psicologia afferma che è molto difficile spezzare gli schemi con i quali siamo cresciuti poiché diventano tracce indelebili nella nostra memoria affettiva attraverso le rappresentazioni mentali. Credo sia anche per questo che molti genitori

13 Gerhardt S., *op. cit.*

14 De Saint Exupéry A., *op. cit.*

faticano ad accettare un certo tipo di informazioni e spesso le rifuggono. Ma, con un opportuno sostegno se necessario e soprattutto condividendo la propria esperienza con altri genitori che abbiano voglia di andare fino in fondo, è possibile cambiare modello genitoriale; da un modello a basso contatto a uno che invece faccia del contatto fisico il nucleo fondamentale della relazione coi propri figli.

• Secondo: la nostra società è basata sul fare, sull'avere, sul produrre e sull'apparire, piuttosto che sullo stare, sull'essere e sul vivere con ciò che è davvero indispensabile. Perciò, per i neogenitori alle prese con un neonato – che all'inizio sembra più uno sconosciuto, quasi un "extraterrestre" – può essere molto problematico non aderire ai modelli culturali a cui si appartiene, per sentirsi più sicuri e integrati. Può essere ancora più difficile continuare a rimanere fedeli a un modello non convenzionale quando i bambini crescono. A proposito di extraterrestri, nel 1996 è stato diffuso nelle sale cinematografiche italiane (per poche settimane purtroppo) un meraviglioso film francese: *Il Pianeta Verde* di Coline Serreau. Il film tratta in chiave umoristica i problemi del mondo occidentale: la frenesia, l'abuso di comando, l'inquinamento e il consumo selvaggio delle risorse naturali e degli spazi. Denuncia anche le *routine* ospedaliere dei reparti di ostetricia e propone modelli educativi diversi da quelli comunemente noti nelle società occidentali. *Il Pianeta Verde* è un pianeta lontano e sconosciuto ai terrestri, dove le persone vivono in armonia con se stesse, con gli altri e con la natura. Anche gli abitanti di questo pianeta sono passati per l'era industriale (nel film è definita preistoria) ma, dopo averne verificato la decadenza, hanno preferito abbattere gerarchie, industrie e tutto ciò che rappresentava l'epoca dello sfruttamento. Su questo pianeta non esistono soldi, solo baratto. Non si mangia carne e si fanno sedute di "silenzio".

Come ogni anno, sul pianeta viene convocata un'assemblea plenaria; ordine del giorno: inviare qualcuno sulla Terra per controllare a che punto sia arrivato il processo evolutivo. I racconti dei più anziani (sul pianeta si vive fino a 250 anni) parlano dell'era Napoleonica, caratterizzata da guerre e da manie espansionistiche e nessuno sembra volersi offrire volontario per la spedizione sul pianeta azzurro.

Mila, interpretata dalla stessa Serreau, si offre volontaria per il viaggio, portando con sé il segreto delle sue origini: sua madre era una terrestre.

Calata nella Parigi degli ultimi anni Novanta del secolo scorso, Mila si ritrova disorientata a causa delle indicazioni che gli anziani le hanno dato prima di partire: vestita con abiti stile Impero, dà vita a una serie di primi, comici, approcci con il popolo parigino. Senza acqua né cibo – poiché in città queste fonti di sostentamento sono rispettivamente inquinate e insalubri – è costretta a raggiungere un ospedale per "ricaricarsi" con dei neonati; ed è proprio nell'ospedale di Parigi, che incontra Max (impersonato dall'attore francese Vincent Lindon), primario di medicina a cui cambierà completamente la vita, umana e professionale, e da cui abiterà per tutta la durata del film, fino al suo ritorno sul Pianeta Verde.

Cito questo film perché ci sono alcune scene meravigliose che riguardano anche gli argomenti di questo libro: Mila si ricarica *tenendo in braccio i neonati*. Questo gesto le permette di vivere senza nutrirsi né di cibo né di acqua. In un'altra scena Mila è raggiunta sulla Terra da due dei suoi figli adolescenti che *dormono con lei in stretto contatto fisico*. In un'altra scena Max getta via la televisione dicendo ai familiari "Da oggi si parla" e dal quel momento cambia la vita di tutta la famiglia. Vale la pena vedere questo film per rendersi conto della società in cui viviamo e mettere in discussione molte delle certezze a cui siamo abituati; e, inoltre, per recuperare un approccio ai rapporti umani molto più sano e meno invischiato nelle dinamiche perpetuate dal consumismo e dalla piattezza affettiva.

• Terzo: se anche un genitore accettasse di rimettersi in gioco personalmente e in coppia, si informasse con attenzione su metodi educativi che rispettano i bisogni dei bambini, si organizzasse per stare con i propri figli per più tempo possibile, non cedesse al consumismo e ai dogmi della nostra cultura, ebbene, in ogni caso, dovrebbe fare i conti con i giudizi di chi lo circonda. Credo che questo sia il nocciolo della questione: i genitori non si sentono liberi di fare come sentono e come credono meglio. La società li tratta a loro volta come bambini che devono essere istruiti da altri, più competenti, nel difficile mestiere del genitore. Basta guardare i programmi televisivi dove tate in divisa sgridano i genitori perché a loro volta sgridino i figli.

In qualsiasi occasione c'è sempre un parente, un conoscente o un esperto che mette a dura prova la motivazione a essere genitori ad alto contatto. È proprio l'esempio di contatto fisico in sé che attira l'attenzione della gente. Sembra un esempio di errore madornale e sconvolgente. Ci ricorda invece Montagu: "La pelle in sé non pensa, ma è sensibilissima, inoltre ha la facoltà di ricevere e trasmettere una straordinaria varietà di segnali e di dare una vastissima gamma di risposte, molto più che tutti gli altri organi di senso: quanto a versatilità va perciò considerata seconda soltanto al cervello. Tuttavia, la sua sensibilità può risultare notevolmente ridotta, se non riceve gli stimoli tattili necessari a un corretto sviluppo. In tal senso, influenze come famiglia, classe sociale e cultura hanno un ruolo fondamentale"[15].

Riassumendo, non è soltanto l'allattamento al seno, o il portare addosso i neonati e i bimbi piccoli, o il dormire con loro, che scandalizza le persone, ma l'insieme di tutti questi comportamenti, poiché appaiono in palese contrasto con i modelli sociali più comunemente accettati. In realtà, abbiamo visto come queste modalità di accudimento dei neonati e dei bimbi piccoli rappresentino un *continuum* fra la vita prenatale e quella postnatale e come aiutino l'intero sviluppo psicoaffettivo dei bambini.

Approfondirò adesso due modi di garantire il contatto fra genitori e figli: il portare i bambini con fasce e altri supporti di stoffa e il massaggio del neonato.

Portare i bambini: ovvero contatto continuo e... mani libere!

"La mia piccola Alice è stata portata da quando aveva 1 mese. Ora è 'grande', cioè ha 2 anni e mezzo e corre e sgambetta e addosso ci sta giusto in certe occasioni particolari. In compenso adesso lei porta le sue bambole... che bello tramandare questa abitudine!"
Francesca, mamma di Alice

"L'altra mattina ho fatto un giro al mercato e ho suscitato l'invidia di un sacco di amiche e conoscenti con bimbi piccoli al seguito visto che, a differenza dei loro bimbi, resi isterici da tutta quella confusione, Tobia se la dormiva addosso a me beato nel mei tai*... e infatti tutte o quasi si sono appuntate il nome di questo 'curioso marsupio'".*
Alessia, mamma di Emma e Tobia

"Non scorderò mai l'emozione di impastare il pane con Irene nella fascia: io con le mani e lei, a 5 mesi, con i piedini!
Il pane fatto insieme a 5 mesi: non l'avrei mai immaginato...
Peccato non aver conosciuto le fasce prima, le avrei usate anche con Bianca."
Alessandra, mamma di Bianca e Irene

15 Montagu A., *op. cit.*

"Io ho scoperto la fascia solo con Irene. Con Riccardo ne avevo comprata una che era troppo difficile per una principiante. Con Irene invece mi sono informata mentre ancora l'aspettavo e non so come avrei potuto fare senza. Con Richi abbiamo potuto fare un sacco di cose normali portando la sorella in fascia."

Barbara, mamma di Riccardo e Irene

"Ho avuto in regalo per Susanna la fascia ad anelli fatta da una mia carissima amica, madre di tre figli. L'ho vissuta come ben più di un regalo, come una dote, una conoscenza e una sensibilità particolari, come questa fantastica mamma. Susanna ci è stata dalla mattina dopo che era nata (portata da mio marito che svuotava la lavastoviglie) fino quasi a un anno di vita. Una volta, aveva circa 3 anni, me l'ha portata per metterla dentro, come spesso faceva quando era stanca o aveva voglia di coccole, e nel darmela mi ha detto... 'Così è come quando ero nella tua pancia, perché a me piace tanto stare dentro la mia fascia'. Unico rimpianto è non averla conosciuta col primo figlio, che è cresciuto nelle mie braccia, ma decisamente non è la stessa cosa!"

Gaia, mamma di Susanna

"Io ero all'ultima settimana di gravidanza e leggevo avidamente il libro della La Leche League sull'allattamento dove ci sono un sacco di foto con bambini in fascia... a un certo punto il flash: ma guarda come stanno bene i bimbi lì dentro e come se la... dormono, la voglio anch'io! Il giorno dopo ho ordinato la mia prima fascia (elastica) che è arrivata un paio di giorni prima della nascita di Alice. Con mio marito l'abbiamo usata sia per le uscite sia per stare in casa, sia per le escursioni in montagna. Per me era come riavere la piccola nella pancia, al sicuro con me, ma io sempre libera di muovervi e lavorare. Col tempo siamo passate dalla pancia alla schiena, e dalla fascia elastica a quella normale e ora al mei tai*... peccato solo che le occasioni per portarla ora che ha quasi 2 anni e mezzo siano poche perché vuole camminare ovunque! Ora che sono di nuovo in attesa non vedo l'ora di portare ancora... e anche Alice si allena portando le sue bambole!"*

Daria, mamma di Alice

"Ho scoperto la fascia quando ero incinta, insieme a mio marito ho seguito un breve corso per imparare a portare i bimbi. Ero così determinata a usarla che, malgrado le perplessità di chi avevo intorno, non ho voluto comprare né carrozzina né passeggino. Ma non immaginavo che la fascia sarebbe stata per noi così indispensabile. Emanuele infatti ha molto sofferto di reflusso, non faceva che rigurgitare ed era impossibile tenerlo sdraiato, anche per dormire. Quindi ha passato i suoi primi 5 mesi pancia a pancia con me e il babbo, poi l'ho passato sul fianco e verso l'anno sulla schiena. Intanto abbiamo provvidenzialmente ricevuto un passeggino di un cugino e per i tragitti lunghi abbiamo cominciato a usare anche quello, ma anche molto la bicicletta. Adesso che ha 20 mesi usiamo meno la fascia perché Emanuele vuole camminare, ma è ancora preziosa in tante occasioni

e occupa poco spazio in borsa, decisamente più pratica del passeggino. E poi portare è meraviglioso per i genitori, i bambini ci stanno benissimo e si possono fare un sacco di cose!"

Margherita, mamma di Emanuele

"Scoprire la fascia mi ha aperto un mondo e ha semplificato la vita di tutta la famiglia. Con la prima figlia l'avevo conosciuta tardi ma il fratellino, adesso di tre mesi e mezzo, è stato portato fin dai primi giorni. È stata un valido aiuto nelle crisi di coliche e mi ha concesso fin da subito un'autosufficienza che con due bimbi sarebbe stata utopia. La figlia grande ha così continuato ad avere una mamma molto presente che la accompagnava a scuola, al parco, al mare, in piscina e il figlio piccolo ha continuato a essere nutrito e coccolato come quando era in utero."

Alessia, mamma di Emma e Tobia

"Un'infinita comodità averlo sempre con me in tutti gli spostamenti, ma soprattutto in casa, si calmava e io facevo qualsiasi cosa con la tranquillità di un bimbo-cangurino che si godeva il mondo dalla sua posizione comoda e facile da coccolare"

Silvia, mamma di Lorenzo

"La fascia per me è stata innanzitutto una necessità: mio figlio è un bambino ad alto bisogno, da quando è nato ha sempre voluto starmi attaccato, non gli bastava vedermi o sentire la mia presenza, voleva proprio il contatto con il mio corpo... la fascia mi ha salvato: in un colpo solo soddisfacevo le esigenze di contatto di Michele e le mie esigenze di libertà di movimento... inoltre la fascia è comodissima anche per spostarsi in città, sui mezzi pubblici, e non c'è problema per le poppate, fatte camminando e guardando le vetrine oppure durante le escursioni in montagna... e tuttora, che Michele ha 15 mesi, se ha qualche fastidio, male ai dentini o è irrequieto e non riesce a dormire, un giretto per la casa in fascia e subito si tranquillizza e si addormenta sereno... la fascia mi ha aiutato a entrare subito in una profonda empatia col mio cucciolo e a soddisfare i suoi bisogni primari senza rinunciare ai miei..."

Fabiana, mamma di Michele

Finalmente anche nel nostro Paese si cominciano a vedere bambini portati nelle fasce o in altri supporti di stoffa. Fino a pochi anni fa sembrava solo un'abitudine delle mamme africane.

Tutti possono portare i bambini: genitori, nonni, baby sitter...

Nonna e papà con Irene

Si può anche fare a meno di "ovetti", passeggini e carrozzine, fin dalla prima volta che trasportiamo i bambini:

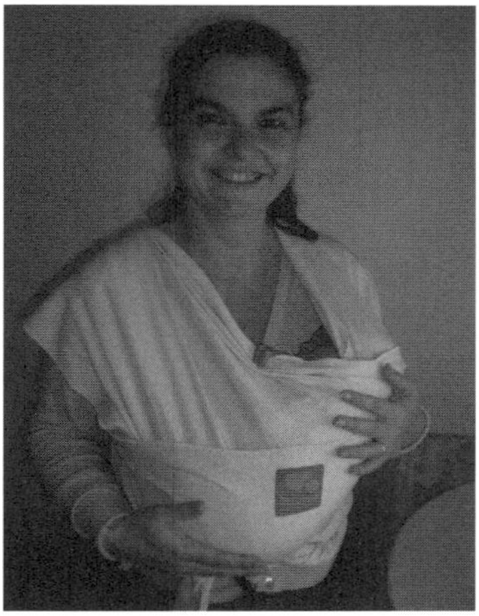

Ancora in ospedale, la prima volta di Irene nella fascia… e nel mondo!

E anche le bambole possono essere un valido esempio di "cultura del portare":

Bianca e la sua bambola "portata"

Il desiderio del piccolo di rannicchiarsi sul corpo della madre corrisponde al bisogno di una sensazione che riproduca le condizioni dell'ambiente uterino. Le fasce garantiscono una posizione fisiologica della schiena del bambino, molto simile a quella che assumeva prima della nascita. Ci vorrà circa un anno perché si riesca a reggere sulle proprie gambe tenendo la schiena diritta. Prima di questa conquista è quindi poco indicato tenere i bambini in contenitori rigidi che li obblighino a stare in una posizione fissa. Anche i marsupi rischiano di costringere il bambino in una posizione non fisiologica. Se osserviamo bene un neonato nel marsupio sembra che "penzoli" piuttosto che essere sostenuto; in più, tutto il suo peso sarà scaricato sui genitali poiché le gambe sono lasciate cadere senza alcun contenimento. Nella fasce, invece, il bambino è perfettamente sostenuto e il suo peso è uniformemente distribuito sulle spalle e sulla schiena del portatore che, a sua volta, starà molto più comodo.

Inoltre il neonato in molti casi vive con disagio il mancato controllo dei suoi movimenti e necessita perciò di essere fisicamente "contenuto", cioè di percepire confini spaziali in cui sentirsi protetto e avvolto.

Non c'è alcun motivo per cui gli adulti debbano precludersi o "dosare" il contatto corporeo con i bambini: come abbiamo già avuto occasione di notare, in una relazione umana è un atto di comunicazione vero e proprio, che crea i presupposti per un adeguato sviluppo psico-affettivo e cognitivo del bambino ed è anche determinante per la sua evoluzione, nell'intero corso della vita.

È un'esperienza che aiuta il bambino a rafforzare la propria autostima: la percezione della propria identità nasce proprio dall'esperienza del contatto corporeo che gli fa comprendere meglio se stesso e l'altro.

Molti genitori temono di viziare il bambino se lo tengono troppo addosso. Vediamo perché questa credenza è errata e rientra nei pregiudizi della nostra cultura.

Afferma Federica Mattei, mamma di quattro figli, psicologa dell'età evolutiva: "Purtroppo, nel corso dei secoli, in Italia e in Europa questo modo di cura si è perso perché si è lentamente insinuato l'assurdo convincimento che portare un bambino addosso sia un modo di 'viziarlo' e di compromettere la formazione del suo carattere e della sua autonomia. Questa convinzione probabilmente è nata e viene di continuo rafforzata dal fatto che tutti i genitori possono constatare come un bambino dorme beatamente in braccio e si risveglia non appena viene messo nella culla; ciò accade poiché il posto preferito di tutti i bambini sono le braccia dei propri genitori. Questi, influenzati anche dai pareri di parenti, amici, nonni e di molta letteratura sull'infanzia, scambiano per un 'vizio' il pianto di richiamo dei figli e si ritrovano a cercare di contrastare l'istinto che li spinge a tenerli in braccio"[16].

D'altra parte l'origine del portare i bambini addosso è antica e ha ragioni fisiologiche. Afferma Jacqueline Jimmink, olandese, mamma di tre bambini a lungo portati: "L'uso di portare su di sé i propri piccoli non è prerogativa esclusiva della specie umana. Molte specie animali lo fanno, per tempi più o meno lunghi. Si tratta di una delle forme più spontanee di comportamento materno in molti mammiferi. Perché alcuni portano sempre con sé i loro piccoli? Una risposta potrebbe trovarsi nell'allattamento. La ricerca mostra che mammiferi con latte a basso contenuto di proteine nutrono i loro piccoli molto regolarmente e con intervalli brevi tra un pasto e l'altro. I mammiferi con un latte a elevato contenuto di proteine si comportano in maniera opposta: i conigli, che hanno un latte particolarmente ricco

16 Affermazione tratta da www.bimbinfascia.it

di proteine, nutrono i loro piccoli solo una volta ogni 24 ore, per quattro o cinque minuti. Il piccolo può sopravvivere a lungo senza la madre. I primati, compresa la specie umana, hanno un latte materno a basso contenuto proteico, perciò hanno bisogno di nutrire spesso i loro piccoli. Affinché la madre possa nutrire il piccolo così regolarmente, è necessario che lo porti con sé. Un piccolo d'uomo non può camminare, perciò deve essere portato con un supporto"[17].

Portare i bambini in braccio non è pratico e alla lunga è faticoso; inoltre, usare passeggini e carrozzine è certamente diverso che avere le mani libere e poter uscire col proprio bambino senza dover trasportare altro.

Portare i bambini ha anche notevoli effetti sul benessere loro e di tutta la famiglia.

In uno studio[18] di A. Hunziker e R. Barr, pubblicato sulla celebre rivista scientifica "Pediatrics", è stato dimostrato che, nei bambini che erano portati in fascia per tre ore al giorno alla sesta settimana di vita, la durata dei momenti di pianto era ridotta del 43% di giorno e del 51 % di notte, rispetto ai coetanei non portati. Perciò portare un neonato riduce il suo pianto e aiuta la gestione delle cosiddette "coliche" che riflettono sempre un disagio psicosomatico del bambino e che spesso sono favorite dall'aria ingurgitata nei momenti di pianto. La mancanza di questo tipo di informazioni fa sì che i genitori europei stiano maggiormente a contatto con i propri figli soltanto come rimedio per calmare difficoltà già evidenti e non come efficace prevenzione del disagio.

Quindi, per riassumere:

- *I bambini portati piangono meno.*
  Esistono studi che dimostrano come il pianto del bambino sia una scelta che arriva soltanto dopo che un suo bisogno non è stato soddisfatto o quando c'è una necessità impellente da comunicare. Il pianto rappresenta sempre un segnale che richiede attenzione urgente da parte di chi si prende cura del bambino.

17 Affermazione tratta da: http://www.bambigioi.it/html/portare.html

18 Hunziker A., Barr R. G., *Increased Carrying Reduces Infant Crying: A Randomized Controlled Trial*, in "Pediatrics", Vol. 77 No. 5 May 1986, pp. 641-648.

Portare con le fasce può anche aiutare i bambini che di solito piangono molto, i cosiddetti bambini *ad alto bisogno*. Infatti, anche se piange, il bambino trae conforto dal trovarsi stretto alla mamma: può udire il battito del suo cuore e sentire la sua voce. Sono suoni molto rassicuranti per lui e i movimenti materni gli ricordano l'esperienza intrauterina cullandolo delicatamente.

In genere, quando piange, il bambino si allunga e si irrigidisce inarcando la schiena, dimostrando un alto grado di stress. È una situazione abbastanza frequente nei neonati e nei bambini piccoli, e può essere aggravata se il bambino è lasciato disteso. Tutti sanno che in questo caso prendere il bambino in braccio significa calmarlo. I bambini portati in fascia poi segnalano le proprie necessità in maniera diversa grazie al contatto continuo col genitore, che riconoscerà i segnali del bambino appena si manifestano. Per questo motivo portare il bimbo evita normalmente che si scatenino grosse crisi e ha un valore preventivo circa l'insorgenza di stress.

Sostiene Ester Weber, madre di due bambine, fondatrice e presidente dell'associazione culturale *Portare i piccoli*: "Essendo la condizione portata per il bambino una condizione fisiologica, che risponde a monte a molte delle sue esigenze, spesso il piccolo non deve neanche usare il pianto per farsi capire"[19]. Il pianto è sempre un'ultima scelta di comunicazione e, come tale, molte volte può essere prevenuto.

- *I bambini portati diventano autonomi prima dei coetanei lasciati soli per lungo tempo in contenitori vari (box, sdraiette, passeggini).*

Afferma ancora Weber: "Ascoltare e soddisfare il bisogno primario di contatto corporeo del bambino non crea un suo ulteriore bisogno o lo accresce, ma col tempo lo colma"[20]. Se un bambino ha bisogno di contatto e non glielo offriamo, lo ricercherà continuamente poiché è per lui un bisogno primario tanto quanto essere nutrito. Se, al contrario, il bambino

19 Weber E., *op. cit.*
20 *Ibidem.*

crescerà sapendo che può avere fiducia nella soddisfazione di quel bisogno, abbandonerà prima la richiesta, poiché avrà acquisito sicurezza e fiducia in chi si prende cura di lui e in se stesso.
Anche Bowlby, padre della teoria dell'attaccamento, asserisce che "Se una condizione (necessità o bisogno) necessaria per un dato periodo della vita non è soddisfatta, l'essere umano non riesce a passare a un'altra tappa dimenticando i bisogni non ricevuti, e resta in attesa trascinandosi la carenza della tappa precedente anche nella vita adulta"[21].
Portare poi è un processo naturale che si riduce gradualmente nel tempo; difatti il bisogno di essere portato diminuisce a mano a mano che il bambino cresce e sviluppa nuove capacità motorie. Quando i bambini imparano a muoversi carponi chiedono meno di essere portati poiché l'ambiente circostante li incuriosisce e hanno necessità di sperimentare altri modi di interazione con esso. I bambini più grandi possono chiedere di essere portati se sono stanchi, malati e per altre necessità. Se un bambino viene portato a lungo, sarà proprio lui a indicare alla mamma quando non lo gradisce più. Di solito ciò avviene intorno ai tre anni di vita.

- *Portare i bambini pelle a pelle ha potere analgesico.*
  Ogni genitore sa bene che quando suo figlio è in difficoltà basta prenderlo in braccio e sarà molto probabile che si calmi. La fascia e gli altri supporti per portare i bambini offrono questo contatto anche in caso di dolori di varia natura: infatti "il contatto pelle a pelle è un forte analgesico naturale sia per i neonati sani sia per i prematuri stabili"[22].

- *Portare i bambini è comodo e pratico.*
  Il peso del bambino viene scaricato non solo su entrambe le spalle del portatore ma anche sul bacino e di conseguenza sulle gambe. Una volta che il genitore ha fatto un po' di pratica, la fascia diventa un oggetto fon-

21 Bowlby J. in De Fiore G., *Portare i bambini*, Coleman, Editore, 2006.
22 Weber E., *op. cit.*

damentale per portare fuori i bambini in tutta comodità. Infatti i bimbi non sono all'altezza dei tubi di scappamento delle auto come nei passeggini. Si possono fare lunghe passeggiate in qualsiasi ambiente e senza preoccuparsi di dover salire o scendere scale, o attraversare strade in punti precisi. Anche salire sull'autobus o sulla metropolitana è molto semplice.
In casa, la mamma troverà molto più tempo per stare con altri figli se ce ne sono; anche i lavori domestici saranno più agevoli con il bimbo addosso, finché non pesa troppo.
I bambini in fascia possono dormire ed essere allattati senza spostamenti di posizione, rendendo questi momenti ancora più naturali. Talvolta si sente dire che i bambini portati sembrano stare scomodi perché stanno stretti: questo è impossibile in quanto se stessero scomodi lo segnalerebbero o si muoverebbero per spostarsi. Se, invece, osserviamo i bambini nelle fasce o nei vari supporti possiamo notare come siano sereni e tranquilli per la maggior parte del tempo.

- *Portare i bambini facilita il continuum fra endogestazione e esogestazione.* Grazia De Fiore, mamma di tre bambini, consulente volontaria de La Leche League, consulente professionale in allattamento IBCLC, fondatrice dell'Associazione Contatto Continuo[23], suggerisce di considerare il supporto per portare i bambini come un *utero di transizione*. In effetti, i supporti usati per portare danno al bimbo un senso di contenimento e di protezione molto rassicurante e allo stesso tempo stimolante. I piccoli sono addosso al portatore e partecipano alla sua vita così come accadeva nel grembo materno. Quando il bimbo è pronto ad aumentare la distanza dal genitore, poiché il suo bisogno di contatto continuo è soddisfatto, non esiterà a segnalare di voler scendere e cominciare a muoversi nello spazio circostante. Anche nei primi mesi i bambini portati accetteranno molto più volentieri di essere messi giù per brevi periodi perché sanno che potranno ristabilire presto il contatto che la fascia offre.

23 Si veda il sito http://www.contattocontinuo.org/

- *Portare i bambini favorisce il legame di attaccamento.*
  Portare i propri figli favorisce la conoscenza reciproca e non limita la libertà di nessuno. Rispetta i bisogni dei grandi e dei piccoli e per questo aiuta l'instaurarsi di una relazione di attaccamento sicuro; rientra nei comportamenti dei genitori ad alto contatto. In caso di difficoltà, possedere un buon supporto aiuta a superare i momenti critici e, di conseguenza, aumenta il senso di fiducia del genitore nella sua capacità di gestire il pianto e le difficoltà del proprio bambino e a riconoscere i segnali di disagio.

- *Portare i bambini facilita la comunicazione.*
  Quando il bambino è addosso al genitore per lungo tempo, partecipa alla vita normale della famiglia e interagisce con ciò che gli succede intorno attraverso il "filtro" del portatore. Per esempio, se la mamma si trova in un ambiente molto affollato, il bimbo in fascia potrà ripiegarsi su di lei per non essere sovrastato da stimoli eccessivi come avviene invece nei passeggini. In questo modo non avrà bisogno di piangere o di essere preso in braccio perché si troverà già nella condizione più idonea per essere protetto e rassicurato. In questo modo, la madre può accorgersi di ciò che infastidisce il bambino attraverso le sue reazioni e si renderà conto di rappresentare un tramite fra lui e l'ambiente esterno.
  Il bambino inoltre, si trova "ad altezza bacio" e sarà ancora più facile parlare con lui e coccolarlo mentre si svolgono le proprie attività, rendendolo così ancora più partecipe alla vita familiare.

- *Portare i bambini migliora il loro sviluppo corporeo.*
  Stare a contatto col corpo del genitore implica per il bambino seguirne i movimenti e rappresenta una stimolazione del proprio senso cinestesico attraverso meccanismi di propriocezione[24]. Egli infatti, si muove in tutte

24 La *propriocezione* rappresenta la capacità di percepire e riconoscere la posizione del proprio corpo nello spazio e lo stato di contrazione dei propri muscoli, anche senza il supporto della vista. È resa possibile dalla presenza di specifici recettori, sensibili alle variazioni delle posture del corpo e dei segmenti corporei, che inviano i propri segnali

le direzioni mentre il genitore stesso lo tiene in equilibrio: esattamente come nell'utero. Il suo organo dell'equilibrio viene di conseguenza stimolato. Alla nascita questo organo è particolarmente sensibile e i bambini iniziano così a regolare questa capacità, cosa che certamente non avviene in carrozzina.

Inoltre, come abbiamo già visto, il bambino potrà continuamente compiere piccoli movimenti per stare più comodo o per segnalare al genitore la necessità di cambiare posizione. È incredibile come portare i propri bambini, anche molto piccoli, aiuti a capire in un attimo quali siano le loro esigenze. Un bimbo che passa molto tempo in un contenitore come la sdraietta, la culla o il box, o all'interno di una carrozzina, è privato di molte esperienze precoci essenziali. Poiché egli ha bisogno di partecipare alla vita quotidiana per crescere, non serve solo sedersi davanti a lui e guardarlo dando risposte verbali a ciò che chiede, ma condurre una vita normale rendendolo partecipe delle nostre abituali attività.

- *Portare i bambini è una continua fonte di apprendimento.*

  Proprio perché i bambini sono sempre insieme ai genitori, partecipano a ciò che fanno e diventa per loro molto naturale osservare le varie attività degli adulti in una situazione protetta da stimoli eccessivi. Con i bambini in fascia si può fare quasi tutto. Personalmente, l'unica cosa che non ho potuto fare con la mia bimba in fascia è stata guidare la macchina, per ovvie ragioni di sicurezza!

  Essere portati è di gran lunga più stimolante dei vari giochi educativi che ci propone il mercato per l'infanzia: cosa c'è di più divertente, per esempio, che vedere la propria madre che cucina, o familiarizzare con

ad alcune particolari aree encefaliche. La propriocezione assume un'importanza fondamentale nel complesso meccanismo di controllo del movimento. Stare nelle fasce permette una stimolazione continua di queste sensazioni e del tono muscolare. Aiuta il sistema vestibolare a controllare l'equilibrio attraverso recettori presenti nell'orecchio interno. La *cinestesia* è, in medicina, la sensibilità muscolare in sé, cioè quella forma di sensibilità propriocettiva i cui recettori sono disposti nella compagine dei muscoli, nei tendini e nelle guaine, e che interviene nella regolazione dell'attività motoria.

i vari cibi, sentire gli odori da vicino, oppure fare una bella passeggiata nella natura con la possibilità di vedere ad altezza adulta ciò che l'ambiente offre?

- *Tutti possono "indossare" i bambini e trovare il supporto più adatto.*
  In Italia ci sono ormai moltissimi siti internet[25] che offrono supporti per tutte le tasche. Si va dai 35 euro in su e se ne trovano di moltissimi tipi e materiali. Con un po' di pratica tutti possono scoprire un supporto adatto per sé e per il proprio bambino. In altri Paesi c'è perfino l'abbigliamento "da fascia" per facilitare il genitore che porta il bambino. Ci sono giacche a vento o *poncho* appositi, ma ci si può tranquillamente arrangiare con quello che si ha in casa. Si trovano anche Associazioni dove provare i vari supporti e ottenere valide indicazioni per le prime volte in cui si provano le varie posizioni. Anche il mercato dell'usato offre molte possibilità. Se poi una mamma ha dimestichezza con la macchina da cucire può trovare facilmente su internet cartamodelli molto semplici da realizzare col minimo sforzo e con una spesa irrisoria.

- *Portare i bambini è economico e sostenibile.*
  Portare i bambini è una pratica molto economica e sostenibile. I vari supporti possono essere prestati a parenti e amici e diventare parte dei preziosi ricordi di famiglia da condividere a ogni nascita. Richiedono poco spazio, stanno tranquillamente in borsa e si lavano con la comune biancheria di casa.

- *Portare i bambini aiuta le mamme a sentirsi più libere e a spostarsi meglio con loro.*
  È molto comune che le mamme abbiano sentimenti di solitudine quando si trovano in casa da sole con i neonati. Un tempo c'era la famiglia patriarcale per proteggere e fare compagnia a madre e bambino dopo la nascita.

25 Oltre a quelli già citati si veda anche il sito www.mhug.it

Oggi questo non succede più tanto sovente e molte mamme, soprattutto nei mesi invernali, stentano a uscire di casa, perpetuando un circolo vizioso che le fa sentire ancora più sole. Uscire con un bimbo piccolo, certe volte, significa quasi traslocare! La fascia restituisce libertà di movimento alle mamme e dà loro la possibilità di spostarsi avendo il bambino sempre con sé senza dover spingere niente e avendo le mani libere. Anche in caso di pioggia, basterà un ombrello per entrambi e il calore che la mamma emana sarà certamente utile nei mesi invernali per proteggere il bambino da temperature eccessivamente fredde e soprattutto dal vento. Gli eschimesi portano i loro bambini a temperature polari per l'intera giornata e dormono insieme a loro per i primi anni di vita.

- *Portare i bambini aiuta a ristabilire un contatto successivo a una separazione.*
  Nel caso in cui la mamma torni a lavorare presto o si debba allontanare per qualche ora, chiunque può portare il bambino al posto suo. Il contatto con altri adulti renderà l'assenza della madre molto più accettabile e al suo ritorno il bambino potrà stringersi a lei in un abbraccio caldo e rassicurante per recuperare il tempo perduto.

- *In caso di cesareo, nascita difficoltosa o prematura, portare i bambini aiuta a superare il trauma della nascita.*
  I neonati portati in fascia ritrovano un ambiente simile all'utero materno: si sentono al caldo, contenuti e riconoscono rumori e odori. Ciò li aiuta a superare lo shock della nascita. Per i neonati l'ambiente ideale non è certo l'immobilità e il silenzio della culla in una stanza buia. Nel caso dei bambini nati prematuri (prima della 34ª settimana di gestazione) la marsupioterapia[26], che prevede il contatto pelle a pelle con il genitore, rappresenta una vera e propria possibilità in più per sopravvivere. Esistono

26 Charpack N., *Una mamma canguro*, Edizioni Red!, 2006.

organizzazioni come la Fondazione Canguro[27] che promuovono questa pratica in tutto il mondo.

Anche le mamme che hanno avuto difficili esperienze di parto possono ristabilire con facilità il contatto con i propri bimbi utilizzando uno dei vari dispositivi per portarli. Di recente anche in molti ospedali si cominciano a vedere fasce, utilizzate anche dal personale sanitario.

Il massaggio infantile come esperienza di contatto

"I primi figli sono spesso più sfortunati dei successivi perché le loro madri, molto condizionate dai pareri delle persone che le circondano (amici, parenti ma anche semplici conoscenti), hanno timore di viziarli e tendono quindi a non seguire quell'istinto che le porterebbe a mantenere il più possibile, dopo il parto, quel contatto che per nove bellissimi mesi è stato continuo e gratificante. Spesso serve una seconda gravidanza per recuperare, e questo è quello che è accaduto a me. Emma non ha mai avuto il contatto di cui sta godendo il fratellino di tre mesi che è ogni giorno portato e massaggiato. Il massaggio infantile l'ho scoperto infatti quando lei aveva un anno. Al corso AIMI a cui partecipammo era la bimba più grande e a differenza degli altri non accettava di essere toccata e fuggiva gattonando. Al tempo il corso fu per me più una fonte di stress che di piacere, ma appresi comunque le tecniche che adesso utilizzo con successo con il fratello."

Alessia, mamma di Emma e Tobia.

"Per me è stato diverso, il percorso di conoscenza è iniziato con la prima gravidanza, avevo molto tempo a disposizione solo per noi e ogni mattina facevamo (in sequenza) esercizi di motricità, massaggio neonatale e bagno insieme con esercizi di acquaticità, ciuccia e pisolo incorporati. Uno sballo, praticamente la stanza da bagno ogni mattina era una beauty farm, troppo rilassante! Musica, profumi e oli aromatici! Tutto questo è durato dalla nascita agli 11 mesi circa (sono rientrata al lavoro a 3 mesi ma avevo un part-time pomeridiano). Poi è arrivato Elia, il nostro secondo figlio affidatario, 3 anni e una vitalità pazzesca. Greta ha iniziato a camminare immediatamente per corrergli dietro... e chi la prendeva più? Con

27 La Fondazione Canguro opera, dalla Colombia, in collaborazione con vari centri che applicano il metodo "mamma canguro" nel mondo. Da molti anni ha intrapreso la creazione di una rete di marsupioterapia via internet: http://kangaroo.javeriana.edu.co. L'iscrizione è gratuita e i professionisti che desiderano creare un proprio centro possono accedere, dal sito, alle regole di applicazione di questo metodo e all'elenco delle pubblicazioni scientifiche realizzate nei Paesi industrializzati e nei Paesi in via di sviluppo. (fonte: www.piccolipassiprematuri.it)

Ambra, la mia seconda figlia naturale nata tre anni e mezzo dopo, tutto è stato diverso, il tempo era molto meno e gli appuntamenti di relax in beauty farm erano 2-3 la settimana. In compenso ho usurato la fascia che con Greta non ero riuscita a sfruttare troppo perché l'avevo trovata molto tardi, a circa 8 mesi (non ricordo nemmeno come ho fatto a trovarla, era fatta a mano, sono stata a casa della donna straniera, forse inglese, che l'aveva fatta, a Torino, 200 km da casa mia in un'era ante-internet e ante-gps... sto parlando del 1996, incredibile cosa fa la forza di volontà!). Era quella con gli anelli, teoricamente permetteva poche posizioni ma io l'ho usata in ogni modo, in ogni momento, me la portavo sempre dietro suscitando i commenti inquisitori e gli sguardi increduli della gente. A dirlo ora sembra strano ma, davvero, era uno strano modo di essere madre. Ora si parla anche negli ospedali di contatto continuo, allora era ancora una specie di eresia qui da noi, giù al profondo nord!"

Laura, mamma di Greta, Elia e Ambra.

"Io ho avuto la fortuna di avere come puericultrice del consultorio un'insegnante AIMI e mi ha inserita subito nel corso. Agnese era la più piccola (aveva due mesi quando abbiamo iniziato). È stata un'esperienza straordinaria, che in qualche modo mi ha ricollegata a lei, visti i primi giorni post-cesareo dove non riuscivo molto bene a creare 'relazione' e le difficoltà con l'allattamento.
Credo che dovrebbero farlo davvero tutti, è un'esperienza che lascia il segno..."

Lucia, mamma di Agnese

"Sono insegnante AIMI.
Ho fatto il corso per insegnanti quando ancora non avevo figli.
Appena è nata la mia prima bambina non vedevo l'ora di massaggiarla e l'ho fatto tutti i giorni fino agli 11 mesi di vita. È stata un'esperienza bellissima sia per me sia per lei. L'ho sempre portata ai corsi dopo parto che conduco ed è stato meraviglioso poter condividere finalmente con le altre mamme la gioia del massaggio su un bambino vero (noi insegnanti dimostriamo generalmente il massaggio alle mamme su di una bambola).
Alle mamme e ai papà vorrei dire che il massaggio non è una tecnica, ma un modo stupendo di stare con i propri bambini in armonia e semplicità. Non abbiamo mai tempo di toccarli a lungo: sentire la loro pelle scorrere sotto le nostra mani, il loro profumo e vedere le loro risposte entusiaste anche a pochi giorni di vita, dà una carica fortissima per affrontare anche i momenti più difficili insieme.
È un vero e proprio atto comunicativo che favorisce la relazione con loro.
Ora, che non ho più un neonato da massaggiare e lo devo dimostrare sulle bambole, mi manca ancora di più!"

Alessandra, mamma di Bianca e Irene

Un corso di massaggio

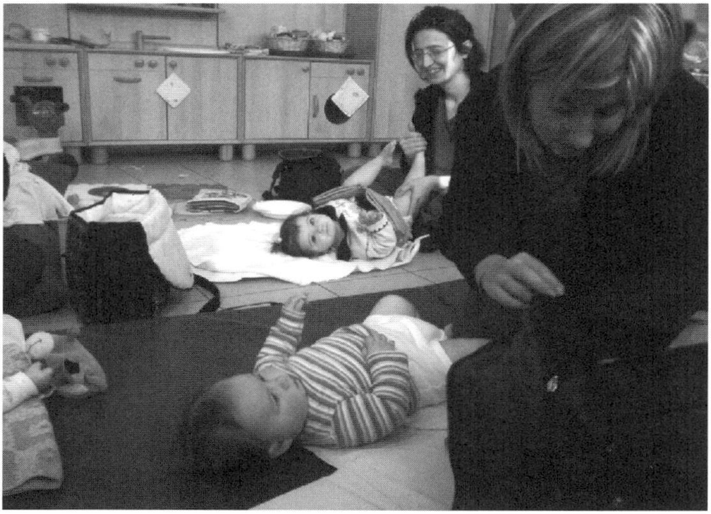

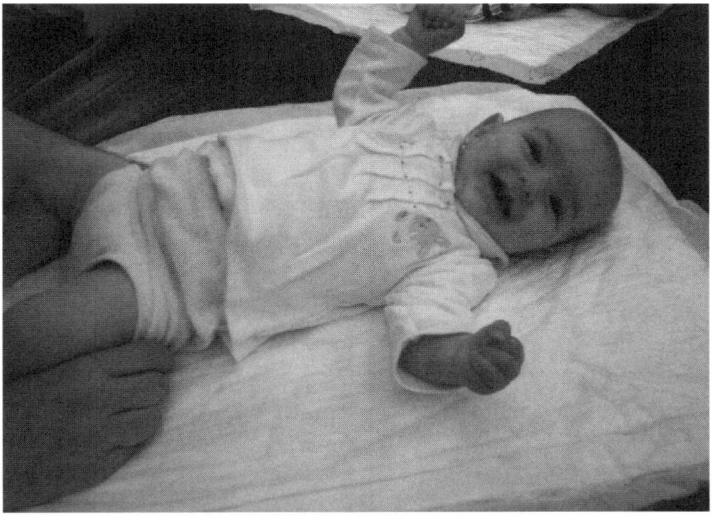

Bianca prima del massaggio…

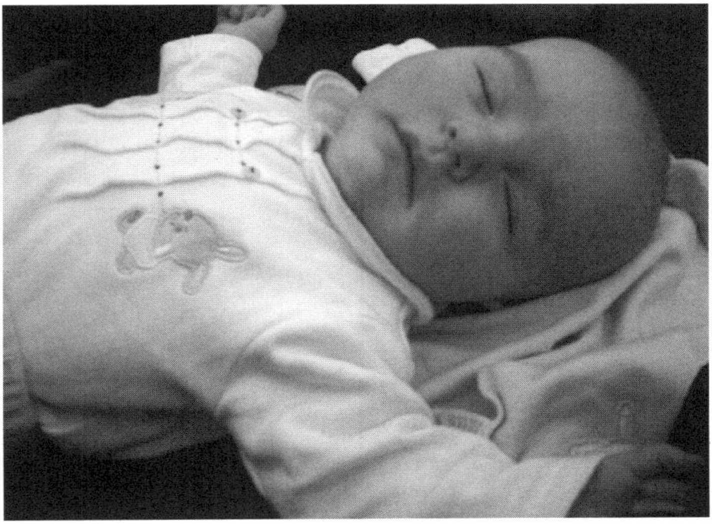

… e dopo!

Tutte le mamme sanno massaggiare i propri bambini: li toccano, li coccolano e li tengono in braccio comunicando loro amore. Per certi versi può sembrare assurdo frequentare un corso dove "si insegna ai genitori a massaggiare il neonato". Ma in una società come la nostra, dove il tempo per *stare* cede sempre più spazio al *fare* qualcosa, trascorrere momenti di tranquillità con i propri bambini è diventato un lusso che pochi si concedono. Spesso si pretende che i bambini non disturbino e che "non facciano perdere tempo" agli adulti; inoltre, massaggiare i bambini non fa più parte delle tradizioni familiari tramandate di generazione in generazione come invece avviene ancora in molti Paesi.

Ecco che allora si comprende meglio perché il massaggio neonatale venga proposto alle famiglie in corsi da frequentare singolarmente o in gruppo. In Italia è presente dal 1989 l'associazione italiana massaggio infantile (AIMI), affiliata all'International Association Infant Massage (IAIM) che riunisce le organizzazioni di tutto il mondo. Questa associazione mondiale è stata fondata nel 1986 da Vimala McClure negli Stati Uniti d'America.

L'obiettivo principale di queste associazioni è di "incoraggiare il contatto e i rapporti umani durante il periodo di crescita del bambino e promuovere ricerche e corsi di preparazione e istruzione in modo che i genitori, gli operatori della prima infanzia e i bambini siano amati, valorizzati e rispettati dalla comunità mondiale" (art. 2 dallo statuto dell'AIMI).

Il corso di massaggio favorisce la relazione genitore/bambino proponendo un nuovo modo di stare insieme in un contesto di condivisione delle proprie esperienze. Il massaggio non è insegnato come tecnica in sé, ma a partire da un'antica tradizione presente nelle culture di molti Paesi. È una pratica riscoperta e valorizzata in questi anni dall'evidenza clinica e da recenti ricerche che ne hanno confermato l'effetto positivo sullo sviluppo del bambino a diversi livelli:

- Come *effetto stimolante:* aiuta a sviluppare e a regolare le funzioni respiratorie, circolatorie e gastrointestinali; infatti, spesso, allevia il disagio delle coliche gassose.
- Come *effetto rilassante:* aiuta il bambino a rilassarsi e a superare gli stress provenienti da nuove situazioni, insegnandogli a essere consapevole delle tensioni del proprio corpo e a liberarsene.

- Come *effetto psicologico:* approfondisce la conoscenza, la comunicazione, la confidenza fra genitore e bambino, facilita lo scambio di messaggi affettivi, la conoscenza dello schema corporeo, la formazione dell'immagine di sé e fa sentire al bambino che è sostenuto e amato. Stimola, indirettamente, momenti di riflessione comune con gli altri genitori e modalità di comunicazione non verbale col bambino: sorrisi, contatto visivo, contatto attraverso la pelle.

Conduco personalmente da dieci anni incontri per famiglie dove propongo anche il massaggio infantile. Ho potuto constatare, sia da professionista sia soprattutto da mamma, quanto sia utile come atto comunicativo fra bambino e genitore. Il massaggio fa parte della memoria più dolce dei genitori, fa parte di quei momenti che non tornano più... Gli incontri di massaggio sono spazi dove le mamme e i papà (ma spesso vengono anche nonni, parenti e amici) si godono il proprio bambino in un contesto informale e protetto. Sebbene esista una sequenza da assimilare, si tratta più che altro di una proposta da cui partire per un'esperienza del tutto personale e autonoma. Il corso di massaggio è l'occasione per confrontarsi con altre famiglie con neonati, dando quindi la possibilità di condividere ansie, paure ma anche gioie e conquiste dei propri bambini.

Come operatrice ho vissuto momenti molto emozionanti durante questi incontri: ricordo una mamma che aveva avuto un parto molto difficile e non era stata sufficientemente sostenuta per l'allattamento al seno. Arrivò al corso molto provata e triste, anche se lei e la bimba, di appena un mese, stavano benissimo. Per questa donna partecipare al corso rappresentava una sorta di riparazione alla brutta esperienza del parto e dell'inizio dell'allattamento. Dopo tre incontri di massaggio, e dopo averla messa in contatto con una consulente di allattamento, questa mamma ha risolto del tutto i problemi di allattamento e ha dichiarato al gruppo di riuscire finalmente a toccare la sua bambina senza avere paura. Ogni volta che conduco gruppi dopo parto mi sento onorata di fare questo lavoro e di poter osservare mamme e bambini piccolissimi nel divenire della loro relazione. Ogni gruppo ha le sue potenzialità imprevedibili che aiutano sempre ad aumentare l'autostima di tutti, partecipanti e conduttori. Devo tantissimo alle mamme che ho incontrato in questi anni e le ringrazio infinitamente. L'esperienza che noi operatori facciamo soltanto stando insieme alle mamme, ascoltandole e fornendo loro un ambiente in cui esprimersi ed essere sostenute, non ha prezzo.

Tornando al massaggio, la sequenza che viene insegnata nasce dalla combinazione di massaggi provenienti da varie culture del mondo e si ispira alla riflessologia plantare, allo yoga, al massaggio indiano e svedese. È stata messa a punto da Vimala McClure che da sola ha studiato l'accostamento dei massaggi e gli ha dato i nomi. È una sequenza trasmessa tale e quale da tutte le associazioni che aderiscono all'IAIM, come patrimonio comune di diffusione mondiale della pratica del massaggio infantile.

Afferma McClure: "Ognuno, perfino una macchina, può comunicare un massaggio. Ma il nostro programma non riguarda il dare massaggi. Riguarda il principio del tocco *nurturing*[28] (il tocco "buono", che nutre) tra gli esseri umani. Sappiamo che è una legge naturale il fatto che gli esseri umani e altre creature hanno bisogno del tocco *nurturing* per sviluppare corpi, menti, spiriti e relazioni salutari durante la vita"[29].

Consiglio caldamente a tutti i genitori di non perdere questa magnifica occasione di stare insieme ai propri bambini.

28 Termine difficilmente traducibile in italiano.

29 McClure, V. "*Il massaggio del bambino: manuale per insegnanti*", AIMI, 1989. Libro non in commercio ma consegnato nei corsi di formazione per insegnanti AIMI.

IV

La comunicazione efficace con i bambini

I bambini sono persone

"Definire un bambino buono o cattivo significa etichettarlo e giudicarlo superficialmente. Ciascuno di noi cambia con il tempo e le esperienze che vive e può essere in tanti modi diversi a seconda del contesto e dell'ambiente in cui si ritrova, non siamo mai uguali a noi stessi. I bambini dovrebbero essere liberi di esprimersi ed essere amati e accettati anche (soprattutto) quando non corrispondono alle aspettative dei genitori."

Rossella, mamma di Angela

"I bambini non fanno i capricci! A volte usano solo un linguaggio differente, perché non conoscono altro modo per esprimere il loro disagio... siamo noi a dover tentare di interpretare questo linguaggio come fossero parole che nascondono una richiesta d'aiuto..."

Paola, mamma di Alessandra, Elisa e Giada

"La cosa fondamentale, secondo me, è proprio dare importanza a ogni manifestazione del bambino. Se il tuo piccolo piange, ha certamente una ragione per farlo. Quindi, se anche il seno o il cambio del pannolino non eliminano il suo disagio, e hai provato di tutto, continua a tenerlo in braccio e a dirgli che non capisci come aiutarlo, ma che tu starai con lui finché non starà meglio. Non lasciarlo mai solo. I bambini ascoltati e accolti anche nei momenti più difficili imparano prima a mostrare in modo efficace le proprie esigenze e bisogni, e non piangono tanto come quelli che invece vengono lasciati a loro stessi: così saprai per certo che, quando il tuo bambino piange, ti vuole comunicare una cosa importante e ha bisogno di te; e lui imparerà che è una persona importante e degna di considerazione. Crescerà sentendosi amato e avrà fiducia *in se stesso."*

Lucia, mamma di Vera

"I bambini sono la bocca della verità".

Questo detto che tutti conosciamo rivela a sua volta una grande verità: i bambini non conoscono la retorica, parlano col cuore, dicono quello che pensano e spesso noi adulti abbiamo molto da imparare dalla loro semplicità e schiettezza. Imparare dai nostri figli significa considerarli persone come gli adulti e instaurare con loro un dialogo basato sull'uguaglianza dei diritti, della dignità e sull'empatia[1] reciproca. Eppure crediamo di sapere comunicare meglio di loro. Molti pensano che la priorità per i bambini sia imparare a parlare educatamente e a stare zitti se non sono interpellati. In una parola i bambini si dovrebbero *controllare* sia come comportamento manifesto sia come espressione verbale delle proprie emozioni. Questo genere di cultura ha fatto sì che molti adulti siano imprigionati nella retorica e che, quando parlano, perdano di vista il contenuto e l'obiettivo del messaggio che vogliono trasmettere. Inoltre, come abbiamo già visto in precedenza, i genitori comunicano spesso con i bambini come se parlassero con persone subordinate all'interno di un rapporto basato sulla gerarchia e sul potere. Frasi come: "So io quello che è meglio per te", "Quando sarai grande capirai", "Comando io non tu", "Adesso ubbidisci e non fiatare", "Non ti provare ad aprire bocca, stai zitto finché non ti dò il permesso di parlare!", "Vergognati!", "Lascia stare, tanto non sei capace", "Come fai a non capire?!", "Vuoi fare sempre di testa tua...", "Ma tu chi sei per dire queste cose? Devi solo ubbidire a quello che ti dico, io sono grande e tu sei solo un bambino", "È inutile, non c'è niente da fare con te", "Quando sarai a casa tua farai come vuoi, ora che sei in casa mia fai come dico io", sembrano frasi normali e scontate da dire ai propri figli, tanto quanto, molto probabilmente, sono state dette a noi dai nostri genitori.

In realtà, si può parlare con i bambini (e con gli adulti) attraverso dinamiche comunicative che trasformino potenziali conflitti in dialoghi pacifici e rispettosi dei bisogni e dell'integrità di tutti, grandi e piccini. Si può basare la comunicazione sull'empatia e sulla fiducia di trovare soluzioni che soddisfino tutti e non mortifichino nessuno. Afferma Tomas Gordon, psi-

1 Il termine empatia deriva dalla parola greca *empateia* che significa "sperimentare attivamente il modo in cui un'altra persona vive un'esperienza". Significa "mettersi nei panni" di un'altra persona cercando di comprenderne lo stato emotivo attraverso un atteggiamento che escluda ogni attitudine affettiva personale (simpatia, antipatia) e ogni giudizio morale.

cologo clinico: "Quando le persone imparano a comunicare efficacemente con se stesse e con gli altri, le loro vite e le loro relazioni interpersonali possono essere profondamente trasformate"[2].

Anche Marshall Rosemberg, psicologo clinico, associa i processi comunicativi alle dinamiche sociali che spingono a etichettare le persone, a fare paragoni, a pretendere ed emettere giudizi anziché a diventare consapevoli di ciò che sentiamo e dei nostri bisogni: "Credo che la comunicazione che aliena dalla vita sia radicata in certe visioni della natura umana che hanno esercitato la loro influenza per vari secoli. Queste visioni enfatizzano i nostri difetti e la nostra malignità innata e suggeriscono che vi sia bisogno di educazione per controllare la nostra natura intrinsecamente sgradevole. Tale educazione ci induce spesso a domandarci se c'è qualcosa di sbagliato nei sentimenti e nei bisogni che proviamo. Impariamo presto a scollegarci da quello che accade dentro di noi. La comunicazione che aliena dalla vita deriva dalle società gerarchiche, il cui funzionamento dipende dalla presenza di un gran numero di cittadini docili e sottomessi, e ne permette la continuazione. Quando siamo in contatto con i nostri sentimenti e i nostri bisogni, noi umani non costituiamo più buoni schiavi né buoni subalterni"[3].

Diventare genitori rappresenta, quindi, una fantastica occasione per rimettersi in gioco e cercare di cambiare ciò che ci impedisce di esprimerci liberamente attraverso modalità di comunicazione limitate e limitanti.

Quando infatti maltrattiamo, ignoriamo, sgridiamo, urliamo, puniamo e cerchiamo di dirigere e controllare un bambino come fosse un oggetto da imparare a "usare", non rispettiamo la sua integrità e gli diamo un esempio di sfiducia e di mancanza di autostima; quella sfiducia e autostima che parte da noi, dal bambino che è in noi e si specchia in lui! Soltanto con la capacità di mettersi in discussione come bambini cresciuti che, a contatto coi propri figli, rivivono esperienze rimosse, possiamo rompere il cerchio della violenza affettiva e aprire quello dell'amore incondizionato per le nostre creature. Quante volte, infatti, ci capita di ripetere automaticamente ai nostri figli le tanto odiate espressioni di rimprovero che ci venivano dette dai nostri genitori? Comprendere l'importanza di una buona interazione comunicativa fra genitori e figli rappresenta un tesoro di inestimabile valore sia

2 Gordon T., *Genitori efficaci*, La meridiana, 2007.

3 Rosemberg M., *Le parole sono finestre oppure muri*, Edizioni Esserci, 2003.

da un punto di vista soggettivo, sia come esempio da portare in famiglia e nella società, con la speranza di un futuro migliore basato sull'empatia, sul rispetto e sull'espressione libera di sentimenti e bisogni.

Anche Gerhardt afferma: "Quando i genitori reagiscono ai segnali dei loro bambini, stanno partecipando a molti importanti processi biologici. Stanno favorendo la maturazione del sistema nervoso del bambino in modo che non venga sopraffatto dallo stress. Stanno favorendo il consolidamento delle catene dei bioaminoacidi a un livello moderato. Stanno contribuendo alla costituzione di un sistema immunitario robusto e di una buona capacità di reagire allo stress. Stanno anche favorendo la costruzione della corteccia prefrontale del bambino e la sua capacità di conservare informazioni, riflettere sui sentimenti, trattenere gli impulsi che saranno una parte vitale della sua futura capacità di comportarsi socialmente"[4].

I bambini ci inviano segnali molto chiari che noi genitori dobbiamo interpretare sempre, anche se scaturiscono da necessità difficili da accettare perché contrastano con il modo in cui noi stessi siamo stati educati o con quello che altri intorno a noi usano per educare i loro figli.

Comunicare in maniera efficace con i propri figli è possibile fin dai loro primi istanti di vita, perfino nel grembo materno. Vediamo insieme alcune regole della comunicazione che ci saranno utili con i bambini di ogni età.

Semplici nozioni di teoria della comunicazione

Saper comunicare è fondamentale nella gestione delle relazioni fra individui in generale, figuriamoci fra genitori e figli. È una capacità che si può migliorare e apprendere, abbandonando l'idea di conoscere già tutto quello che serve. In effetti, comunicare non è affatto facile perché racchiude comportamenti e atteggiamenti di cui spesso siamo inconsapevoli. Fra chi è implicato nel processo di comunicazione possono esistere barriere di livello gerarchico, di personalità, di relazione e di modelli dialogici di riferimento.

Innanzitutto è necessario mettere in discussione il primato della parola rispetto alla necessità di ascoltare il nostro interlocutore. Si pensa, di solito, che l'elemento più importante sia la comunicazione attraverso un codice

4 Gerhardt S., *op. cit.*

verbale. Invece, gli elementi coinvolti in un atto comunicativo sono anche altri: tono, gesti, postura del corpo, ascolto passivo o attivo.

Questi elementi identificano la *comunicazione non verbale* (CNV): quella parte della comunicazione che comprende tutti gli aspetti di uno scambio comunicativo e non soltanto il significato letterale delle parole coinvolte nella trasmissione del messaggio. Questo tipo di comunicazione è ritenuta universalmente comprensibile, al punto da poter trascendere le barriere linguistiche. In effetti i meccanismi dai quali deriva sono assai simili in tutte le società, anche se ogni cultura tende a rielaborare in maniera differente i messaggi non verbali e a dar loro un significato specifico.

Uno studio condotto nel 1972 da Albert Mehrabian[5] ha mostrato che ciò che viene percepito in un messaggio vocale può essere così suddiviso:

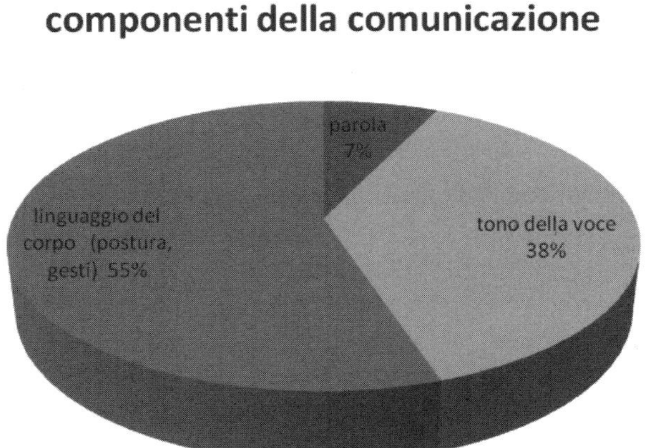

L'efficacia di un messaggio dipenderebbe, quindi, soltanto in minima parte (7%) dal significato letterale di ciò che viene detto attraverso le parole e il modo in cui questo messaggio viene percepito sarebbe influenzato profondamente dai fattori di CNV (93%).

5 Mehrabian, A., *Nonverbal communication*, Aldine-Atherton, 1972.

Queste percentuali sono state ridimensionate da studi successivi[6] ma non è mai stato messo in discussione il fatto che l'insieme degli elementi che costituiscono la CNV siano prioritari. La comunicazione verbale, inoltre, è prevalentemente volontaria e conscia, mentre le componenti della CNV sono perlopiù involontarie e inconsce, quindi meno controllabili e più spontanee. Può succedere, per esempio, che messaggio verbale e non verbale si contraddicano a vicenda; per esempio dire: "Come sono contento di vederti" con un'espressione del viso contrariata esprime discordanza tra ciò che si dichiara verbalmente e ciò che si manifesta a livello corporeo.

Paul Watzlawick[7], psicologo austriaco naturalizzato statunitense, e altri studiosi della Scuola di Palo Alto (California), allo scopo di identificare alcune proprietà della comunicazione, hanno identificato cinque regole fondamentali: gli assiomi della comunicazione umana.

- Il primo assioma afferma che è *impossibile non comunicare*: qualsiasi interazione è una forma di comunicazione, anche il silenzio. Qualunque atteggiamento assunto da un individuo diventa immediatamente portatore di significato per gli altri.
- Il secondo stabilisce un *rapporto tra il contenuto e la relazione che c'è fra i comunicanti*: cioè il contenuto è determinato dalla relazione. Ogni comunicazione comporta un aspetto di metacomunicazione[8] che determina la relazione tra i comunicanti. Per esempio, la mamma che ordina al bambino di andare a fare il bagno esprime, oltre al contenuto (la volontà che il bambino si lavi), anche la relazione che intercorre tra chi comunica e chi è oggetto della comunicazione, nel caso particolare di questo esempio quella di superiore/subordinato.

6 Michael Argyle, psicologo sociale, ha ripetuto gli esperimenti di Mehrabian ottenendo risultati piuttosto diversi. Argyle M., Salter V., Nicholson H., Williams M., Burgess P., *The Communication of Inferior and Superior Attitudes by Verbal and Non-verbal Signals*, "British Journal of Social and Clinical Psychology" (9): 222–231, 1970.

7 Watzlawick P., Beavin J.H., Jackson D. D., *Pragmatica della comunicazione umana*, Astrolabio, 1971.

8 Comunicazione sulla comunicazione. La capacità di metacomunicare in modo adeguato non solo è la conditio sine qua non della comunicazione efficace, ma è anche strettamente collegata con il problema della consapevolezza di sé e degli altri.

- Il terzo assioma evidenzia la *connessione tra la punteggiatura*[9] *della sequenza di comunicazione e la relazione che intercorre tra i comunicanti*: il modo di interpretare la comunicazione è in funzione della relazione tra i comunicanti. Poiché la comunicazione è un continuo alternarsi di flussi comunicativi da una direzione all'altra e le variazioni di direzione del flusso comunicativo sono scandite dalla punteggiatura, il modo di leggerla sarà determinato dal tipo di relazione che lega i comunicanti.
- Il quarto assioma attribuisce agli esseri umani la *capacità di comunicare in forma sia analogica sia digitale.* Quando gli esseri umani comunicano per immagini, per esempio disegnando, la comunicazione è analogica. Si basa, cioè, sulla somiglianza tra gli strumenti scelti e ciò che rappresenta: mantiene quindi un rapporto di analogia con i fenomeni e gli oggetti che trasmette. Quando si comunica usando le parole, la comunicazione segue, viceversa, la componente digitale. Questo perché le parole sono "etichette" che permettono uno scambio di informazioni attraverso le regole della sintassi. Esempi di mezzi di comunicazione digitali sono: il fax, il compact disc, l'orologio a cristalli liquidi (in cui l'indicazione dell'ora e delle sue frazioni è visualizzata con scatti di cifre).
- Infine, per il quinto assioma: *tutti gli scambi comunicativi si fondano o sull'uguaglianza o sulla differenza* e quindi possono essere simmetrici o complementari. Si dicono complementari gli scambi comunicativi in cui i comunicanti non sono sullo stesso piano: (dipendente/datore di lavoro). Sono simmetrici gli scambi in cui gli interlocutori si considerano sullo stesso piano; è questo il caso di comunicazioni tra pari grado (marito/moglie, compagni di classe, fratelli, amici).

9 La punteggiatura riguarda l'interpretazione che gli interlocutori danno alla loro comunicazione. La punteggiatura organizza gli eventi comportamentali. Realtà diverse dovute ai modi diversi di punteggiare la sequenza si trovano alla radice di innumerevoli conflitti di relazione.

La nostra società e la nostra cultura comprendono certamente la relazione genitori/bambino tra gli scambi comunicativi *complementari*. Ciò riflette l'idea che la famiglia sia un'istituzione gerarchica basata sul potere. In sostanza, anche a livello comunicativo ci sarebbe un piano diverso in cui genitori e figli manterrebbero la loro differenza di potere. In una struttura basata sul potere, i conflitti esercitano una pressione che porta a stabilire chi ha ragione e chi ha torto decretando, di fatto, vincitori e vinti. Va da sé che, con tali modelli educativi si trasmettono ai figli valori come la disciplina, l'obbedienza all'autorità, il dare ordini e il limitare l'iniziativa e l'espressione personale di chi è subordinato. In questo caso il genitore vince e il figlio perde. Ma esiste anche il caso opposto, quello in cui vince sempre il figlio: in questo caso il genitore viene considerato permissivo e il figlio viziato e maleducato. La maggior parte dei genitori conosce solo questi due modi di rapportarsi ai figli. Gordon ha messo a punto un metodo comunicativo definito *metodo senza perdenti* che risolve questa antitesi fra vincitori e vinti proponendo un modello rispettoso dei sentimenti e dei bisogni di tutti gli interlocutori coinvolti nell'atto comunicativo. Gordon scrive: "Dal momento che non si tratta di un espediente o di una formula magica per diventare un genitore efficace, il metodo senza perdenti richiede alla maggior parte dei genitori un cambiamento radicale nell'atteggiamento verso i figli"[10]. In questo metodo genitori e figli esprimono i rispettivi bisogni e sentimenti e trovano soluzioni proprie per arrivare a compromessi che stiano bene a tutti e comunichino accettazione e rispetto reciproco. Ognuno è rispettato come persona che prova dei sentimenti e ha bisogni da esprimere e l'ascolto empatico è considerato più urgente della preoccupazione di insegnare cosa è giusto o sbagliato. Il valore delle persone viene anteposto a qualunque altro e i genitori si impegnano per promuovere lo sviluppo del potenziale espressivo e creativo dei loro figli. In questo modo si apprende dall'esperienza piuttosto che da un sapere preconfezionato, per cui l'essere diventa molto più importante dell'apparire, del comandare e dell'avere.

Quando si comunica con i bambini, dobbiamo sempre ricordare che, soprattutto i più piccoli, fanno pochissima attenzione a ciò che passa attraverso il codice verbale. Infatti sono molto attenti, sensibili e ricettivi a tutta la comunicazione non verbale, cioè sanno leggere e cogliere benissimo la

10 Gordon T., *op. cit.*

parte apparentemente nascosta (sentimenti, percezioni, tonalità affettiva) di ciò che si comunica loro. La capacità di comprendere il linguaggio verbale sarà direttamente proporzionale all'età del bambino.

Un ultimo elemento comunicativo molto importante da approfondire è il valore dell'*ascolto*.

Una celebre frase di Epitteto[11] recita così: "Dio ci ha dato due orecchie ma una sola bocca, proprio per ascoltare il doppio e parlare la metà." Forse l'autore voleva invitarci a trascorrere il doppio del tempo ad ascoltare piuttosto che a parlare. Oppure voleva affermare che ascoltare è due volte più difficile che parlare.

In ogni caso, quando si parla di comunicazione, si pensa comunemente che la cosa più importante sia sapersi esprimere. In realtà senza saper anche ascoltare il nostro interlocutore, grande o piccolo che sia, non può esserci uno scambio comunicativo vero e proprio. Inoltre, *sentire* e *ascoltare* non sono sinonimi. *Sentire* indica una funzione fisica dell'apparato uditivo compiuta su base automatica e istintuale, mentre *ascoltare* implica una funzione attiva di colui che ascolta in quanto cerca di cogliere tutti i segnali del suo interlocutore: le pause, le esitazioni, i sospiri, i cambiamenti nel tono della voce e, soprattutto, il suo stato d'animo. Il semplice ascolto, cioè l'ascolto *passivo*, è un potente strumento che invita l'altro a esporre il suo problema e lo incoraggia al colloquio. È il primo passo per una comunicazione riuscita. Ma esiste anche un altro tipo di ascolto: l'ascolto *attivo*. Infatti il silenzio, i cenni di attenzione e le espressioni facilitanti stimolano la comunicazione ma non sono sufficienti per farla progredire e per aiutare lo scambio relazionale e affettivo fra gli interlocutori; non permettono all'interessato di capire se chi lo ascolta lo comprende e lo accetta. È quindi necessario utilizzare una modalità comunicativa che consenta una maggior interazione e un maggior grado di espressione dei sentimenti di entrambi gli interlocutori.

L'ascolto attivo in sostanza comunica due cose: l'accettazione incondizionata del nostro interlocutore e la condivisione empatica del suo stato mentale, dei suoi sentimenti e dei suoi bisogni. In realtà, come spiegherò più avanti, i genitori nutrono sentimenti di non accettazione dei figli, non rispetto alle loro persone ma rispetto ai loro comportamenti, e tendono a

11 Filosofo greco antico, esponente dello Stoicismo.

modificare quei comportamenti che sono considerati poco desiderabili.

Tutto questo è valido sia per la comunicazione che riguarda gli adulti sia per quella che comprende anche i bambini. Vediamo le differenze di modalità comunicativa in base alle diverse età dei piccoli.

Comunicare coi bambini dipende anche dalla loro età

Nel secondo capitolo ho già accennato come sia possibile stabilire una comunicazione madre/bambino già in utero. D'altro canto, sembra che questa coscienza, ben presente in altre culture, per esempio in Africa o Asia, vada perdendosi nei popoli occidentali. Davvero nella nostra cultura moderna si riflette troppo poco sul fatto che un bimbo non nasce dal nulla. I nove mesi di gravidanza sono già vita e portano con sé l'inizio di tutte le competenze, comprese quelle comunicative. Questo non significa che sia necessaria una tecnica per comunicare con il bambino in utero, tanto quanto non credo che ci sia bisogno di un metodo specifico per comunicare con i bambini in base alla loro età. È innegabile però che gli schemi comunicativi della nostra cultura non sono più i soli a cui riferirsi, poiché danno pochissimo spazio all'espressione emotiva dei bambini e all'importanza di una relazione adulto/bambino basata sull'empatia e su un piano di pari dignità. Quando un uomo e una donna diventano genitori, sembra che si dimentichino di essere stati bambini e di essere persone che possono sbagliare. Pare che debbano essere perfetti, che debbano recitare la parte del "capo" e aderire ai modelli culturali condivisi dalla maggioranza; sembra che non si possano permettere indecisioni e che debbano mettere da parte i propri bisogni per sacrificarsi per i figli. Gordon al contrario sottolinea: "Un genitore efficace è quello che si concede di essere una persona, una persona autentica"[12].

Ovviamente la scienza e le tecniche comunicative non sostituiscono le persone e il loro buonsenso, ma possono essere utili ai genitori per dare ampiezza e conferma ai propri istinti, così bistrattati dalla nostra cultura a basso contatto. Ecco il punto di vista di Giuliana Mieli, psicologa: "La visione dell'uomo che abbiamo ereditato dalla nostra cultura è una visione

12 *Ibidem.*

parziale, condizionata dall'uso o dall'abuso di uno strumento scientifico, utile in un ambito limitato e specifico di interpretazione della realtà, ma indebitamente esteso a comprendere una complessità, quella della natura e della vita, che ha bisogno di ben altri strumenti cognitivi per essere interpretata e intuita. [...] Le cosiddette scienze umane si sono sviluppate sotto l'influenza della teorizzazione tipica delle scienze fisiche esatte nate con Galileo e hanno quindi sofferto dell'estensione di un metodo del tutto inappropriato alla loro materia complessa. [...] Ho imparato precocemente a dubitare delle certezze della scienza: [...] l'esperienza della vita mi suggeriva una ricchezza del sentire, una complessità del pensare che mi sembrava mal rappresentata nelle categorie degli adulti che mi circondavano e mi istruivano"[13]. Questa autrice, in sintesi, fa notare come sia necessario riflettere sulla nostra cultura per capire che interpretare la natura dell'uomo attraverso il metodo scientifico è una condizione utile ma non sufficiente a comprendere la complessità dell'essere umano in ogni suo aspetto: scientifico ma anche affettivo e sociale.

L'individualità di ogni persona e la specificità di ogni relazione non sono certo riducibili a strumenti scientifici predeterminati, né a metodi preconfezionati validi per tutti. Quando comunichiamo con i bambini mettiamo inconsapevolmente in pratica gli schemi della nostra cultura di appartenenza che, nel nostro caso, sancisce la superiorità dell'aspetto verbale rispetto a quello affettivo e dà per scontata la subordinazione dei figli al potere dei genitori. Il merito di autori come Rosemberg, Gordon e Juul è quello di aver restituito alla comunicazione fra genitori e figli l'aspetto affettivo e relazionale integrandolo in quello educativo. Vale a dire: non c'è bisogno di comandare dall'alto i figli, di farsi ubbidire in nome della buona educazione e del potere; ci possiamo rispettare tutti poiché tutti abbiamo sentimenti, bisogni e pari dignità!

Non serve minacciare il bambino con castighi e punizioni: anche queste modalità sono una forma di condizionamento del comportamento manifesto del bambino, che trascura i sentimenti e/o i bisogni da cui tale comportamento deriva. Kohn, educatore americano, ha scritto: "Se un tempo i bambini venivano puntualmente sottoposti a crudeli punizioni corporali, oggi capita loro di essere messi in castigo o, al contrario, di ricevere un

13 Mieli G., *Il bambino non è un elettrodomestico*, Apogeo, 2009.

premio in cambio della loro obbedienza. Ma non si tratta di mezzi nuovi per fini nuovi. L'obiettivo resta il controllo, anche se ottenuto con metodi più moderni. E non perché non vogliamo bene ai nostri figli: ha più a che vedere con il peso schiacciante delle infinite e banali pressioni della vita familiare, per cui mettere i bimbi a nanna o tirarli giù dal letto, infilarli nella vasca o in macchina rende difficile fermarsi un attimo a riflettere su cosa si sta facendo"[14]. Secondo questo autore è giunto il momento di lavorare *con i bambini*, piuttosto che imporre *ai bambini*. Sostiene infatti che uno dei bisogni fondamentali di ogni bambino è di essere amato incondizionatamente, nella certezza di essere accettato anche quando combina guai o fallisce. All'opposto, sistemi educativi quali punizioni (tra cui mettere in castigo), premi (come il rinforzo positivo) e altre forme di controllo, inducono i nostri figli a credere di essere amati solo se ci compiacciono o ci colpiscono favorevolmente.

In effetti, le forme comunicative che adoperiamo per farci ubbidire dai nostri figli influenzano prepotentemente la loro autostima. Mentre i genitori, in genere, sono infastiditi dal comportamento del bambino e non dal bambino in sé, i bambini, al contrario, introiettano esattamente questo messaggio. Pensano che se vengono messi in castigo o sgridati, per esempio perché hanno rovesciato l'acqua, *sono* bambini cattivi. Oppure gioiscono delle lodi conseguenti a un'azione ritenuta desiderabile dai genitori, ricavandone che *sono* bambini bravi. Per i bambini educati attraverso lodi e punizioni, la propria natura dipende dal giudizio dei genitori e da ciò che loro ritengono accettabile a livello comportamentale, quindi non trae origine da come loro stessi sono, ma da quello che fanno. Questo è un serio attentato all'acquisizione di una sana autostima e allo sviluppo di una propria capacità valutativa da parte del bambino. Manca del tutto la dimensione affettiva e relazionale che, attraverso una collaborazione attiva fra genitori e figli, e nel rispetto della differenza dei ruoli, dia a tutti lo spazio e la libertà di esprimersi. Si capisce quindi come sia necessario, fin dai primi istanti di vita, instaurare con loro una comunicazione basata sull'empatia e sul rispetto della dignità di tutti.

Fin dall'inizio, mamma, papà e bambino in utero potranno comunicare attraverso il tatto e con la fantasia. Abbiamo visto come il tatto del feto

14 Kohn A., *Amarli senza se e senza ma*, Il leone verde, 2010.

sia già sviluppato a poche settimane di vita: ogni sensazione tattile che trasmettiamo al bambino in utero sarà certamente ricevuta e gli servirà per stabilire un contatto attivo con la madre e col padre. Durante la nascita questo contatto non si spezza ma amplia i canali comunicativi rappresentando un *continuum* fra la vita prenatale e quella che segue il parto. Molte donne percepiscono chiaramente la comunicazione con il bambino che sta per nascere e questo può agevolare, in pratica, la ricerca della posizione migliore per facilitargli la discesa nel canale del parto. Dopo la nascita, l'interazione col neonato sarà in prevalenza basata sul contatto fisico e sulla comunicazione non verbale. Abbiamo visto come fino a tre anni nel bambino l'emisfero cerebrale destro sia predominante e quindi come sia di vitale importanza per i genitori comunicare con lui attraverso modalità non verbali.

I bambini piccoli sono una porta aperta verso i sentimenti e verso i bisogni di tutti; ignorare questo piano comunicativo significa, davvero, limitare il loro sviluppo affettivo.

Spesso esiste un vero e proprio scarto generazionale nella comunicazione fra genitori e figli. In molte famiglie i genitori non ascoltano ma insegnano, correggono, ordinano, sottovalutano o ridicolizzano i messaggi che provengono dalla mente e dal corpo in crescita dei loro bambini. Questo impedisce ai figli di sentirsi accettati così come sono e di lasciare emergere le proprie spontanee competenze e le proprie strategie di risoluzione dei problemi. In sintesi, i bambini vogliono assicurarsi che i genitori comprendano l'intensità e la natura dei loro sentimenti e si aspettano di essere aiutati a gestirli, non di vederseli negati o minimizzati. Gordon a questo proposito ricorda: "Come è facile per i genitori dimenticare la propria esperienza di figli! Come è facile dimenticare che i figli a volte sanno meglio dei genitori se hanno sonno o fame; che conoscono meglio dei genitori le qualità dei propri amici, le proprie aspirazioni e obiettivi, come sono trattati dai propri insegnanti, gli stimoli e le esigenze del proprio corpo, chi amano e chi non amano, a cosa attribuiscono molto o nessun valore"[15].

Fin da quando sono neonati, i bambini lanciano segnali a chi si prende cura di loro per comunicare il proprio stato di malessere, di bisogno o di gioia. Iniziare da subito la danza comunicativa, che stabilisce un codice non verbale del tutto privato fra ogni coppia di genitori e i propri figli, significa

15 Gordon T., *op. cit.*

cogliere le occasioni di trasformazione ed evoluzione della relazione con loro proprio nel momento in cui si presentano. Non esistono manuali o teorie che possano stabilire chiavi di lettura specifiche per le richieste di ogni bambino.

Rosemberg ci introduce anche al concetto di *comunicazione non violenta* il cui scopo "non è quello di cambiare le persone e il loro comportamento per fare le cose a modo nostro; è invece quello di creare relazioni basate sull'onestà e sull'empatia, che successivamente soddisferanno i bisogni di tutti"[16].

Comunicare in maniera non violenta significa che tutto può essere tradotto nel linguaggio universale dei sentimenti e della uguale dignità. Significa che non esistono vincitori e vinti ma persone che si rispettano e desiderano trovare soluzioni pacifiche ai conflitti, nel rispetto delle diversità di ruolo e di idee. Non significa *evitare* i conflitti, anzi. Significa imparare a gestirli e utilizzarli per accrescere la conoscenza reciproca e la capacità di comunicare. Quando i bambini modificano i loro comportamenti per soddisfare i desideri o le aspettative dei genitori, la maggior parte delle volte lo fanno al prezzo di ignorare i propri bisogni e di limitare la propria iniziativa. Ciò si trasforma spesso in senso di colpa: "Sono cattivo se provo certi bisogni perché i miei genitori non vogliono soddisfarli, quindi le mie sensazioni sono sbagliate e io devo fare quello che dicono loro". Purtroppo a molti di noi non è stato permesso di pensare a sentimenti e bisogni, ma piuttosto ci siamo abituati a ragionare in termini di sensi di colpa e di sottomissione a regole e relazioni di potere stabilite da altri. Ogni volta che un bambino cede al potere degli adulti, dovendo reprimere le proprie necessità, si sente inferiore e acquisisce un messaggio di non accettazione. Ogni volta che un genitore costringe il figlio a fare qualcosa in nome della propria autorità, gli impedisce di trovare soluzioni proprie e spontanee al conflitto. Sembra che l'unica possibilità sia il potere del genitore e la negazione dell'individualità del figlio e ogni volta che gli adulti ignorano i segnali dei bambini perché li ritengono indesiderati, provocano l'estinzione di quella modalità comunicativa. Uno dei maggiori paradossi della nostra cultura è quello di riferirsi a modelli di psicologia comportamentista per provocare nei bambini l'estinzione graduale di comportamenti e modalità espressive non accettati dagli

16 Rosemberg M., *op. cit.*

adulti. È il caso del famoso libretto[17] che pretende di insegnare ai bambini a dormire ignorando per tempi gradualmente sempre più lunghi i loro richiami. Ed è anche il caso di note trasmissioni televisive dove si afferma che "i capricci dei bambini vanno ignorati", sopprimendo così la possibilità del genitore di interpretare cosa sta dietro al cosiddetto capriccio, e di intervenire per soddisfare il bisogno non compreso fino a quel momento. González è molto chiaro al riguardo "Quando un bambino smette di chiamare la madre perché non ha più bisogno, non è come quando smette di chiamarla perché sa che, per quanto la chiami, lei non gli presterà mai attenzione"[18].

L'educazione comportamentista non si interessa delle motivazioni che determinano uno specifico comportamento. Non dà la minima importanza ai sentimenti e ai bisogni fisiologici dei bambini, ma ritiene che sia necessario forgiare il loro comportamento verso modalità espressive decise dagli adulti. Il risultato di questo tipo di educazione è, ovviamente, una limitazione dell'affettività del bambino e una relazione genitori/figli, ma anche insegnanti/bambini, basata di nuovo su un rapporto gerarchico in cui i grandi decidono e figli si adeguano senza potersi esprimere liberamente.

Naturalmente, come ho già affermato in precedenza, questo non significa che i genitori siano al servizio di piccoli tiranni, significa "soltanto" che i sentimenti e i bisogni dei bambini non possono e non devono essere ignorati in nome di un'apparente educazione. Anche le varie teorie psicologiche che considerano la frustrazione come elemento indispensabile per crescere sono molto discutibili. Lo stato di frustrazione è quello in cui ci si viene a trovare quando si è bloccati o impediti nel soddisfacimento di un proprio bisogno o desiderio. Proprio un comportamentista ha effettuato uno studio molto famoso che rivela il rapporto di relazione tra frustrazione e aggressività. John Dollard[19], famoso psicologo americano, infatti afferma che alla base di un comportamento aggressivo vi è sempre un evento frustrante. Non è questa la sede per addentrarci nella teoria della frustrazione; qui basti affermare che la vita e anche le relazioni sono piene di occasioni di frustrazioni che necessitano di strategie per essere superate. La soddisfazione dei

17 Estivill E., De Bèjar S., *op. cit.*

18 Gonzàlez C., *op. cit.*, 2005.

19 Dollard J., Miller N. E., Doob L. W., Mowrer L. H., Sears R. R, *Frustrazione e aggressività,* Editrice Universitaria, Firenze, 1967.

bisogni primari, oggettivi e universali dei bambini e il contenimento emotivo, il rispetto e la decodifica dei loro segnali comunicativi – verbali e non verbali – da parte dell'adulto, permettono ai bambini di acquisire sicurezza e autonomia a partire da esperienze di accettazione e successo comunicativo. Questo sarà certamente utile per affrontare le inevitabili frustrazioni della vita senza che sia stato necessario, per forza, provocare la frustrazione da parte dei genitori, per esempio smettendo di allattare o esiliando il bambino dal lettone soltanto perché ha raggiunto una certa età.

È fin troppo banale, a questo punto, affermare che i bisogni soddisfatti appena si presentano, e per il tempo necessario a essere superati, sono un passaporto verso la conquista dell'indipendenza e dell'autonomia. Questi bisogni, infatti, non saranno estinti e repressi ma saranno appagati e non torneranno più. I bambini sono perfettamente in grado di comunicare le proprie esigenze fin dalla nascita; negare loro questa possibilità significa, di fatto, limitare la relazione con loro riducendola a schemi preconfezionati che tornano utili soltanto a chi vuole vendere libri o ipotesi educative ormai decisamente obsolete. I bambini non si svegliano la mattina pensando di nuocere o disturbare i genitori; si aspettano di essere aiutati a crescere nel rispetto e nell'empatia e di trovare nei genitori guide autorevoli. Questo significa diventare autonomi e indipendenti. I genitori non dovrebbero preoccuparsi di dirigere i propri figli attraverso il potere, ma di comunicar loro accettazione incondizionata e libertà di espressione verbale ed emotiva. Se gli adulti in generale smetteranno di utilizzare il potere per vincere sui bambini, questi ultimi "non avranno motivo di esercitare pressioni per perseguire i propri scopi o per difendersi energicamente dal potere dei genitori. Conseguentemente, spariscono quasi totalmente i forti scontri dovuti ai bisogni. Al contrario, i giovani diventano accomodanti nutrendo per i bisogni dei genitori il medesimo riguardo che hanno per i propri. Quando hanno un bisogno lo rivelano apertamente e i genitori si danno da fare per appagarlo e i figli fanno altrettanto se sono i genitori ad avere un bisogno"[20].

In questa maniera i figli rispetteranno i genitori non perché ne hanno paura ma perché li percepiscono competenti e autorevoli. Il rispetto e la fiducia che ci riconoscono i nostri figli non è scontato e non dipende dalla differenza d'età: bisogna guadagnarselo giorno dopo giorno nella relazione

20 Gordon T., *op. cit.*

con loro. Se, fin dall'inizio, il nostro principale impegno di genitori è rivolto alla qualità della relazione con i nostri bambini e ci assicuriamo che questo processo soddisfi i bisogni di tutti, allora possiamo avere a nostra volta fiducia che le nostre richieste non saranno percepite come pretese autoritarie. Scrive Rosemberg: "La comunicazione non violenta, sollecitandoci a separare l'osservazione dalla valutazione, a identificare i pensieri o i bisogni che danno forma ai nostri sentimenti e a esprimere le nostre richieste in un linguaggio di azione chiaro, innalza la nostra consapevolezza del condizionamento culturale che, in ogni dato istante, ci influenza. E portare alla luce questa consapevolezza su questo condizionamento è un passo cruciale per liberarci dalla sua tirannia su di noi"[21] e per non esercitare questa tirannia sui nostri figli. Quanti genitori rinfacciano, infatti, ai figli cresciuti quello che hanno fatto per loro pretendendo prima o poi una restituzione del "malloppo"? Essere genitori significa donare incondizionatamente amore e dare esempio di accettazione delle persone che abbiamo generato. Diamo la vita a esseri umani molto diversi dalle nostre aspettative, che ci possono stupire anche a pochi giorni di vita per competenze e per capacità inimmaginabili. Esprimere giudizi, fare paragoni, avanzare pretese, pretendere modifiche dei comportamenti dei nostri figli, senza cercare di comprenderne i motivi, significa bloccare l'empatia sia verso noi stessi sia verso di loro e limitare la relazione reciproca ad aspetti non affettivi. L'empatia ci chiede di concentrarci sull'altra persona e sul suo stato emotivo, dandole tempo e spazio di esprimersi e sentirsi compresa anche nelle divergenze e nei conflitti. Spesso non è importante fare o dire qualcosa, basta esserci e ascoltare con il cuore. È la presenza che conta, una presenza che non è solo comprensione del contenuto dei messaggi, ma anche dei sentimenti coinvolti nell'atto comunicativo. Inoltre, anche per gli adulti, riconoscere i propri bisogni e i propri sentimenti non soddisfatti aiuta a capire meglio i bambini e le loro richieste. Molto più spesso di quanto si possa pensare, più gli adulti sono direttivi ed esercitano potere sui figli, più questo significa che i loro bisogni non sono stati soddisfatti e vengono riproposti ai figli, trasformati in modelli educativi. A sua volta, quindi, il bambino che sarà appagato dei propri bisogni sarà in futuro un genitore più libero nell'accogliere i bisogni dei propri figli. In definitiva, un modello di comunicazione senza perdenti,

21 Rosemberg M., *op. cit.*

basato sull'empatia e sulla gestione dei conflitti in maniera rispettosa della dignità e dell'espressione emotiva di tutti, ha valore transgenerazionale, cioè serve non solo a noi oggi, ma sarà utile anche alle generazioni future e alla società.

In conclusione, ecco un piccolo schema riassuntivo di come comunicare con i nostri figli dimostrando loro accettazione e amore incondizionato:

- Comprendere che la comunicazione non verbale fatta di gesti, tono, postura e ascolto è molto più importante di quella verbale.
- Considerare i bambini persone competenti e capaci di comunicare fin dalla nascita e cercare di decodificarne sempre i segnali.
- Non ignorare mai il pianto dei bambini: questo è un segnale tardivo di bisogno e perciò esige sempre attenzione.
- Dare sempre un nome ai sentimenti: "Sei arrabbiato perché il babbo non torna a casa la sera come i babbi dei tuoi amici?", "Sei triste perché volevi giocare ancora in giardino con gli altri bambini?", "Sono dispiaciuto anche io perché vorrei stare ancora un po' con te, ma devo andare a lavorare".
- Non puntare mai il dito verso i bambini e non far valere la differenza di altezza come simbolo di potere; mentre parliamo con loro, cerchiamo di stabilire un contatto fisico prendendoli in braccio: ciò permette anche di guardarli negli occhi a pari altezza.
- Usare frasi in prima persona. Dire: "Ho fatto molta fatica oggi a stirare questa biancheria, mi dispiacerebbe molto doverlo rifare..." è molto diverso rispetto a pronunciare lo stesso messaggio in seconda persona: "Smetti di toccare la biancheria appena stirata!"
- Non fare paragoni con altri bambini o con i fratelli.
- Non esprimere giudizi personali sul bambino.
- Non interferire. Spesso i bambini possono cavarsela da soli, piuttosto sarebbe importante stimolare la loro autonomia nella pratica quotidiana e nella risoluzione di problemi.
- Assegnare ai bambini compiti chiari, accettati e condivisi e che sono realmente realizzabili da loro senza troppo sforzo.

- Cercare di evitare frasi che iniziano con "non". Per esempio: "Non correre!", può essere sostituito da "Ho paura che tu cada, potresti andare più piano?"

Testimonianze

Le mamme e i papà del progetto "Non Togliermi Il Sorriso"[22] (NTIS), pensano che un'educazione non violenta costituisca la base di partenza per diventare adulti sereni e in pace con se stessi e con il prossimo, cioè persone in grado di gestire i grandi e piccoli conflitti della vita in modo sano e costruttivo. Alcuni di loro hanno deciso di riportare le proprie esperienze in questo piccolo contributo, redatto appositamente per questo libro.

Accolgo molto volentieri le loro riflessioni, che aggiungono testimonianze preziose a quanto abbiamo appena visto in questo capitolo.

In generale questi genitori hanno osservato che, quando parlano ai bambini, anche la componente comunicativa non verbale ha una grande importanza. Chinarsi, abbassandosi al loro livello guardandoli negli occhi e sorridendo, permette di creare una connessione importante, "cuore-a-cuore", che serve a veicolare le parole senza farle giungere come imposizioni del potere genitoriale. Viene inevitabile ripensare allora alle parole del grandissimo Janus Korczack[23], pediatra: "Dite: è faticoso frequentare bambini. Avete ragione. Poi aggiungete: bisogna mettersi al loro livello, abbassarsi, inclinarsi, curvarsi, farsi piccoli. Ora avete torto. Non è questo che più stanca. È piuttosto il fatto di essere obbligati a innalzarsi fino all'altezza dei loro sentimenti. Tirarsi, allungarsi, alzarsi sulla punta dei piedi. Per non ferirli".

Sull'importanza della comunicazione non verbale, una mamma di NTIS racconta che a volte i figli possono voler comunicare con noi, ma a un livello diverso: "A volte le nostre stesse parole ci possono allontanare dal sentire e dal farci sentire. Quindi contano gli sguardi, il modo di respirare,

22 http://www.nontogliermiilsorriso.org

23 Janus Korczack, pediatra ma anche educatore e poeta: ha consacrato tutta la sua vita e il suo lavoro al bambino, per i cui diritti si è battuto fino alla fine. Fondò a Varsavia una "Casa dell'Orfano" che diresse per trent'anni, poi morì insieme ai suoi bambini nel campo di sterminio di Treblinka nel 1942.

di muoversi, di stare seduti, di toccarci e di toccare nostro figlio, il nostro sentire corporeo tutto quanto insieme".

Sullo stesso tema aggiunge un'altra mamma: "Io, per esempio, ho notato un lungo ed efficacissimo dialogo non verbale tra una mamma della scuola di mia figlia, una atleta di alto livello, e suo figlio. Loro usano occhi, corpo e gesti in modo eccezionale. Hanno molta confidenza col proprio corpo, se ne fidano e quindi lo 'usano' molto, anche per comunicare, giocare, condividere. Nel suo caso la 'lingua materna' è sicuramente una lingua in cui la parte verbale non è la più istintiva e importante per comunicare".

Molti genitori hanno anche notato come elencare ciò che *non* ci si aspetta da bambini (per esempio: "Non correre", "Non gridare"), risulti spesso nel risultato opposto a quello sperato. In qualche modo, infatti, sembra rimanere impresso, come sunto della comunicazione, l'atteggiamento descritto dal genitore, escludendone il "non"! Ed ecco quindi che i bimbi corrono e gridano…! Sembrano, invece, molto più memorizzabili e afferrabili richieste esplicite del tipo: "Per piacere, parla piano", accompagnato dalla motivazione "perché tua sorella sta dormendo", oppure "Cammina piano a fianco a me, per favore, che qua passano le macchine, è pericoloso". Metterli al corrente delle ragioni per cui si chiede un determinato tipo di collaborazione consente loro di capire che cosa ha generato la richiesta, così come chiarire che sentimento causa quel bisogno, per esempio: "La mamma si sente stanca e ha bisogno della tua collaborazione. Per favore, potresti mettere nella scatola i giochi che non usi?".

Melissa di NTIS, dalla sua esperienza di mamma di sette meravigliosi bambini, attribuisce un'importanza altissima alla connessione, alle buone sensazioni che derivano dall'amore, ed è convinta che quando è capace di approcciare con questo proposito interiore i figli, il compagno, ecc., tutto diventi subito molto più facile. Scrive: "Se voglio la pace, devo ritrovarla prima io. Se voglio che smettano di litigare, devo essere io la prima a non arrivare con un'energia litigiosa. Per questo, è importantissimo riuscire a gestire la propria rabbia in modo consapevole: diventare consci dei pensieri che attraversano la mente, dare a noi stessi un po' di empatia, un bell'abbraccio interiore, riconoscendoci com'è difficile talvolta gestire queste situazioni, riconoscersi il bisogno interiore di un po' di pace, un pochino di calma… ed ecco che poi ci si può ricordare di trovare quel posto interiore di calma così necessaria a gestire i propri casi, in casa."

Sempre Melissa, nelle situazioni di disputa tra fratelli, trova molto utile ricordarsi di fare una specie di *time-together*[24] (al posto del *time out,* che pare purtroppo così di moda): "Prendo il bambino più leggero in braccio, e dico a tutti quanti quanto sono dispiaciuta di non essere arrivata prima per aiutarli a gestire la situazione. Questo per me è stato come scoprire l'oro, perché è la verità: una gran parte del mio dispiacere deriva proprio da questo, che non ero presente per aiutarli prima del litigio. Spesso, quando mi sta scappando la situazione di mano, invece di menare le mani, sono solita mettermi a fare una 'scenata' ma ridicolizzandola... superesagerata, fatta per far ridere loro, e anche me. Alle volte mi metto a 'urlare' in 'canto lirico' dicendo tutto quello che vorrei ma in modo così ovviamente ridicolo che non offende... cosi 'caccio' quei pensieri di base che mi hanno portato a infuriarmi e posso fare a questo punto un 'da capo' della situazione. Dico: 'Ripartiamo da capo?' E ripropongo la giornata partendo da dove era ancora bella: aiuta molto questa specie di teatrino dove ricapitoliamo da dove le energie erano ancora buone 'reinventando' nuove proposte per ciò che era successo."

La comunicazione efficace, inoltre, aiuta a capirsi meglio in entrambi i sensi: da noi ai bambini, ma anche viceversa. "Tra fratelli, per esempio", continua Melissa, "può essere molto importante offrire al bambino più grande un po' di spazio protetto. Ma è utile per il genitore che chi ha bisogno di giocare in santa pace lo dica in anticipo così da potersi organizzare per distrarre e occupare il bambino più piccolo, per esempio con uno spazio privato, magari in un angolo della casa, dove il più grande non è più raggiungibile dal più piccolo."

Per migliorare la comunicazione serve un po' di abitudine. All'inizio ci vuole la volontà di compiere scelte diverse. Tanti trovano molto utile leggersi pezzi che ispirano nella direzione di non violenza, empatia e intimità, anziché distacco e potere sovrano. Poi, giova anche ricordarsi giornalmente che ogni comportamento è un'affermazione di bisogno: sia che questo comportamento sia positivo, che quindi affermi un bisogno soddisfatto, sia che questo comportamento sia negativo e quindi affermi un bisogno man-

24 Per approfondire le tematiche trattate in questo capitolo si veda Alfie Kohn, *Amarli senza se e senza ma – Passare dalla logica dei premi e punizioni a quella dell'amore e della ragione*, cit. 2010.

cato. Siamo noi adulti a dover scoprire i bisogni dei bambini, dato che non hanno ancora imparato a esprimerli e a comunicarli come i grandi!

La *fiducia* nei messaggi comunicati dai figli è altrettanto essenziale: fin dalla nascita infatti il bambino fornisce un riscontro immediato a tutto ciò che facciamo (aggrottando le sopracciglia e con le lacrime quando una sua legittima esigenza non è stata soddisfatta, o con luminosi sorrisi e coccole quando soddisfiamo i suoi bisogni in modo amorevole). Sta a noi accogliere quanto ci viene trasmesso, così come assicurarci che i nostri messaggi siano stati recepiti da loro.

Standoli ad ascoltare, c'è così tanto da imparare dai figli. Annalisa di NTIS racconta: "Quando ho smesso le mie aspettative, il pianeta che osservavo — mio figlio — aveva già cambiato rotta. Da allora so che devo usare un telescopio rotante perché, se lo tengo fisso in un punto, lui mi è già scappato, appunto come un pianeta meraviglioso. C'è un sostrato di unicità nei nostri figli che è solo loro. I nostri figli sono pianeti, ma ognuno ha un'orbita sua propria che solo il genitore sa come seguire.

"Ci è voluta molta, ma molta connessione e pratica zen… (nel senso che lui è stato il maestro per conoscere noi stessi), e quanto ne è valsa la pena! E lo dico non in termini utilitaristici; anche io penso, come molti di noi, che non faccio questo per ottenere quest'altro: faccio questo perché non potrei fare in altro modo per rispettare la sua unicità, la sua integrità di persona. Ho dovuto imparare a non comunicare solo con le parole, ma a esserci, dando il mio campo di energie… il mio respiro… Io sento, per esempio, che in me è come se si fossero attivate delle altre zone del cervello, non lo so… qualcosa di profondamente diverso rispetto a come ero prima.

"In effetti è così vero che, come sostiene la Miller[25], il modo in cui siamo stati trattati da bambini si ripercuote nella maniera in cui facciamo i genitori, come pensiamo, come ci comportiamo, come vediamo i nostri figli e assolutamente anche come comunichiamo con loro!"

25 Alice Miller (1923-2010) psicanalista e saggista, si è occupata prevalentemente di psicologia dell'età evolutiva e degli esiti negativi che le violenze psicofisiche inflitte ai bambini, in particolare all'interno della famiglia, comportano nella crescita e nell'età adulta. È autrice di numerosi libri famosi in tutto il mondo.

V

Fisiologia del sonno dei neonati e dei bambini

Perché i libri sul sonno dei bambini sono i più venduti?

"Ho capito dottoressa, lei mi sta dicendo che i tempi del mio bambino sono diversi da quelli di noi adulti; io l'avevo intuito, ma nessuno le dice queste cose e allora noi genitori ci scervelliamo per escogitare il modo di farli dormire tutta la notte, ma loro hanno solo bisogno di noi!"
Simone, babbo di Niccolò

La nascita di un bambino pone molti interrogativi nei genitori. La maggior parte di essi non si aspettava lo stravolgimento notturno che d'improvviso li obbliga a gestire i risvegli frequenti e ravvicinati dei piccolini. È raro sentire parlare di questo tema prima della nascita, mentre se ne discute moltissimo subito dopo. Per di più, non appena ci si trova ad accudirlo, è probabile che i dubbi e le difficoltà trovino risposte contraddittorie e per nulla esaurienti. Di solito il sonno non viene considerato come uno dei tanti bisogni fisiologici del neonato; si ignora completamente che sia caratterizzato da ritmi del tutto diversi rispetto a quelli dei genitori e quindi si pensa di dover ricorrere a qualche metodo per far dormire il bimbo come i grandi, vale a dire tutta la notte. A prova di ciò, se guardiamo le classifiche dei libri di puericultura più venduti, troviamo ai primi posti sempre quelli che trattano proprio questo argomento. È lecito quindi pensare che i genitori abbiano un forte bisogno di aiuto, comprensione e informazione, poiché forse si trovano in difficoltà e non sanno cosa fare, ma risulta anche evidente che le informazioni e i metodi che circolano abitualmente non sono sufficienti, perché il problema sussiste e, anzi, è sempre più attuale e dibattuto.

Lo scopo di questo capitolo è illustrare la fisiologia del sonno dei neonati e dei bambini più grandi, per offrire informazioni ai genitori e restituire loro il diritto di scegliere la modalità di gestione del riposo familiare più adatta, cioè quella che permette a tutta la famiglia di dormire meglio[1]. In queste pagine non ci saranno indicazioni su cosa fare, ma spunti di riflessione e strumenti per personalizzare la propria soluzione. In altre parole, la mia intenzione è di chiarire gli aspetti normali e geneticamente predeterminati riguardo alla sfera del sonno in ognuno dei nostri bambini, e ciò che i genitori possono fare per favorire il riposo di tutta la famiglia.

Nella mia attività di consulenza la stragrande maggioranza delle richieste che i genitori mi rivolgono riguarda proprio questo argomento. Da mamma, so bene quanto sia dura affrontare, notte dopo notte, i risvegli dei propri bambini, e andare avanti tutta la giornata seguente, magari senza aiuti e con altri figli desiderosi di un genitore pieno di energia! Penso davvero che sia di fondamentale importanza per tutti conoscere a fondo la ragione per cui i bambini si svegliano la notte. Si potrebbe cominciare a riflettere sul fatto che *tutti* i bambini lanciano lo stesso messaggio in maniera forte e chiara fin dalla nascita: "Non voglio dormire da solo, ho bisogno di stare vicino ai miei genitori e di essere consolato e allattato quando mi sveglio, perché il latte della mia mamma mi aiuta ad addormentarmi bene, sereno e velocemente!". Un messaggio inequivocabile, che tutti i genitori riconoscono e sovente ritengono di dover contrastare, per paura di viziare il bambino, di renderlo dipendente dal lettone, dal seno o dalla loro camera, dalla quale si teme non uscirà mai.

Ma perché *tutti* i bambini esprimono questo bisogno? Come è possibile che dentro di loro ci sia questa urgenza, per giunta geneticamente predeterminata, se fosse così pericolosa per la loro autonomia e per la loro crescita? Perché i genitori sentono di dover ricorrere a libri ed esperti su questo tema più che su tutti gli altri? Non c'è argomento sui forum di internet, nei corsi dopo parto, fra le mamme e dal pediatra, più "gettonato" di questo; un tema che sembra necessitare di ricette miracolose, rapide ed efficaci, che diano un po' di meritato riposo a tutta la famiglia. Come afferma Katherine Det-

1 Sears W., *op. cit.*

twailer, antropologa: "Probabilmente in nessun campo le aspettative culturali sono così tanto in conflitto con i bisogni dei bambini come nelle due aree 'frequenza delle poppate' e 'comportamento del dormire'"[2].

Siamo davanti a uno dei tanti paradossi che la nostra cultura ci costringe ad affrontare. I genitori hanno necessità di dormire per poter sostenere i ritmi che la società impone: mamme che tornano al lavoro a pochi mesi dal parto, mamme spesso sole, senza aiuti, che non riescono a recuperare la stanchezza perché quando i bambini dormono devono fare il resto, occuparsi della casa, della gestione di altri figli se ce ne sono, di attività lavorative o di altri impegni familiari. L'allattamento al seno è spesso considerato come un intralcio per l'autonomia della donna, che si sente obbligata a restare vicino al bimbo, anziché essere visto come un possibile alleato; non viene pensato come una matrice biologicamente e affettivamente predeterminata per la sopravvivenza della specie umana, ma come una semplice scelta, un'alternativa, un aspetto sostituibile con qualcosa di equivalente, creato apposta dall'industria per "liberare" le mamme! Nel prossimo capitolo affronterò più ampiamente la questione dell'allattamento al seno, per adesso basterà ricordare che allattamento e sonno infantile e dell'adulto sono aspetti assai correlati, che si influenzano a vicenda.

Sfugge ai più che dormire rappresenta un bisogno universale di tutti, grandi e piccini, poiché senza sonno non si sopravvivrebbe che per pochi giorni. Dipende invece dalle culture di appartenenza *come, quando* e *dove* dormire, soprattutto se ciò riguarda i bambini, fermo restando che tutti gli esseri umani dormono, se lasciati liberi di farlo, secondo i propri tempi e ritmi fisiologici. Dormiamo secondo ritmi regolati su base circadiana, cioè che si ripetono nell'arco delle 24 ore, i quali vengono acquisiti per gradi a partire già dalla vita fetale. Prova ne sia, infatti, che i bambini possono segnalare il bisogno di dormire, come ho già in precedenza affermato: soddisfare la necessità di essere accompagnati con contenimento e rispetto verso il sonno, senza interferire nell'acquisizione naturale di tali ritmi, rappresenta un notevole investimento per tutti. Gli scienziati che si affannano a produrre evidenze, spesso in contraddizione l'uno con l'altro, o a mettere

2 Dettwailer K., *Sleeping through the night?,* articolo tradotto da Ulrike Schmidleithner disponibile al link: http://www.fatelananna.it/kdnotte_it.html

a punto metodi pressappochisti e pericolosi[3] che godono di grande popolarità, non tengono conto delle intrinseche capacità dei bambini di acquisire i propri ritmi circadiani se opportunamente accompagnati, rassicurati e incoraggiati circa la possibilità di "staccare la spina", senza che percepiscano questa pausa come un momento di vuoto affettivo e relazionale. Perciò, se un problema esiste, non è quello di cui di solito ci si lamenta – "Il mio bambino non dorme"! – ma il fatto che si neghi la fisiologia, non si assecondi la capacità comunicativa e la normalità innata di ogni neonato di acquisire i ritmi di sonno/veglia come universale del comportamento umano. Inoltre, la questione è resa ancora più complessa dal fatto che i genitori non hanno facile accesso al sostegno sociale e istituzionale di cui necessiterebbero, almeno nei primi tre anni dei figli, per seguirne la crescita.

Vorrei precisare a questo proposito che, a mio parere, la soluzione non sta nel pretendere che i bambini si adeguino ai ritmi degli adulti, dal momento che le istituzioni non aiutano i genitori a stare a casa, ma nel diffondere una cultura basata sulla fisiologia, anche quella degli affetti, e sull'importanza delle relazioni primarie, come dovere civile e morale di ogni cittadino e come investimento affettivo per l'intera società a cui si appartiene.

In letteratura esistono studi di molti autori sulla fisiologia del sonno. Mi riferisco all'opera dell'antropologo James McKenna[4], al contributo di psicologi quali Allan Schore e Sue Gerhardt, per quanto riguarda la relazione tra neuroscienze e affettività, ai pediatri William Sears e Carlos González, alle pediatre italiane Annamaria Moschetti e Maria Luisa Tortorella e a molti altri. Dobbiamo ringraziare questi autori se esistono informazioni precise e documentate sul funzionamento fisiologico del sistema nervoso durante il sonno, dal concepimento fino all'età adulta. Nozioni dalle quali partire per farsi un'idea, parlarne in famiglia e decidere con serenità quale sistemazione notturna sia la più soddisfacente per tutti i membri del nucleo familiare, senza cedere a metodi preconfezionati o a *gadget* che considerano soltanto la logica del marketing: tutto e subito senza riflettere, né seguire gli istinti e la fisiologia.

Un'ultima riflessione mi pare doverosa circa la nozione 'tempo'. Nella nostra società si va di fretta tutto il giorno e si possono avere difficoltà a

3 Estivill E., De Bèjar S., *op. cit.*

4 McKenna J., *Tutti insieme nel lettone*, di prossima uscita presso Il leone verde.

gestire i tempi dei bambini che, per natura, sono (fortunatamente) più lenti. Troppo spesso si vive *nonostante* il bambino, non *insieme* al bambino. I piccoli sono considerati purtroppo come persone d'intralcio nell'organizzazione della giornata, dei rompiscatole, dei piccoli tiranni, furbi ed egoisti, che vogliono sempre rivolgere l'attenzione su di sé.

La mia proposta è che, anzi, si veda la nascita di un bambino come un'occasione meravigliosa e irripetibile – anche per noi adulti "globalizzati" e indaffarati – di assaporare un risveglio, prendersi qualche mese/anno per ridiscutere i tempi e le abitudini di tutta la famiglia, così come i neonati stessi ci suggeriscono. Forse sarebbe per tutti noi una bella opportunità di apprezzare meglio la "normalità" di momenti a misura d'uomo, liberandoci dalla logica della mera produttività. Afferma a questo proposito Gerhardt: "La mentalità orientata all'obiettivo è la stessa mentalità di chi scrive colonne sui giornali per deridere il bisogno di autostima, la stessa mentalità che parla di 'crogiolarsi' nei sentimenti. Include gli aspetti di 'rigidità', di etica protestante, di 'malattia della fretta', tipici della nostra cultura. Si premia la forza di volontà e dell'esercizio [il fare], rispetto alla capacità di ascolto e al desiderio di prendersi tempo. La vita è dura, direbbero i sostenitori di questo stile, cerca di continuare a viverla. In questo modo si perpetua la frattura fra mente e corpo, pensieri e sentimenti, pubblico e privato. Prestare ascolto ai sentimenti, i propri o gli altrui, può farci rallentare. Può ritardare il raggiungimento degli obiettivi!"[5].

A questo punto della nostra riflessione, la domanda è la seguente: quale tempo e spazio diamo ai bambini? E qual è l'unità di misura a cui ci riferiamo: la nostra di adulti o quella dei bambini? Penso che sia necessario gettare almeno un ponte tra i due diversi metri di giudizio. Per un bambino, per esempio, la notte ha una durata infinita e ci vorrà molto tempo perché egli associ all'addormentamento il successivo risveglio. I concetti di tempo e spazio dei bambini sono assai diversi da quelli degli adulti; e ogni bambino, come d'altronde ogni adulto, ha tempi personali differenti da quelli degli altri. Non a caso noi "grandi" ci lamentiamo di non aver mai tempo, del caos e del traffico delle città in cui viviamo, ed è noto come le malattie cardiovascolari associate a stili di vita frenetici siano in aumento. E allora, cosa fare? Forse si potrebbe cominciare a considerare lo spazio e il tempo

5 Gerhardt S., *op. cit.*

come "amici" da rispettare e ricercare insieme ai nostri bambini. Forse si potrebbe considerare la nascita di un bambino come un'occasione imperdibile di rivedere il rapporto che abbiamo con queste dimensioni, cercando di sfruttare la creatività che la natura ci mette davanti per inventarci nuovi modi di organizzare la nostra giornata e quella dei nostri figli. I bambini ci riportano a una dimensione di flessibilità che spesso non cogliamo, nella nostra ricerca di metodi rigidi che velocizzino o annullino la relazione con loro: come possono loro imparare ad aspettare e cercare i propri equilibri, se non glielo permettiamo e non diamo loro il buon esempio? A mio avviso, ogni bambino che nasce porta un messaggio con sé: "Aspettami, dammi spazio (prima nel tuo corpo, poi fuori), ascoltami e contienimi nella mia crescita, guardami, gioca con me, ancora meglio se all'aria aperta, troviamo insieme spazi e tempi che soddisfino tutti". Ma questo non è semplice, è sicuramente più facile proporre e imparare metodi uguali per tutti, salvo poi accettarne le conseguenze. Il tempo e lo spazio non possono avere regole rigide in quanto sono mutevoli per natura. Per gli adulti, la vera difficoltà sta, secondo me, nell'accettare e ricercare momenti, anche pochi, di calma e di lentezza che, lungi dal significare per forza ozio o perdita di tempo e denaro, rappresentano al contrario occasioni di recupero, di creatività, di ascolto, di osservazione, di accoglienza e divenire. Ci troviamo spesso in un vortice di attività frenetiche che ci lasciano spossati, senza energie per noi stessi e per la nostra famiglia. Non stupisce che anche i bambini possano andare in tilt, possano essere percepiti come iperattivi o avere difficoltà di relazione e concentrazione… nonostante nel nostro Paese sia stata di recente istituita addirittura la "giornata della lentezza"! Invece corriamo. Siamo ansiosi, affannati, frettolosi e i nostri figli ci vedono così. L'invito è di riflettere in maniera costruttiva sull'esempio che proponiamo ai nostri figli e sui valori semplici come quelli di tempo e spazio che vogliamo trasmettere loro, *prima* di comprare un libro o di consultare un esperto, forse ancora prima di diventare genitori. Se è difficile per noi adulti ritagliarci attimi di ascolto e di intimità, forse è difficile anche per i nostri figli muoversi in spazi e tempi non a misura di bambino, in una cultura adultocentrica concepita da persone frettolose e poco attente al recupero della semplicità, quella che ogni bambino che nasce porta con sé.

5 - Fisiologia del sonno dei neonati e

Nozioni di base circa la fisiologia del sonno dei bambini

Ho pensato di iniziare questo paragrafo con un riquadro che vire da punto di riferimento ai genitori, come riassunto di alcuni trattati e anticipo di ciò che illustrerò in dettaglio nelle prossime pa

VADEMECUM PER GENITORI ASSONNATI...

- È normale e fisiologico che i bambini abbiano risvegli notturni, di solito fino ai tre anni di vita.
- I neonati e i bambini hanno innate tutte le competenze necessarie per acquisire spontaneamente ritmi fisiologici di sonno/veglia. Basta non interferire e conoscere la fisiologia per accompagnarli serenamente verso questo atto di crescita.
- Quando nasce un bambino i suoi ritmi di sonno sono sincronizzati con quelli della madre e continuano a esserlo nei mesi seguenti, se questi dormono vicini. Perciò la madre avrà un sonno migliore e più ristoratore se dorme vicino al suo bambino.
- In molte culture è normale che i bambini dormano coi genitori senza conseguenze patologiche di nessun genere sia a breve sia a lungo termine.
- L'allattamento al seno a richiesta è tale se effettuato anche di notte, anzi di notte il latte di mamma è ancora più facile da succhiare perché aumentano le concentrazioni materne di prolattina e ossitocina, gli ormoni dell'allattamento.
- Fino al terzo mese di vita il bambino non attraversa stadi di sonno profondo né secerne in maniera stabile la melatonina (un ormone che induce il riconoscimento e l'instaurarsi dei ritmi luce/buio), per cui non ha senso l'idea secondo cui il neonato possa "scambiare il giorno per la notte".
- Esistono molti libri in commercio che suggeriscono metodi per far dormire i bambini: sono privi di qualsiasi riscontro scientifico e molte associazioni di pediatri si sono espresse sulla loro pericolosità. Nessun bambino è uguale a un altro e un modo di dormire uguale per tutti non esiste!

- I genitori sono liberi di scegliere modalità e luoghi in cui tutta la famiglia dorme meglio.
- Il sonno è un'esigenza fisiologica come mangiare, bere e muoversi: tutti i bambini a loro modo, prima o poi, mangiano e bevono da soli, camminano e dormono senza bisogno del sostegno dei genitori. Si tratta di una conquista di autonomia graduale e rispettosa dei tempi di ogni bambino e della fisiologia.
- I bambini che hanno effettivi disturbi del sonno non sono quelli che si svegliano durante la notte, ma quelli che non riescono a riaddormentarsi anche per ore dopo il risveglio notturno.
- Rispondere prontamente ai bisogni del bambino e ai suoi segnali, sia di notte sia di giorno, non lo vizia ma costituisce la base per la sua autostima e per la fiducia negli altri anche in età adulta.

Alcune di queste affermazioni possono destare meraviglia, ma si possono capire meglio se si comprende che i risvegli notturni sono una necessità fisiologica per i neonati e i bambini piccoli. Come sempre, cominciamo dall'inizio.

In gravidanza il bambino acquisisce dei ritmi di sonno che, al momento della nascita, sono sincronizzati con quelli della madre.

Durante la gestazione il feto matura fino ad arrivare a una crescita che gli permetterà di vivere anche fuori dall'utero materno, e anche il suo sistema nervoso va incontro a un'analoga maturazione. James McKenna, professore di antropologia presso la University of Notre Dame, ha studiato quelle che definisce le "aspettative biologiche" del neonato rispetto alle sue esperienze di sonno, scoprendole in netto contrasto con le nostre "aspettative culturali".

McKenna fa notare come "i più comuni modelli pediatrici e psicologici, assieme a nuove ideologie e valori culturali, abbiano formato l'opinione comune su come un bambino 'normalmente' dovrebbe dormire; questo risulta essere in totale contraddizione con ciò che è importante per il neonato dal punto di vista biologico e del suo sviluppo psicofisico.

La struttura, il comportamento, lo sviluppo fisiologico dei nostri neonati si formarono migliaia e migliaia di anni fa, ma dal punto di vista biologico sono estremamente recenti. Lo stile di vita dei nostri antenati ha sviluppato le caratteristiche di sopravvivenza che abbiamo oggi. Infatti, nonostante enormi differenze culturali nel mondo, ritroviamo una base comune a tutti i neonati, che si è sviluppata nel periodo in cui gli esseri umani sono stati 'scolpiti' per adattarsi meglio al loro modo di vita"[6]. Sono i cosiddetti *universali* di cui ho parlato nel primo capitolo di questo libro. L'autore continua affermando che "esiste una fondamentale differenza tra gli esseri umani e gli altri primati: la nostra circonferenza cranica fetale è in media più grande dell'apertura pelvica media [...] e per questo i nostri cuccioli nascono estremamente immaturi in confronto agli altri mammiferi. Abbiamo il cervello meno maturo alla nascita, rispetto agli altri mammiferi, con solo il 25% del suo volume definitivo. Gli esseri umani terminano la maggior parte della gestazione fuori dell'utero (dentro sarebbe impossibile proprio per via della grandezza del cranio rispetto allo scavo pelvico). I neonati dovrebbero stare almeno altri sei mesi nell'utero materno per essere vicini come sviluppo agli altri cuccioli mammiferi, e quindi necessitano di un ambiente ricco di cure per il loro sviluppo psicofisico. Condividere il sonno, quindi, è una decisione fisiologica, come tutte le cure prossimali". Le *cure prossimali* sono tutti quei comportamenti che richiedono la vicinanza, la prossimità di un adulto, in preferenza la madre, per regolare gli equilibri psicofisici del neonato prima e del bambino poi, e che permettono l'instaurarsi fra loro di una relazione di attaccamento, che servirà come prototipo di tutte le relazioni future del bambino.

Un altro illustre autore, il ginecologo Lorenzo Braibanti[7], ha parlato di *endogestazione*, identificando con questo termine il periodo di vita fetale dentro l'utero dal concepimento alla nascita, e di *esogestazione*, per il periodo che prosegue nelle settimane e nei mesi dopo la nascita; periodo in cui il bambino, nato immaturo per la sua sopravvivenza fuori dall'utero, ha bisogno della madre per emanciparsi gradualmente, a mano a mano che le sue strutture fisiologiche e biologiche maturano con il concorso dell'ambiente in cui vive.

6 McKenna J., *L'evoluzione del sonno del neonato*, intervento al convegno de La Leche League International 1997 disponibile al link: http://www.lllitalia.org/index.php?option=com_content&task=view&id=81&Itemid=36

7 Braibanti L., *op. cit.*.

Entrambi questi autori, quindi, parlano di necessità fisiologica del neonato di completare il suo sviluppo psicofisico dopo la nascita, per molti mesi, vicino alla propria madre e in totale dipendenza da lei. Tutto questo non solo rientra nella normalità, ma è previsto biologicamente proprio per la crescita fisiologica dei bambini.

A questo proposito Dettwailer aggiunge: "I bambini sono predisposti per dormire con i loro genitori. L'aspettativa per madre e figlio è di dormire insieme e per il bambino di essere in grado di poppare durante la notte tutte le volte che ne sente il bisogno. Bambini normali, sani e allattati al seno, che dividono il sonno con i loro genitori, non dormono 'per tutta la notte' (diciamo sette-nove ore senza svegliarsi) finché non arrivano a un'età di tre-quattro anni, quando non hanno più bisogno di poppare durante la notte"[8]. Questo è normale, fissato dagli albori della storia umana, come comportamento universale di tutti gli appartenenti alla nostra specie per garantirne la sopravvivenza. Non c'è esperto che possa affermare il contrario, nonostante quanto sostenuto da mode del momento o metodi che prontamente vengono messi sul mercato, privi di ogni riscontro scientifico, diffusi soltanto per guadagnare sulla pelle dei genitori all'oscuro di una realtà scomoda per gli affari e per una società basata sulla produttività e sulla fretta, che trascura le relazioni primarie e gli affetti. Afferma Gerhardt a questo proposito: "Se continuiamo a insistere sul primato della produzione trascinando tutti gli adulti, compresi i genitori di bimbi piccoli, in un perseguimento senza sosta di beni materiali e di carriere professionali, allora potremmo dover affrontare un crollo emotivo. Senza adulti attenti, che proteggano il sistema nervoso in via di sviluppo dei bambini e che li mettano in grado di trasformarsi in persone adulte, forti e capaci di sostenere le sfide e le relazioni, c'è un prezzo da pagare. Questi problemi hanno un enorme impatto collettivo e generano costi elevatissimi a livello sociale. La spesa per gli antidepressivi da sola supera i 239 milioni di sterline in Inghilterra. [...] per cambiare la situazione intorno a noi, per fornire ai bambini una partenza ottimale per essere emotivamente attrezzati ad affrontare la vita, dobbiamo investire nelle cure parentali precoci"[9].

8 Dettwailer K. *op. cit.*

9 Gerhardt S. *op. cit.*

E allora vediamo in breve come funziona il sistema nervoso dei nostri bambini quando dormono e cosa possono fare i genitori perché tutti riescano a riposare meglio.

Fasi del sonno

Il sonno occupa, all'incirca, un terzo della nostra vita; la sua durata non è costante ma varia secondo l'età in maniera decrescente, cioè con il passare del tempo si dorme sempre meno. Considerando le 24 ore totali, si passa dalle 15/20 ore di media del sonno di un neonato alle 5/6 ore di una persona anziana.

L'elettroencefalografia ha permesso di precisare che il sonno si accompagna a modificazioni caratteristiche e misurabili dell'attività elettrica cerebrale; infatti, benché il sonno sia rappresentato da un apparente stato di quiete, a livello cerebrale avvengono complessi cambiamenti che non possono essere spiegati solo come un semplice stato di riposo fisico e psichico. Per esempio, ci sono alcune cellule cerebrali che in certe fasi del sonno hanno una attività cinque-dieci volte maggiore rispetto alla veglia.

Nel 1968 Rechtschaffen e Kales[10] classificarono il sonno in cinque stadi: quattro stadi NREM (si legge non rem) distinti secondo un grado crescente di profondità (stadio 1; stadio 2; stadio 3; stadio 4) e uno stadio REM. La sigla REM sta a indicare che sono presenti rapidi movimenti oculari sotto le palpebre (dall'inglese *Rapid Eye Movements*). Gli stadi del sonno si ripetono varie volte nella notte, poiché il nostro sonno è caratterizzato dalla ciclicità. Un ciclo di sonno comprende tutti questi stadi e in una persona adulta ha la durata media di circa 90 minuti dopo i quali si ripete per varie volte (4/5 per un sonno medio di circa 8 ore per notte). Il grafico seguente illustra chiaramente il ripetersi dei vari stadi del sonno durante la notte:

10 Rechtschaffen, A; Kales, A, *A Manual of Standardized Terminology, Techniques and Scoring System For Sleep Stages of Human Subjects*. US Dept of Health, Education, and Welfare; National Institutes of Health, 1968.

Figura 2: Distribuzione fisiologica delle varie fasi del sonno di un adulto durante una notte

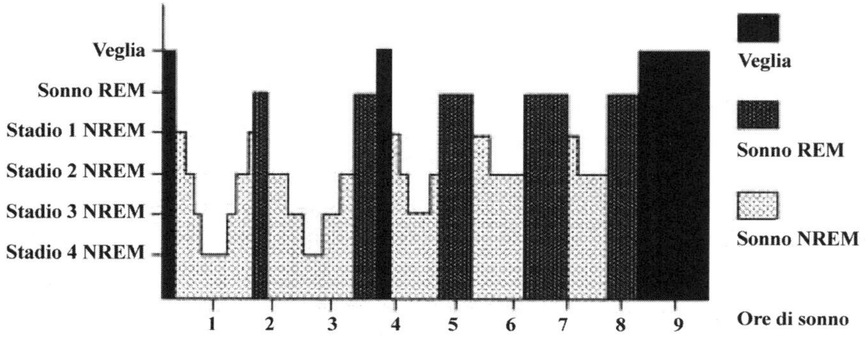

Fonte: http://www.psicoanalisi.it/psicoanalisi/neuroscienze/immaginineuro/grafico.jpg

Vediamo in breve quali sono gli aspetti fisiologici che caratterizzano i vari stadi del sonno.

SONNO REM

È uno stato attivo in cui sogniamo. Il corpo usa più ossigeno e si riscontra un maggior afflusso di sangue al cervello. Respiro e battito cardiaco sono irregolari, si ha ipotonia dei muscoli della testa e del collo.

Gli impulsi nervosi vengono bloccati a livello del midollo: non solo i muscoli sono rilassati, ma c'è una vera e propria paralisi motoria. Sono esclusi i muscoli che controllano il movimento degli occhi, della respirazione e dell'udito. Si possono avere erezione del pene o del clitoride e contrazioni dei muscoli delle mani, delle gambe e della faccia. In questa fase ci si può svegliare facilmente. *Questo stadio è identificato come quello maggiormente necessario ai fini della crescita del cervello*[11]. Infatti alcuni studiosi ritengono che lo stato REM rappresenti un'autostimolazione delle

11 Sears W. *op. cit.*

cellule in via di sviluppo. Questo spiegherebbe perché la fase REM sia sente già dalla vita fetale e si stabilizzi intorno ai tre-cinque anni di vita dei bambini in netta corrispondenza con il ritmo di crescita dei neuroni. Spiega anche perché è fondamentale che i bambini possano trascorrere tempo sufficiente in fase REM per poter poi approdare a fasi di sonno diverse, e come sia importante lasciare che i bambini trovino da soli i propri ritmi, senza interferire in essi, almeno nei primi mesi di vita. Solo così la parte del sonno trascorso in fase REM decrescerà per gradi nel tempo in maniera fisiologica e il bambino diminuirà i suoi risvegli. Questo avverrà nel corso dei mesi, fino ad arrivare a una netta stabilizzazione circa dai tre anni in poi.

Per quanto riguarda invece il sonno della mamma, è stato scoperto che allattare al seno, attraverso la produzione materna di prolattina, induce la fase REM[12]. Ciò spiega come l'allattamento al seno aiuti la mamma nel sincronizzare il proprio sonno con quello del suo bambino e come dormire vicini aiuti mamme e bambini a dormire meglio e ad essere più riposati durante il giorno.

SONNO NON REM

È quello più vicino a quanto noi comunemente consideriamo sonno. È chiamato anche sonno "lento". È quello che ci fa riposare di più. Respiro e battito cardiaco sono regolari. Tutto il corpo è rilassato. Gli stadi 3 e 4 sono quelli di sonno profondo in cui è più difficile svegliarsi. Soltanto al terzo mese di età questi due stadi diventano definiti, perciò prima dei tre mesi è praticamente impossibile che un neonato dorma profondamente. Ecco perché è molto facile che si svegli per rumori, cambiamenti di ambiente o attività fisiologiche. La ragione per cui questo tipo di sonno è sopravvissuto alla selezione naturale è che per il neonato rappresenta il modo migliore di adattarsi alla vita fuori dall'utero. Durante il sonno NREM il neonato esibisce comportamenti che sollecitano la vicinanza della madre e le conseguenti cure prossimali.

12 Kandel E., Schwartz J., Jessel T., *Principi di neuroscienze*, CEA, (2003).

Il grafico seguente evidenzia come le ore totali di sonno e le percentuali di sonno REM, NREM e veglia cambino nell'essere umano dalla nascita all'età adulta.

Figura 3: Distribuzione per età di veglia, sonno REM e NREM in ore/24ore

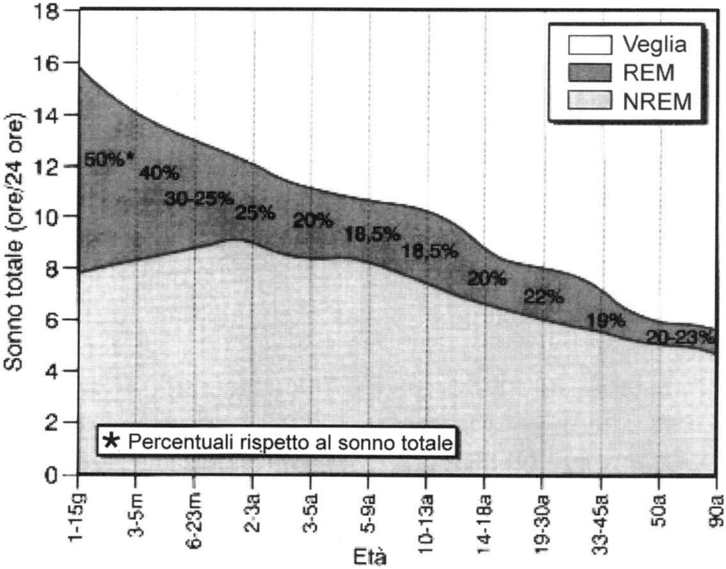

Fonte: http://www.polisonnografia.it/img/grafico_sonno.jpg

Dal grafico si possono evincere alcuni dati di fondamentale importanza per capire come dormono i nostri bambini. Alla nascita la percentuale di sonno REM e NREM è quasi sovrapponibile, ma molto velocemente la fase REM decresce. All'età di tre/cinque anni la parte del sonno che i bimbi trascorrono sognando è pressoché quella del resto della vita. È intorno a questa età che si è compiuto il processo fisiologico di maturazione delle cellule cerebrali verso un'architettura del sonno che possa permettere una notte intera di sonno continuato, *non prima*. Bambini che dormono tutta la notte prima di questa età sono una fortunata eccezione, oppure sono bambini a cui è stato somministrato qualche farmaco o ancora sono stati forzati per adeguarsi alle aspettative dei genitori.

In sostanza, il sonno del neonato è organizzato in modo diverso da quello dell'adulto. Abbiamo già l'alternarsi di cicli di sonno "lento" e sonno REM verso la trentesima settimana di vita fetale, quindi anche nei bambini che nascono prematuri. Addirittura in questi bambini la fase REM può arrivare a valori percentuali molto alti, come si può vedere nel seguente grafico che completa il precedente:

Figura 4: Distribuzione per età (compresa la nascita pretermine) di veglia, sonno REM e NREM in ore/24 ore

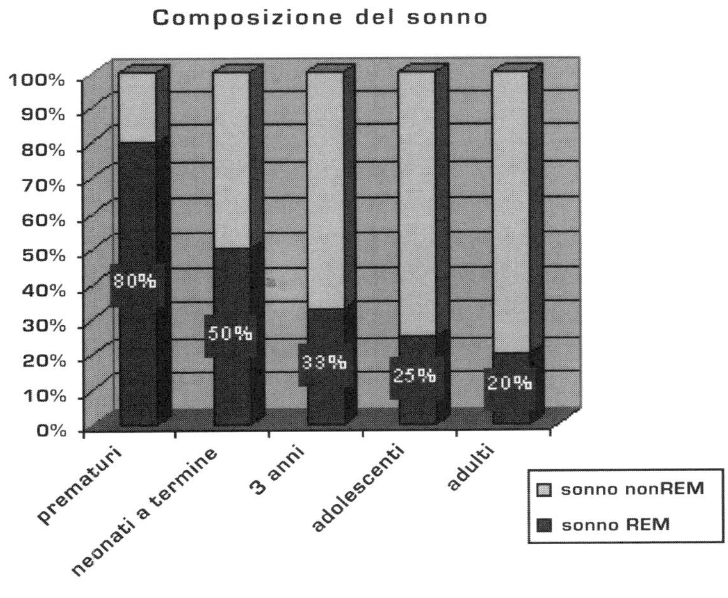

Fonte: Todini, *I disturbi del sonno della prima infanzia,* ACP Puglia Basilicata (2004). http://www.acppugliabasilicata.it/incontri_files/corsi_03_04/Disturbi%20sonno.htm

Nel neonato a termine, cioè nato intorno alla quarantesima settimana di gestazione, abbiamo visto che sonno "lento" e sonno REM sono quasi sovrapponibili, entrambi vicino al 50%. Questi ritmi di sonno sono sincronizzati con quello materno, perciò la madre è biologicamente programmata dalla gravidanza ad avere ritmi corrispondenti a quelli del proprio neonato anche dopo il parto. Infatti, tutte le mamme sanno che in gravidanza sognano di più e hanno risvegli più frequenti, nei quali notano che anche i loro bambini sono svegli perché li sentono muovere. Questa sincronia perdura durante i mesi dopo la nascita *se bambino e mamma dormono vicini*, e può rappresentare un valido aiuto per lei: infatti non verrà svegliata dal bambino nelle sue fasi di sonno più profondo, poiché anche lui dorme profondamente, ma entrambi si sveglieranno in una fase che non limita il rispettivo necessario recupero fisiologico. Nel prossimo paragrafo parlerò più ampiamente della pratica del *cosleeping,* ovvero del dormire insieme ai propri figli, come aiuto a mantenere la sincronicità del sonno e dei risvegli di madre e bambino. Questo, di fatto, aiuta le mamme a non sentirsi troppo stanche al mattino e ad acquisire una maggiore intimità e comunicazione con il neonato.

Le fasi più profonde del sonno "lento" compaiono solo dopo i tre mesi. Almeno nei primi due mesi di vita il ritmo è sia diurno sia notturno senza particolari distinzioni, in quanto l'epifisi, una ghiandola presente nel cervello, non secerne ancora la melatonina in maniera stabile e sufficiente per riconoscere il giorno e la notte; a questo proposito può essere di aiuto esporre il neonato alla luce diurna perché dorma meglio di notte. L'hanno scoperto ricercatori della Liverpool John Moores University, secondo cui le ore critiche per l'esposizione alla luce benefica per il sonno del neonato sono tra mezzogiorno e le 16. Come riferisce il "Journal of Sleep Research", la luce funziona perché regolarizza i bioritmi del piccolo, forse accelerando la sincronia del proprio orologio biologico con i naturali ritmi giorno-notte. Questa ricerca infatti illustra come "raddoppiando l'esposizione alla luce diurna i neonati dormono molto meglio di notte. È emerso che il tempo medio in cui un neonato piange diminuisce a poco a poco dalla sesta alla dodicesima settimana d'età. La luce fa bene al sonno notturno perché 'insegna' al bambino che di giorno si sta svegli e di notte si dorme, hanno spiegato gli scienziati. Fisiologicamente questo avviene perché la luce regola i livelli dell'ormone melatonina favorendo l'equilibrio dei ritmi giorno-notte. A mano a mano che i piccoli imparano i ritmi cui poi rimarranno fedeli per tutta la vita, il tempo notturno 'perso' nel pianto diminuisce, ecco perché dalla sesta alla dodicesima settimana d'età si registra un miglioramento del sonno dei bambini e, quindi, anche di quello di mamma e papà"[13]. Inoltre, l'esposizione alla luce diurna per pochi minuti al giorno, anche in assenza di sole, provoca l'assorbimento di una quantità di vitamina D sufficiente per la crescita. Può valere la pena, pertanto, provare a fare una bella passeggiata all'aria aperta con i propri bambini, ovviamente se le condizioni atmosferiche lo permettono, piuttosto che tenerli in casa per il riposino pomeridiano nel loro letto. Una fascia o un altro porta bebè possono essere un valido aiuto che unisce praticità e contatto in un'unica soluzione.

Il bimbo appena nato dorme dalle quindici alle venti ore al giorno, per periodi distribuiti spesso in maniera irregolare; si addormenta sempre in fase REM (quindi con sonno leggero) che dura pochi minuti, per poi passare alla fase NREM; può svegliarsi in un momento qualsiasi di una di queste fasi, quindi anche ogni mezz'ora. Perciò tutti i neonati dormono; non esiste il neonato sano, nato a termine, che non dorme. È verosimile che quando si sente comunemente dire che i bambini non dormono, ciò vada inteso nel senso che il bambino ha frequenti risvegli, dettati dalla particolare condizione neuroanatomica in cui nascono tutti i piccoli del mondo.

Sears[14] parla di *periodo vulnerabile* volendo farci notare come ogni passaggio dalla fase NREM a quella REM sia caratterizzato dalla possibilità per il bambino di svegliarsi più facilmente, anche in seguito a stimoli presenti nell'ambiente. Quindi è normale e fisiologico che un neonato si svegli alla fine di ogni fase NREM, il che significa che i risvegli sono corrispondenti allo stato di maturazione delle cellule nervose e che questi sono necessari per acquisire ritmi di crescita fisiologici. *Non c'entrano nulla i vizi, né i metodi per negarli e aggirarli. Il bambino ha bisogno di svegliarsi perché solo così allena le sue cellule nervose ad acquisire ritmi di sonno naturali.*

Inoltre una caratteristica peculiare del sonno REM del neonato è il suo carattere "movimentato": è un sonno molto leggero intercalato da piccoli risvegli e riaddormentamenti immediati. L'errore più frequente è quello di confondere questi periodi in cui il neonato, per esempio, apre e chiude gli occhi, oppure sorride e si muove, con periodi di veglia cercando di sve-

13 Harrison Y., *The relationship between daytime exposure to light and night-time sleep in 6–12-week-old infants*, "Journal of Sleep Research" No.13, pp. 345–352. 2004.

14 Sears W. *op. cit.*

gliarlo. Questo impedisce al bambino di raggiungere la fase seguente di sonno calmo. Se ciò accade molto spesso nelle prime settimane di vita, non si verifica il collegamento cerebrale dell'alternarsi dei cicli di sonno "lento" e sonno REM. Il bambino così prende l'abitudine di svegliarsi dopo ogni fase di sonno REM. Non rispettare l'emergere fisiologico di queste connessioni neurali nei primi mesi può quindi voler dire interferire nella modalità di sonno dei primi tre-quattro anni di vita dei bambino.

Nei bambini fra uno e tre anni si possono riscontrare anche cause psicologiche che determinano difficoltà a dormire: paure, ansia da separazione, incubi rappresentano gli stimoli principali di risveglio. Con l'espressione "ansia da separazione" si intende spiegare il fatto che dagli 8/9 mesi fino all'età di tre anni circa il bambino esprime forte disagio quando le persone a lui care si allontanano. Poiché il legame di attaccamento tende a mantenere la vicinanza con le figure di riferimento, è evidente che il bambino desideri stare insieme anche di notte a coloro che ama e che si prendono cura di lui. A questo proposito afferma John Bowlby[15]: "Quando si adotta un approccio etologico diventa evidente che l'uomo, come altri animali, risponde con la paura a certe situazioni non perché esse presentino un *alto* rischio di dolore o di pericolo, ma perché segnalano un *aumento* del rischio. Così, proprio come gli animali di molte specie, incluso l'uomo, manifestano la disposizione a rispondere con la paura ai movimenti improvvisi o a un marcato cambiamento del livello sonoro o luminoso perché questo comportamento ha un valore di sopravvivenza, molte specie, incluso l'uomo, sono inclini a rispondere nello stesso modo alla separazione da una figura potenzialmente atta a fornire delle cure, e per le medesime ragioni. Se l'angoscia di separazione viene considerata sotto questa luce, come una disposizione fondamentale dell'essere umano, diventa facile comprendere perché mai per un bambino le minacce di abbandono, così spesso usate come mezzo per controllarlo, siano tanto terrificanti".

Perciò la sensazione di solitudine protratta durante la notte che già di per sé è un momento di buio, silenzio e vuoto, può creare una notevole ansia nei bambini almeno fino a tre anni. Come ho già affermato nel capitolo 3, il bisogno di contatto dei bambini non è un vizio o un comportamento che genera dipendenza o rallenta la loro acquisizione di autonomia ma,

15 Bolwby J., *Una base sicura*, Cortina, 1989.

al contrario, è un elemento di crescita tanto quanto il cibo e l'aria che respirano.

Conoscere queste nozioni di fisiologia può aiutare i genitori ad accettare i risvegli dei loro bambini così come accettano l'acquisizione graduale della capacità di camminare, di mangiare da soli, di fare a meno del pannolino.

Certo che è dura per tutti non dormire più come prima, ma con piccoli accorgimenti e sapendo perché questo succede forse è possibile farsene una ragione. Inoltre, osservando fin dalla nascita il bambino quando dorme, ogni genitore potrà capire che fase del sonno sta attraversando e quali siano le condizioni migliori per assecondare l'emergere dei ritmi fisiologici.

In breve, al termine della nostra riflessione, vediamo i seguenti punti riassuntivi:

- I cicli di sonno del neonato sono più brevi di quelli degli adulti. Per questi ultimi durano in media circa 90 minuti l'uno, per il neonato invece circa 50/60 minuti. Poiché alla fine di ogni ciclo di sonno si riscontra un breve risveglio, che l'adulto ha imparato perlopiù a ignorare, il neonato e il bimbo entro i tre anni circa devono acquisire nel tempo la capacità di riaddormentarsi, ognuno con le sue modalità. In caso di risveglio i neonati hanno bisogno di rassicurazione e contatto fisico. L'allattamento al seno soddisfa di solito, in condizioni di salute, ogni esigenza del piccolo anche grazie alle sostanze in esso presenti.
- I risvegli dei neonati e dei bambini fino ai tre-quattro anni di vita sono normali e servono per il corretto e fisiologico svilupparsi del loro sistema nervoso.
- Durante il sonno esiste un periodo vulnerabile nel quale è più facile che i bambini si sveglino. Questo si ripete ogni volta che si passa da una fase REM a una NREM, quindi varie volte nel corso di una notte.
- Se il bambino è lasciato libero di acquisire e assecondare i suoi ritmi di sonno-veglia ed è accompagnato con rispetto e contatto fisico verso il sonno, senza interferire, questi ritmi saranno appresi prima e senza traumi affettivi.
- Non serve svegliare il bambino di giorno perché dorma di più di notte:

anzi, questa pratica può interferire con il susseguirsi naturale dei cicli di sonno e delle sue fasi.

Dormire insieme ai propri figli non li vizia

"Il contatto fisico è bello, rassicurante, caldo, profumato, dà protezione e forza. La mia bambina di un anno è tanto entusiasta ed equilibrata. Tutti si sentono in dovere di dirti cosa è necessario fare, e tante sono pronte a storcere il naso sentendo di poppate notturne e lettone insieme a mamma e papà. Credo che la natura insegni: nessun animale infila il cucciolo nel lettino e dice 'Ora stai tranquillo nella foresta fino a domattina'"
Valentina, mamma di Elisa

In questo paragrafo parlerò della possibilità di dormire insieme ai propri bambini, non per imporre o suggerire questa scelta ai genitori, né per far sentire da meno coloro che trovano altre soluzioni, ma con l'obiettivo di sgombrare il campo dai falsi pregiudizi circa questa modalità di accudimento. Resta pertanto indiscutibile la libertà di scegliere la sistemazione notturna che ogni genitore reputa la migliore per la propria famiglia.

Le ricerche scientifiche condotte su questo tema sono in continua evoluzione, ma quello che se ne può evincere è che la tendenza naturale innata e strutturata dalla memoria dei nostri geni ci dovrebbe spingere a condividere il letto rassicurando con naturalezza noi stessi e i nostri bambini[16]; eppure la maggior parte dei pediatri e dei "suggeritori", esperti o meno, scoraggiano i genitori o li fanno sentire inadeguati se scelgono questa modalità.

Condividere il sonno non significa per forza mettere anche il letto in comunione. Molti adottano sistemazioni tipo il *side-bed*, un letto aggiuntivo unito a quello dei genitori, o direttamente un materasso a contatto col pavimento. È importante fare chiarezza su ciò che si intende per *cosleeping* o sonno condiviso. Si definisce *cosleeping* ogni situazione nella quale un adulto, di solito la madre, dorme abbastanza vicino al suo bambino da poter rispondere ai suoi segnali di richiesta di attenzione durante la notte, mentre si parla di *bedsharing* quando viene condiviso anche il letto; si

16 Panizon F., *Come dormono i bambini*, speciale di "Un pediatra per amico" (UPPA), No. 5 (2006).

chiama *roomsharing* la condivisione della stanza da letto[17].

Tutto sta a capire se i genitori siano disposti ad accettare il bambino così com'è, anche non aderendo ai dogmi della cultura di appartenenza, se questa si schiera contro il sonno condiviso.

Per tutti i genitori e in particolare per coloro che decidono di non dormire a contatto con i figli è anche importante sapere che in psicologia esistono autori come Margaret Mahler che parlano di fasi di crescita in cui avviene lo sviluppo psicomotorio e affettivo del bambino, con fasi cruciali a 4, 7-8, 10-12 mesi già nel primo anno di vita e poi a 18, 24 e 36 mesi. La comprensione di queste fasi è molto importante soprattutto per i genitori che non dormono vicino ai propri figli poichè li aiuterà a superare molti dei dubbi che possono insorgere circa lo sviluppo del sonno del bambino, contestualizzando le difficoltà nell'addormentamento e nel riaddormentamento, che si manifestano già nel I anno di vita, con dei picchi proprio alle età scritte sopra.

Qualsiasi scelta i genitori decidano di fare, non è certo semplice andare controcorrente. Prima del momento della nascita, può valere la pena valutare in maniera critica le pratiche di accudimento dei bambini nella propria cultura e acquisire informazioni che ci aiutino a capire il perché di certe loro richieste. Come afferma Sears: "Il fatto stesso di accettare i bisogni del bambino può aiutarvi a prendere atto che non lo state viziando, né che il vostro ménage familiare verrà da lui intaccato se gli permettete di dormire con voi!"[18]. Lo stesso autore, inoltre, fa notare[19] come dormire insieme abbia effetti protettivi anche in termini di prevenzione della SIDS[20], la sin-

17 McKenna J., Joyce E. P., *Cosleeping and Biological Imperatives: Why Human Babies Do Not and Should Not Sleep Alone*, 2008, articolo scaricabile al link http://www.naturalchild.org/james_mckenna/biological.html#1267945448

18 Sears W. *op. cit.*

19 *Ibidem.*

20 SIDS (acronimo di Sudden Infant Death Syndrome) è la sindrome della morte improvvisa del lattante meglio conosciuta come morte in culla o morte bianca dei neonati. Colpisce i bambini nel primo anno di vita con un'incidenza che va dallo 0,5 all'1,5 per mille nati sani. Nei paesi industrializzati rappresenta la prima causa di morte nell'età compresa tra un mese e un anno. È più frequente fra i 2 e i 4 mesi, e dei bambini che muoiono circa il 60% sono maschietti. Può accadere sia di giorno che di notte, in culla ma anche nel passeggino o nel seggiolino della macchina. Definita come sindrome a sé stante nel 1969, la Sids raggruppa tutti i casi di morti improvvise e inaspettate di neonati apparentemente sani, le cui morti rimangono inspiegabili anche dopo l'autopsia. Nonostante si studi ormai da molti anni, le cause della Sids restano ancora sconosciute.

lla morte improvvisa del lattante meglio conosciuta come morte
o morte bianca dei neonati.
sti effetti protettivi sarebbero:

- *Protezione immunologica*: il sonno condiviso determina maggiori poppate notturne e quindi un maggior apporto di sostanze presenti nel latte materno che rinforzano le difese immunitarie del bambino.
- *Aumento degli ormoni*: l'allattamento notturno stimola la produzione materna di prolattina che può determinare un aumento della sensibilità della madre nei confronti del bambino.
- *Armonia del respiro*: la madre funzionerebbe da "metronomo" respiratorio del bambino come lo era in gravidanza e ricorderebbe al bambino di respirare.
- *Il tatto come alleato della respirazione*: la pelle e le sue terminazioni nervose stimolano la respirazione del bambino che sta a contatto con la madre.
- *Più sonno in fase REM*: i bambini che dormono con i genitori trascorrono più tempo in fase REM, perciò le concentrazioni di ossigeno nel loro sangue sono più alte e le loro reazioni di risveglio, in caso di disturbi respiratori, più efficaci.
- *Regolazione termica*: il calore del corpo materno aiuta il bambino a regolare la propria temperatura e la propria respirazione che diminuisce a causa del freddo.

Anche le pediatre italiane Moschetti e Tortorella[21] fanno notare come la SIDS sia pressoché sconosciuta nelle culture dove i bambini dormono coi genitori; al contrario ne sono soggetti con maggiore frequenza i bambini che dormono da soli in cameretta, in quanto la presenza della madre contribuisce alla regolazione delle funzioni biologiche del figlio. Questo non significa che le madri riposino peggio in compagnia dei propri bambini,

21 Moschetti A., Tortorella M. L., *Come dormono i bambini*, speciale di "Un pediatra per amico" (UPPA), No. 5, 2006.

anzi: anche se il loro sonno sarà più leggero, grazie all'allattamento (e alla relativa produzione di ossitocina, col suo effetto anti-stress, e di prolattina, che induce la fase REM) troveranno più facile riaddormentarsi in modo sereno e veloce.

A questo proposito anche uno studio recente dell'UNICEF[22] afferma che "le mamme che allattano al seno dormono di più quando dormono insieme ai loro piccoli".

Moschetti e Tortorella in un altro contributo evidenziano anche che "la necessità che il piccolo si abitui presto a dormire da solo, e che la funzione della madre di regolare gli stati di coscienza del figlio sia errata e fonte di 'vizi', non trova alcun riscontro nella letteratura scientifica. Anzi, tutti gli studi sull'argomento dimostrano il contrario. [...] Ogni madre può e deve soccorrere il figlio e accorrere al suo richiamo così come sente spontaneamente di dover fare"[23].

Anche González dichiara: "Non conosco alcun motivo per cui bisogna prestare attenzione ai bambini di giorno e non di notte. [...] I nostri figli sono geneticamente preparati per dormire in compagnia. Per un animale il sonno è un momento di pericolo, i nostri geni ci spingono a rimanere svegli quando ci sentiamo minacciati, e ad addormentarci solo quando ci sentiamo sicuri"[24].

Dormire insieme ai propri bambini rientra nelle cosiddette *cure prossimali* che, come abbiamo visto, prevedono la prossimità cioè la vicinanza fra madre e bambino. Questo aspetto non è una moda o un vezzo dettato da una teoria del momento, ma una condizione necessaria per la sopravvivenza della specie, presente nella maggior parte dei mammiferi. Qualcuno potrebbe obiettare che non siamo più nell'era delle caverne, dove i pericoli dell'ambiente esterno potevano determinare la vita o la morte del cucciolo, ma può essere utile ricordare che le specie che praticano le cure prossimali sono quelle che necessitano della madre anche come regolatore biologico di parametri vitali come la respirazione, la temperatura corporea e la pro-

22 Quillin SI and Glenn LL., *Interaction between feeding method and cosleeping on maternal-newborn sleep*, "J Obstet Gynecol Neonatal Nurs" 33:580-8, 2004.

23 Moschetti A., Tortorella M. L, *Il metodo di Estivill è inefficace e potenzialmente nocivo.* Appendice al testo *Facciamo la nanna* di G. Honegger Fresco, Il leone verde, 2006.

24 González C., *op. cit.*, 2005.

duzione degli ormoni dello stress, e il cui latte è a bassa concentrazione proteica e necessita quindi di essere assunto con frequenza elevata.

Al contrario non esiste uno studio che dimostri i benefici di interrompere l'allattamento al seno precocemente, di far piangere il bambino finché non si addormenta o di renderlo indipendente prima del tempo; sono tutti miti moderni in contraddizione con le esigenze psicologiche, affettive, fisiologiche e biologiche di tutti i bambini del mondo. Se queste informazioni non circolano quanto le altre, che di solito sono patrimonio comune, i genitori non avranno elementi per compiere scelte autonome e non saranno quindi consapevoli dei rischi a cui sottopongono i propri figli, soprattutto da un punto di vista affettivo. Certo che i bambini crescono lo stesso, se li si tiene per la maggior parte del tempo nei contenitori che l'industria inventa di continuo per sostituire i genitori[25] quali box, sdraiette, balla-balla, girelli; e anche insieme a registratori della voce della mamma, dispensatori di ninne nanne e musica classica e via dicendo. I bambini crescono, anche con qualche pianto in più, ma qual è il prezzo da pagare per l'esempio di separazione e di mancanza di relazione che abbiamo dato loro? Per averli lasciati in preda alla mancanza di contenimento dei loro stati affettivi, da regolare con la presenza fisica del genitore o di un adulto che si prenda cura di loro? Non basta dire che la società va in una direzione opposta, che il lavoro chiama e la sveglia suona ogni mattina e che le madri sono in difficoltà: sono le istituzioni e la società che si devono adeguare, non i bambini che della società rappresentano il futuro!

A questo proposito Gerhard scrive: "Per la maggior parte delle donne che hanno un senso di identità che si fonda sulla loro vita professionale, [diventare madre] è un adattamento assai difficile. Nelle ultime decadi un crescente numero di neomadri è ritornato al lavoro lasciando la cura dei loro bambini ad altri, non importa quanto ciò le abbia fatte sentire lacerate o quanto esse sentano la loro mancanza quando sono al lavoro. Questa condotta è stata sancita dai politici. [...] Tuttavia la marea può cambiare. [...] Non sono i bisogni [dei bambini] a essere falsi, ma le modalità con cui organizziamo le nostre vite attorno a questi bisogni che si trasformano in una tirannia"[26].

25 Cozza G., *op. cit.,* 2008.

26 Gerhardt S. *op. cit.*

Anche Mieli ci fa notare che "è ben difficile che considerazioni di tipo affettivo entrino in gioco e vengano tenute in conto quando si parla di economia, ecologia, lavoro, precarietà, sviluppo, guerra, pace, ecc. Per quanto possa apparire paradossale in una cultura così fiera delle proprie conoscenze e risorse scientifiche, solo in tempi relativamente recenti si è arrivati a comprendere e teorizzare l'importanza e la centralità dei legami affettivi e ad approfondirne l'indagine scientifica. [...] Oggi la moderna neurobiologia, insieme alle scoperte rese possibili dall'uso dello strumento ecografico, hanno confermato l'importanza e la precocità del legame affettivo, ne hanno chiarito la centralità per la sopravvivenza della specie da un punto di vista sia fisico sia emotivo e ne hanno sottolineato l'influenza determinante per lo sviluppo successivo dell'individuo. Anche gli studi etologici e antropologici confermano la comparsa e la prevalenza della preoccupazione materna e solidale come carattere [...] a garanzia della sopravvivenza [della specie] e della sua qualità"[27].

In fondo, che cosa è indispensabile per la nostra sopravvivenza? Quale è la condizione necessaria e sufficiente per il proseguire della specie? È scritto nel codice genetico e nella secrezione ormonale di tutti noi: l'amore! Gli affetti e un atto d'amore determinano la creazione della nuova vita, attraverso il concepimento. Non dobbiamo trascurarlo.

Per concludere, vorrei accennare all'eventuale pericolosità del dormire insieme ai propri figli nel lettone. Questo dibattito è molto acceso e le posizioni degli esperti sono spesso in contraddizione fra loro.

McKenna puntualizza come "il sonno condiviso sia un'esperienza positiva per tutti i membri della famiglia di un bambino allattato al seno e [...] non dovrebbe essere considerato fonte di alcun pericolo purché i genitori prendano le seguenti precauzioni:

- I genitori non dovrebbero dormire con i loro figli se sono obesi, fumatori e se hanno assunto alcol o droghe.
- Tra il materasso e il bordo del letto non ci devono essere varchi.
- Non ci dovrebbero essere cuscini soffici o coperte morbide vicino al viso del bambino.

27 Mieli G., *op. cit*, Apogeo, 2009.

- Non ci dovrebbe essere spazio tra il letto e il muro per evitare che il bambino rotoli in quella direzione e rimanga intrappolato.
- Il bambino non dovrebbe essere messo a dormire a pancia in giù[28], né su di un fianco.

Le recenti indicazioni diffuse dal Centro di Riferimento Regionale per lo studio e la prevenzione della SIDS dell'Ospedale Meyer di Firenze parrebbero contraddire McKenna circa il cosleeping e l'allattamento al seno come aspetti preventivi di SIDS, in quanto suggeriscono (traendo queste indicazioni dalla più aggiornata letteratura sull'argomento) comportamenti quali non far dormire i bambini nel letto dei genitori e utilizzare il ciuccio dopo il primo mese di vita, senza restituirlo al bambino se lo rifiuta.

L'associazione IBFANITALIA[29] che si occupa di protezione dell'allattamento e dell'alimentazione infantile e fa parte dell'International Baby Food Action Network, pubblica "Occhio al Codice!", un bollettino di aggiornamento con le ultime novità sulle violazioni al Codice Internazionale sulla Commercializzazione dei Sostituti del Latte Materno OMS/UNICEF[30]. Nel numero di luglio 2010[31] si fanno notare presunti interessi economici su cui si baserebbe la specifica indicazione dell'utilizzo del ciuccio per addormentare i bambini.

In realtà, tale indicazione si riferisce ai recenti studi di Mitchell[32] e di altri autori[33] apparsi sulla prestigiosa rivista "Pediatrics", e risulta evidente

28 McKenna J., *L'evoluzione del sonno del neonato*, intervento al convegno de La Leche League International, 1997 disponibile al link: http://www.lllitalia.org/index.php?option=com_content&task=view&id=81&Itemid=36

29 www.ibfanitalia.org

30 http://www.ibfanitalia.org/codice.html

31 Scaricabile in PDF al link: http://www.ibfanitalia.org/Documenti/occhio_al_codice_lug10.pdf

32 Mitchell E. A, Blair P. S, L'Hoir M. P, *Should Pacifiers Be Recommended to Prevent Sudden Infant Death Syndrome?,* "Pediatrics" Vol. 117 No. 5 (2006), pp. 1755-1758.

33 Fern R. Hauck, *Pacifiers and Sudden Infant Death Syndrome: What Should We Recommend?*, "Pediatrics" Vol. 117 No. 5 (2006), pp. 1811-1812.
Stuebe A., Lee K., *The Pacifier Debate,* "Pediatrics" Vol. 117 No. 5 (2006), pp. 1848-1849. Calonge N., Petitti D., *The Pacifier Debate,* "Pediatrics" Vol. 117 No. 5 (2006), pp. 1849-1850. Olanrewaju O. Omojokun, Mir S. Siadaty, *The Pacifier Debate: In Reply,* "Pediatrics" Vol. 117 No. 5 (2006), pp. 1850-1853.

come abbia dato luogo a un'accesa discussione in proposito, che non pare ancora conclusa. In letteratura, esistono anche due articoli molto esaustivi di McKenna[34] che sembrano chiarire ogni dubbio circa la sicurezza del condividere il letto dei genitori con i bambini e sulla sua correlazione sia con l'allattamento al seno, sia con l'uso del ciuccio e dell'allattamento artificiale. L'autore spiega chiaramente come l'equivoco nasca dal non distinguere i vari tipi di sonno condiviso e dal non dare sufficientemente risalto alle indicazioni di sicurezza relative al tipo di letto e alle condizioni fisiche dei genitori; inoltre, essendo il ciuccio un sostituto del seno materno e non viceversa, non si capisce come possa essere migliore del capezzolo. Sembra che la prevenzione sia l'atto della suzione in sé, non quello di avere in bocca il ciuccio invece del seno materno! Se poi si vanno a confrontare le percentuali di sonno REM e NREM, si nota (come abbiamo già visto) come le prime siano maggiori nei bambini che dormono con le loro madri, elemento di per sé già preventivo della SIDS. McKenna, inoltre, fornisce convincenti argomentazioni su base antropologica e neurobiologica, che evidenziano come in tutte le società in cui il *cosleeping* è pratica comune, i tassi di SIDS siano i più bassi del mondo. Anche le pediatre italiane Moschetti e Tortorella si esprimono a questo proposito affermando: "Il dormire insieme nello stesso letto può costituire un rischio per il bambino piccolo ed è da evitarsi solo in alcuni casi: madri fumatrici, dedite alle droghe, sottoposte a farmaci pesantemente sedativi, obese con disturbi del sonno o quando si dorme insieme su divani, poltrone o letti ad acqua. In questi casi è opportuno che il piccolo non condivida mai il letto con la madre, ma che dorma con la culletta affiancata al letto della madre. Quando non ci sono questi problemi non esistono prove convincenti di rischio nel dormire insieme e il piccolo può dormire nel lettone se lo desidera e fin quando lo desidera"[35].

34 McKenna, J., Ball H., Gettler L., *Mother-infant Cosleeping, Breastfeeding and SIDS: What Biological Anthropologists Have Learned About Normal Infant Sleep and Pediatric Sleep Medicine*, "Yearbook of Physical Anthropology" No. 50 (2007), pp. 133-161. McKenna, J., McDade, T., *Why Babies Should Never Sleep Alone: A Review of the Co-Sleeping Controversy in Relation to SIDS, Bedsharing and Breastfeeding*, "Paediatric Respiratory Reviews" No. 6 (2005), pp. 134-152.

35 Moschetti A., Tortorella M. L., *Come dormono i bambini*, speciale della rivista "Un pediatra per amico" (UPPA), No. 5, 2006.

Le stesse autrici poi hanno preso parte a un'importante ricerca italiana, promossa dall'Associazione Culturale Pediatri (ACP) delle regioni Puglia e Basilicata, che ha studiato il sonno di 1438 bambini tra il gennaio 2004 e il gennaio 2007. I risultati[36] evidenziano come il 72% dei bambini tra un mese e tre anni abbia bisogno della presenza del genitore per addormentarsi, e la maggior parte di loro (67%) richieda proprio il contatto fisico. Inoltre, tra un mese e tre anni l'86% dei bambini dorme insieme ai genitori (in camera o nel lettone); ma a tre anni 1 su 5 già dorme da solo nella sua cameretta. Anche il dott. Gherardo Rapisardi, Direttore dell'U.O. di Pediatria e Neonatologia dell'Ospedale Santissima Maria Annunziata di Bagno a Ripoli (FI), nel 1995 ha effettuato uno studio secondo cui dopo i 5 anni sono pochissimi i bambini che dormono ancora nel lettone[37]. Lo stesso autore chiarisce inoltre che "Studiare il comportamento infantile all'interno dei confini di una sola cultura comporta il rischio di considerare *fisiologico* e *naturale* ciò che in realtà è il frutto di adattamento ed apprendimento culturalmente indotti. Le condizioni in cui nella nostra società è normalmente richiesto ad un bambino di addormentarsi e di dormire per tutta la notte, cioè da solo nel proprio letto e nella propria stanza, con i genitori che dormono insieme nel lettone in un'altra stanza, sono una caratteristica peculiare della nostra società e dei nostri tempi e rappresentano una rivoluzione nelle abitudini del sonno nella storia dell'uomo."[38]

La valutazione di questi dati mostra la naturale e spontanea tendenza dei bambini verso una certa autonomia nel sonno, senza dover ricorrere a metodi o sostanze varie per arrivare a tale traguardo. Non si capisce quindi perché continuare a negare l'evidenza; forse la questione riflette quanto ho trattato nel primo capitolo di questo volume e cioè la maggiore considerazione in cui è tenuta la ricerca medica nei confronti degli altri indirizzi di ricerca, fra cui quello antropologico.

36 Moschetti A., Tortorella M. L., *Sonno e sogni d'oro,* speciale della rivista "Un pediatra per amico" (UPPA), No. 5, 2009.

37 Rapisardi G., Ammannati V., Begliomini C., Bettucci E., Campanile P., Cecchi R., Marchese E., Milanesi A., Orzalesi S., Pierattelli M., Solito E., Vessella P, *Il sonno e le sue variabili nei bambini in età prescolare*, "Quaderni ACP" 1995; 2 (2), 11-12.

38 Rapisardi G., Donzelli G. P., *Il sonno dei bambini e le preoccupazioni dei genitori,* "Bambini" 1989; 5 (1): 41-3.

McKenna fa notare un altro aspetto di fondamentale importanza: con gliare di dare il ciuccio a un bambino che in realtà vuole il seno e ignorare il suo bisogno di contatto, significa suggerire alla mamma un comportamento che contrasta con le proprie risposte istintive; questo potrebbe avviare in lei un pericoloso meccanismo di svalutazione delle proprie capacità materne. McKenna insiste: "Il messaggio che ingiustamente diamo loro è: non importa chi siate e cosa facciate, il vostro corpo che dorme è potenzialmente un'arma letale su cui né voi né il vostro bambino avete alcun controllo. Se questo fosse vero, nessun essere umano sarebbe qui oggi a discutere su questo, perché l'unica ragione per la quale siamo sopravvissuti è perché le nostre madri ancestrali hanno dormito accanto a noi e ci hanno allattato tutte le notti!"[39].

Attenzione quindi a libri, cibi e dispositivi vari che l'industria prontamente mette in commercio, dando l'illusione ai genitori di poter risolvere un problema che di fatto non esiste.

Non è questa la sede per inoltrarci ulteriormente nel dibattito, ma penso che sia importante sottolineare, di nuovo, come le cure prossimali e la ricerca di contatto siano per il bambino un'esigenza di sopravvivenza e per la madre un istinto da seguire, senza paura di danneggiare in alcun modo il proprio cucciolo. La ricerca scientifica aiuta sicuramente il progresso ma non è una scienza esatta, perciò non si può trascurare ciò che abbiamo sotto gli occhi ogni giorno: mamme e bambini hanno bisogno di stare vicini, di giorno e di notte. La qualità del sonno, ma soprattutto della relazione fra loro, non potrà che giovarne, specialmente se tutto questo è condiviso in serenità con gli altri membri della famiglia, se si conoscono le motivazioni fisiologiche su cui si basa tale comportamento e se tutto si svolge rispettando le norme di sicurezza appena esposte.

39 McKenna J., Joyce E. P., *Cosleeping and Biological Imperatives: Why Human Babies Do Not and Should Not Sleep Alone*, 2008, articolo scaricabile al link: http://www.naturalchild.org/james_mckenna/biological.html#1267945448

I rischi psicofisiologici di far piangere i bambini per farli dormire come adulti

"Di cosa ha bisogno un bimbo piccolo? Non solo di cibo, ma di contatto fisico — di pelle, di odore e di calore — con la madre. Il neonato che ha appena finito di succhiare e dopo qualche minuto nella culla si rimette a piangere, gettando nel panico i genitori, non ha solo 'le coliche'. Più profondamente, ha bisogno di contatto."
Alessandra Graziottin, sessuologa.

Esiste una nota[40], pubblicata dall'Associazione Australiana per la Salute Mentale Infantile (AAIMHI), sugli effetti dannosi del lasciar piangere i bambini durante l'addormentamento o al risveglio. L'articolo in questione si riferisce al pianto associato al sonno e ai metodi che pretendono di far dormire i bambini utilizzando *l'estinzione graduale*, cioè una tecnica comportamentale diretta a modificare i comportamenti considerati patogeni. Il pianto rientrerebbe tra questi comportamenti indesiderati e modificabili attraverso apprendimenti che gradualmente lo rendono inutile. Infatti è proprio questo il risultato che i metodi in questione ottengono: non che il bambino non si svegli, bensì che non usi più il pianto per richiamare il genitore in caso di necessità.

In pieno accordo con quanto sostengono McKenna e Sears, che è stato esposto nel precedente paragrafo, la nota dell'AAIMHI ribadisce che:

- Il pianto dei bambini è sempre un'indicazione di stress o di disagio emotivo. Non rispondere al pianto dei bambini (ovvero evitare di confortarli) insegna ai bambini a non cercare un conforto emotivo quando sono in una situazione di disagio. Questo vuol dire che perdono fiducia nelle figure parentali e nella relazione che si instaura con loro.
- Intorno ai sei mesi di vita i bambini sperimentano l'ansia da separazione. Questo vuol dire che devono elaborare il concetto che se la madre (o altra figura parentale di riferimento) si allontana, poi ritornerà e loro non verranno lasciati soli. Questo processo di elaborazione può durare diversi

40 AAIMHI, Position Paper 1: Controlled Crying, (2004) Articolo disponibile al link: http://www.aaimhi.org/documents/position%20papers/controlled_crying.pdf

mesi, ma è essenziale per il loro equilibrio anche in età adulta.

- I bambini normalmente hanno bisogno dei genitori per essere confortati di notte fin circa ai tre-quattro anni (alcuni prima, altri dopo, dipenderà dal bambino) e questo non può essere etichettato come disturbo del sonno.
- I bambini svilupperanno un attaccamento tanto più sicuro quanto più la loro richiesta di conforto e rassicurazione verrà soddisfatta dai genitori, sia di giorno sia di notte.
- Per un genitore, sentire il proprio figlio che piange in maniera incontrollata e non intervenire per calmarlo e rassicurarlo è una forte fonte di stress.

Da un punto di vista psicologico, il pianto ignorato rappresenta una mancanza di efficacia del segnale che i bambini da sempre utilizzano per comunicare con i propri genitori o con chi si prende cura di loro, e può creare in loro sensazioni di inadeguatezza circa la propria capacità di esprimere paure e disagi, e di riceverne regolazione emotiva dall'adulto. A questo proposito Gerhardt scrive: "L'essere costantemente ignorati quando si piange è particolarmente pericoloso, perché alti livelli di cortisolo (un ormone prodotto in situazioni di stress) nei primi mesi possono anche incidere sullo sviluppo di altri sistemi di neurotrasmettitori i cui percorsi devono ancora essere stabiliti. Essi sono ancora immaturi e non pienamente sviluppati persino dopo lo svezzamento. Infatti il ritmo normale di produzione di cortisolo ha un picco la mattina al risveglio e ci vuole quasi tutta la prima infanzia (fino ai quattro anni circa) per stabilire un andamento adulto della quantità di cortisolo, alta la mattina e bassa la sera"[41]. Inoltre, sempre la stessa autrice fa notare come "si è scoperto che coloro che hanno avuto un costante contatto fisico, sono stati spesso tenuti in braccio e hanno ricevuto molta attenzione durante la prima infanzia, da adulti hanno un'abbondanza di recettori del cortisolo. Ciò significa che possono facilmente gestire lo stress"[42].

Anche le ricerche di James W. Prescott[43], neuropsicologo americano, effettuate su 49 culture del mondo, hanno dimostrato come esista una corre-

41 Gerhardt, *op. cit.*

42 *Ibidem.*

43 Prescott J. W., *Body pleasure and origins of violence,* estratto da: "The Bulletin of The Atomic Scientists", November 1975, pp. 10-20.

lazione tra soddisfazione del bisogno del contatto da piccoli e aggressività da adulti. Questo autore evidenzia che minori sono le espressioni tattili di un popolo come abitudine di accudimento dei bambini e maggiori sono i tassi di aggressività degli adulti.

Anche l'Associazione Culturale Pediatri si è espressa a sfavore del metodo dell'estinzione graduale[44] concludendo che questo metodo è efficace a breve ma non a lungo termine. Inoltre concorda con la posizione appena esposta dell'AAIMHI circa le possibili conseguenze psicologiche negative di questa tecnica.

Alimentazione infantile e sonno

Quando si discute del sonno dei bambini, si trascura spesso il suo rapporto con l'alimentazione. Esistono alimenti che possono favorire o rendere più difficile il sonno dei bambini, non tanto per difficoltà digestive quanto per la loro influenza sul sistema nervoso. Sears conferma che "ciò che il bambino mangia e il modo in cui viene servito può avere una profonda influenza sul suo modo di dormire".

Il primo alimento che favorisce il sonno del neonato è ovviamente il latte materno. Di recente è stato pubblicato uno studio[45], condotto da ricercatori dell'Università dell'Extremadura (Spagna), che ha chiarito come il latte materno aiuti il bambino a prendere sonno. In questo studio è stata analizzata la composizione del latte nel corso della giornata, dimostrando che essa varia significativamente nell'arco delle ventiquattro ore. In particolare i nucleotidi, importanti regolatori del sonno nei bambini, sono più abbondanti durante la notte.

Quando, in seguito, si inizierà l'alimentazione complementare all'allattamento, sia materno sia artificiale, bisognerà fare attenzione alle dosi dei seguenti alimenti e alle conseguenti reazioni dei bambini in seguito alla loro assunzione:

44 Tortorella M. L., Moschetti A., D'Erasmo S., *L'estinzione graduale risolve i problemi di sonno nei bambini?*, "Quaderni ACP", Vol. 13 No. 6 (2006), pp. 264-266.

45 Sánchez, Cristina L. et al., "*The possible role of human milk nucleotides as sleep inducers*". "Nutritional Neuroscience" Vol. 12(1):2-8. 2009.

- Cibi contenenti zucchero bianco raffinato e coloranti o additivi artificiali. Queste sostanze possono influire sull'attenzione, sull'umore e sul sonno dei bambini. Possono provocare un abbassamento dei livelli di glicemia che può provocare il risveglio durante il sonno[46].
- Cibi contenenti glutammato monosodico e aspartame, rispettivamente un insaporitore presente in gran parte degli alimenti industriali destinati anche ai bambini, e un dolcificante sostitutivo dello zucchero. Entrambi hanno una elevata capacità di iperstimolazione delle cellule nervose, tale da provocarne la rapida distruzione. Perciò attenzione a salumi, soprattutto il prosciutto cotto, bibite zuccherate, pietanze pronte, merendine, patatine, snack e bibite zuccherate o *light*. Anche i grassi vegetali idrogenati (margarine) sono presenti nella quasi totalità dei cibi industriali e di pasticceria fresca.[47]
- Cibi contenenti mercurio, un metallo pesante che può influire sul sistema nervoso, presente soprattutto nel pesce allevato e di grandi dimensioni, in particolare tonno, salmone e pescespada.

Esistono invece cibi che possono favorire il sonno, in quanto contenenti sostanze che aiutano la sintesi di triptofano, un amminoacido naturale precursore della dopamina, importante neurotrasmettitore. Questi cibi sono: formaggio, latte, carne di vitello e uova. I carboidrati e il calcio rendono più efficace il triptofano. Perciò, quando i bambini dichiarano di avere fame poco prima di dormire, se non sono più allattati, si può dar loro: latte caldo non zuccherato, eventualmente dolcificato con poco miele o fruttosio o zucchero integrale di canna non raffinato o malto di riso, formaggi freschi e pane preferibilmente integrale, cereali e frutta, yogurt bianchi interi non zuccherati, eventualmente con l'aggiunta di frutta a pezzi, frutta fresca.

Lo sforzo che si chiede alle mamme è quello di leggere le etichette di ciò che propongono ai figli, e di provare a fare la spesa con un po' più di attenzione a ciò che finisce nel carrello. Quella che sulle prime può sembrare una fatica, dopo poco risulterà un investimento per la salute di tutta

46 Sears W. *op. cit.*

47 Scoglio S., *Non è colpa dei bambini,* Macro Edizioni, 2007.

la famiglia. Se si vive in città, oggi è facile trovare Gruppi di Acquisto Solidale (GAS) e supermercati biologici che uniscono la qualità alla praticità di avere alimenti naturali subito disponibili, senza dover andar per forza a cercarli fuori dalle aree urbane.

Igiene del sonno, ovvero: piccoli consigli per notti più serene

Nella mia attività di consulenza per genitori o nei gruppi dopo-parto, mi trovo spesso a confrontarmi sui comportamenti migliori per favorire il sonno dei propri bambini. Su alcuni non sempre c'è chiarezza e spesso bastano piccoli accorgimenti perché la qualità del sonno aumenti a favore di tutti.

Vediamone alcuni, solo per dare spunti di riflessione al lettore, senza alcuna pretesa di stilare una lista risolutiva. Le prime tre raccomandazioni sono di solito suggerite dai pediatri come fattori di prevenzione della SIDS:

- Temperatura: in inverno la temperatura in casa dovrebbe essere compresa fra i 18 e i 20 gradi centigradi e il bambino non dovrebbe essere troppo coperto. Basta un pigiamino e una coperta, mai mettergli cuffie e cappelli.
- Non esporre il bambino a fumi di nessun genere: di sigaretta o di sigaro (anche il fumo passivo può essere dannoso), di stufe o camini. Semmai, prima che si addormenti, aerare la stanza dove dormirà.
- Mettere il bambino a dormire sulla schiena, se neonato o lattante, mai sul fianco (si è visto che questo aumenta di circa tre volte il rischio di SIDS) o a pancia in giù.
- Non far agitare il bambino prima di dormire, con corse, giochi e salti sul letto, ma favorire rituali che facilitino il rilassamento: leggere libri e filastrocche, abbassare le luci, spegnere la televisione e tutto ciò che può catturare l'attenzione del bambino impedendogli di rallentare le proprie attività cerebrali.
- Rassicurare il bambino su ciò che succede in casa quando lui dorme e su cosa avverrà al suo risveglio.
- Importante anche non sovrastimolare il bambino durante la giornata. Non serve inventarsi altri stimoli, l'ambiente domestico e i luoghi dove portia-

mo abitualmente i nostri bambini hanno già in sé tutto ciò che è necessario per la loro crescita.

- Tenere conto di ciò che è successo durante il giorno: non tutte le giornate sono uguali, e diverse possono essere le conseguenze notturne di ciò che è avvenuto in famiglia o a scuola.
- Ascoltare tutto ciò che il bambino ci comunica durante il suo addormentamento e fornirgli sicurezza e contenimento emotivo se dimostra difficoltà.

VI

Fiumi di latte, correnti d'amore

Allattamento fra natura e cultura

"L'altro giorno mi sono sentita dire... ma quando glielo togli il vizio della tetta? La tetta è un vizio? Ma dove siamo arrivati?"
Ilaria, mamma di Nicolò

"Io non ho mai detto a una mamma che ha dato latte artificiale alla sua creatura: 'Ma perché... Ma non ti vergogni?' o qualsiasi altro brutto commento... Io invece per due anni e mezzo mi sono sentita dire cose irripetibili... Ho letto nei visi quell'espressione di disgusto nel sapere che allattavo ancora... È chi non ha allattato che discrimina e offende anche pesantemente chi allatta."
Claudia, mamma di Francesco

"Allatto Tobia sul lettino in spiaggia, passa una bambina curiosa con la nonna. Chiede: 'Come mai fa così quel bimbo?' Io rispondo: 'Non fa nulla di strano, i bimbi piccoli bevono il latte dal seno della loro mamma.' Lei: 'Non bevono dal biberon?' La nonna: 'La signora, tesoro, è fortunata, non come tua mamma a cui non è venuto il latte!'"
Alessia, mamma di Emma e Tobia

"Parecchie persone che ho intorno pensano che ormai l'allattamento non è più una cosa naturale, il biberon lo è molto di più. Quindi, se un bimbo ha 3 anni e prende ancora ciuccio e biberon nessuno fa una piega... Eppure questo magico biberon è un'invenzione decisamente recente! Come pensano che si facesse prima?! E non dico 1000 anni fa! Il bisogno di suzione nel bambino esiste e questo è un dato di fatto. Se io desidero assecondare questo bisogno ho 2 scelte:

1) il biberon e il ciuccio;
2) il seno.
La prima è una scelta 'artificiale'; la seconda una scelta 'naturale'.
Chissà perché invece sembra sempre che sia il contrario:
è innaturale, dannoso, immorale allattare al seno un bimbo che non è più un neonato. È naturale, scontato e ovvio che un bimbo di uno o due anni usi ciuccio e biberon. Peccato che nessuno rifletta mai sulla assurdità di queste affermazioni..."
Annalisa, mamma di Alice e Federico

Mai come adesso l'allattamento al seno rispecchia i paradossi della nostra società. Sembra che allattare al seno sia una scoperta recente e improvvisa, un vantaggio imprevisto da divulgare e incentivare. L'allattamento al seno è, semplicemente, la norma biologica che la natura ha stabilito da centinaia di migliaia di anni come alimento esclusivo per i neonati. Questa è la caratteristica che accomuna tutti i mammiferi: essere allattati dal seno della propria madre fornisce il nutrimento necessario e sufficiente *da solo* per la sopravvivenza nei primi mesi di vita. La specie umana è la sola in cui per cultura, interesse e necessità si è creato un sostituto del latte materno che a tutti gli effetti ne è una protesi[1], un'imitazione mai perfetta. La composizione del latte di mamma infatti cambia di continuo, anche all'interno della stessa poppata, oltre che nei mesi e negli anni. Con un solo aggettivo si può affermare che il latte di donna è *vivo,* mentre il latte artificiale, lo dice la parola stessa, è costruito, formulato, adattato, mai uguale all'originale. Spesso anche nelle immagini che consideriamo "normali" come questa qui sotto[2], si vedono bambini che tengono da soli il biberon.

1 Braibanti L., *op. cit.*

2 Fonte: http://italiano.istockphoto.com/file_search.php?action=Browse&Cache=82962f59ca4056 69dae5db906d0c536b&page=4

Ciò è possibile in quanto si tratta di un oggetto, come il ciuccio, che sostituisce una persona. Ovviamente, a qualsiasi età, è impossibile che un bambino prenda il latte dal seno di sua madre stando solo! Ciò mette in evidenza che l'allattamento al seno non è soltanto una questione nutritiva e che le dimensioni relazionali e affettive hanno un valore tutt'altro che trascurabile, qualsiasi sia l'età del bambino allattato. Chiunque dia il biberon a un bimbo può certamente abbracciarlo e cullarlo trasmettendo tanto amore: ma così come il latte materno non è uguale al latte formulato, anche l'esperienza di contatto fisico non sarà identica poiché in quest'ultimo caso sarà mediata da vestiti e plastica.

Non è certo mia intenzione colpevolizzare le mamme che non allattano, o considerarle mamme "di serie B". Anzi, penso che il latte artificiale sia un prodotto industriale molto importante, in caso di effettiva necessità o di una scelta familiare consapevole e informata. Desidero soltanto mettere in evidenza come la nostra cultura sia condizionata a valutare il biberon come un oggetto di normale accudimento dei bambini. In realtà, allattare il proprio bambino al seno è possibile per la quasi totalità delle mamme. Si può certo scegliere di non allattare e nessuno può giudicare una mamma per questo. Bisognerebbe però capire i motivi di tale scelta. Nella mia esperienza le mamme che interrompono l'allattamento al seno in genere non hanno ricevuto informazioni sufficienti, corrette e aggiornate in gravidanza, né sostegno adeguato dopo il parto, soprattutto da parte dei pediatri e dei familiari. Questo accade perché la formazione dei pediatri sulla fisiologia dell'allattamento è spesso insufficiente e i loro aggiornamenti sono, per la maggior parte, organizzati e finanziati dalle industrie farmaceutiche e/o produttrici di latte artificiale.

Una recente indagine[3] condotta dall'ISPO ha evidenziato che le mamme considerano fondamentale per l'allattamento al seno il sostegno psicologico del partner (61%), poi dei nonni del bambino (46%) e per ultimo del pediatra (34%). Inoltre, il 27% delle mamme ha dichiarato che, se avesse avuto un sostegno maggiore da parte del pediatra, avrebbe forse potuto allattare un po' più a lungo. Questi dati sono di nodale importanza per capire

3 L'ISPO (Istituto per gli Studi sulla Pubblica Opinione) nel 2008 ha pubblicato i risultati dell'indagine denominata "*La cultura dell'allattamento al seno tra le mamme in Italia*" condotta per conto della Società Italiana di Pediatria. A questa ricerca hanno partecipato circa 3000 donne appartenenti a tutto il territorio nazionale attraverso questionari sulla loro esperienza di allattamento.

cosa porta una mamma italiana a smettere o continuare l'allattamento al seno. Risulta chiaro che allattare è un'esperienza che coinvolge tutta la famiglia, che le donne hanno la necessità di essere sostenute dai familiari, soprattutto dal partner, ma anche di trovare pediatri motivati e aggiornati sulla fisiologia dell'allattamento.

Uno dei luoghi comuni della nostra cultura vuole che l'allattamento sia "roba da donne". L'indagine appena citata mette, finalmente, nero su bianco quello che ogni mamma sa: il ruolo del partner è tutt'altro che marginale. Come ho già suggerito nel primo capitolo di questo libro, i padri possono avere una funzione simile a quella che aveva la placenta in gravidanza: proteggere madre e neonato e fungere da filtro nei confronti dell'ambiente esterno. Spesso i papà non sono abbastanza informati sull'allattamento e ne sottovalutano l'importanza, dando più fiducia al biberon che alla capacità delle loro compagne di nutrire il neonato. Oppure durante le poppate si sentono a disagio o addirittura esclusi, come se il legame che si crea tra madre e bambino non li comprendesse. Dopo aver aspettato nove lunghi mesi di gravidanza, è più che lecito che i padri abbiano voglia di tenere con sé i bambini o che non si aspettino poppate tanto frequenti e irregolari. Spesso questo si traduce nel proporre alla compagna il biberon per darle la possibilità di "riposare" dalle fatiche di gravidanza e parto, ma anche per poter nutrire di persona i propri figli. Anche questo è frutto di una cultura che considera l'allattamento soltanto dal punto di vista alimentare. Allattare è invece un gesto che si integra profondamente all'interno della famiglia e che mette in gioco dimensioni di cambiamento e disponibilità affettiva di tutti i membri che la compongono. Se fosse chiaro che ciclo mestruale, concepimento, gravidanza, parto e allattamento sono fasi integrate e naturali del processo riproduttivo di ogni donna, forse sarebbe più facile accettarne la normalità e sostenere una mamma che allatta, a prescindere dall'età del suo bambino.

Anche le ostetriche sono una risorsa molto importante per le mamme durante l'allattamento. Di solito però, le mamme le interpellano solo per poco tempo: durante la degenza ospedaliera postparto, o nelle prime settimane a casa. Nel nostro Paese è poco comune che ci si rivolga a loro nel corso dei mesi successivi; in genere il punto di riferimento, dopo il primo mese di vita del bambino, è il pediatra. Questo accade perché la maggior parte delle ostetriche territoriali ha margini temporali molto limitati per un'assistenza individuale e domiciliare al di fuori della struttura a cui appartiene; vengono organizzati, di conseguenza, incontri di gruppo a cui però non tutte le donne possono partecipare. Inoltre le ostetriche che esercitano la libera professione sono poche e non sempre ben distribuite sul territorio regionale. Per poter aiutare le mamme nel miglior modo possibile sarebbe auspicabile che il numero delle ostetriche territoriali aumentasse e che si instaurasse una maggiore collaborazione fra loro e i pediatri di famiglia.

Esistono anche altri esperti molto competenti a cui rivolgersi. I più qualificati sono i consulenti IBCLC[4], una figura di professionista sanitario specializzato nella gestione clinica dell'allattamento al seno. I consulenti IBCLC non solo hanno già esperienza in materia ma hanno sostenuto e superato l'esame IBLCE (*International Board of Lactation Consultant Examiners*). Ricoprono posizioni diverse negli ambiti più disparati: ambulatori ospedalieri, consultori ASL, studi pediatrici privati. Possono provenire dalle file del volontariato o da professioni sanitarie: come è il caso di ostetriche, nutrizioniste e psicologhe.

Anche La Leche League[5] (LLL), Lega per l'Allattamento Materno, offre consulenti (mamme volontarie con esperienza personale di allattamento) opportunamente formate. È un'organizzazione di volontariato internazionale, assistenziale, apartitica, aconfessionale, senza scopo di lucro, fondata nel 1956, presente in 68 Paesi del mondo con circa 9000 consulenti disponibili per le mamme.

In Italia esistono anche altre associazioni di *peer counselor* (consulenti alla pari) che svolgono attività di formazione e di consulenza per le mamme.

Sempre nel nostro Paese il Movimento Allattamento Materno Italiano[6] (MAMI) sta operando da anni per promuovere più cooperazione a livello regionale e nazionale, per fare rinascere e sostenere una cultura globale

4 Si consultino i siti: www.aicpam.org e www.allattare.net per individuare le consulenti IBCLC della propria zona, per consulenze gratuite on line, o per informazioni, articoli e libri sempre aggiornati sull'allattamento.

5 Il sito de La Leche League Italia è: www.lllitalia.org; anche qui si possono trovare le consulenti più vicine alla propria residenza, consulenze on line, una vasta scelta di libri e articoli.

6 Per ulteriori informazioni e per sostenere l'attività del MAMI consultare il sito www.mami.org

favorevole all'allattamento materno. Il MAMI intende inoltre diffondere informazioni e creare reti operative; costruire legami fra tutti i promotori dell'allattamento materno (gruppi di base e singoli operatori, agenzie dell'ONU, organi di governo e organizzazioni non-governative); rafforzare e coordinare attività già esistenti per aumentarne l'impatto; stimolare e sostenere sforzi nuovi e collaborativi. In sostanza il MAMI è una rete in cui possono entrare tutti coloro che si occupano di allattamento, per unire le forze e perseguire obiettivi comuni.

Qualcuno potrebbe domandarsi a questo punto: "Perché tanto bisogno di consulenza se allattare è la cosa più normale del mondo?"

Questo accade perché viviamo in una cultura figlia della diffusione del latte artificiale, che negli anni '60 del secolo scorso ne ha fatto un segno dell'emancipazione femminile e un facile guadagno per le industrie produttrici. La conseguenza diretta è che le mamme sono state dissuase dai pediatri con giustificazioni del tipo: "Il suo latte ormai è acqua" oppure "Allattare sciupa il seno". Proprio in quegli anni sono nati molti dei pregiudizi che tuttora restano fra noi; per esempio, contrariamente a quanto si crede, le mamme che non possono davvero allattare sono una percentuale bassissima, inferiore al 5%[7]. Eppure nel pensiero comune si crede ancora che avere il latte dopo aver partorito sia una questione di fortuna, e che l'aggiunta di latte artificiale sia, prima o poi, inevitabile.

Per fortuna (questa sì che si può chiamare fortuna!) esistono anche pediatri informati. Scrive Lucio Piermarini, pediatra: "Fondamentalmente, l'allattamento al seno, anche dopo l'inizio dei cibi solidi, continua a essere un fatto privato fra madre e figlio e, a meno di espressa richiesta, noi pediatri dovremmo piantarla di metterci bocca"[8]. Afferma González: "Ho capito che l'allattamento non è uno strumento per garantire la salute, ma parte della salute stessa. L'allattamento non è uno sforzo e men che meno un sacrificio che la donna fa per il bene del figlio, ma una parte della sua stessa vita, del suo ciclo sessuale e riproduttivo. Un diritto che nessuno le può togliere. È un dono, sebbene sia difficile stabilire chi dà e chi riceve"[9].

7 Catanzani T., Negri P., *Allattare un gesto d'amore*, Bonomi, 2005.

8 Piermarini L., *Io mi svezzo da solo*, Bonomi, 2008.

9 Gonzàlez C., *op. cit.*, 2008.

Sempre lo stesso autore dichiara anche: "Le donne che allattano per più di un anno si scontrano spesso con l'incomprensione e il rifiuto dei familiari, amici e professionisti della salute. Accadde la stessa cosa mezzo secolo fa con le prime che portarono i pantaloni. Non importa, si abitueranno"[10].

L'allattamento al seno è un atto d'amore, come concepire e partorire un figlio o unirsi con il proprio uomo. Inoltre gli ormoni materni, coinvolti in ognuno di questi eventi – appartenenti alla vita sessuale di una donna –, sono sempre i medesimi. Afferma a questo proposito Odent: "L'attività sensoriale del seno e del capezzolo viene trasmessa, alla fine, ai neuroni del nucleo paraventricolare dell'ipotalamo, che è la sede della secrezione di ossitocina. Da un punto di vista ormonale, le similitudini tra il riflesso di eiezione del feto, il riflesso di eiezione dello sperma, l'orgasmo genitale femminile e il riflesso di eiezione del latte sono evidenti. In tutti gli eventi della vita sessuale è coinvolto lo stesso cocktail orgasmogenico. Questo cocktail include sempre una secrezione di ossitocina, l'ormone della calma e dell'amore, e una secrezione di morfine naturali, seguita dalla secrezione di prolattina"[11].

Nella nostra società si vede il seno materno soltanto come oggetto di attrazione sessuale senza considerarne la sua funzione primaria: produrre latte sempre disponibile, alla giusta temperatura, gratis, pulito, ecologico e perfetto per soddisfare le esigenze di ogni bambino che cresce.

Nessuno guarda un bambino grandicello che tiene in mano da solo il biberon o una merendina confezionata, ma tutti guardano lo stesso bambino se ciuccia dal seno di sua madre. Come sempre dobbiamo fare i conti con l'industria, con il consumismo alimentare, con la nostra cultura che separa mamme e bambini e con la struttura economica della nostra società che ha interesse nel far diventare l'allattamento una scelta, un privilegio, una fortuna, ma anche un ostacolo per la mamma che *deve* tornare a lavorare quando il bimbo ha pochi mesi. Si considera l'allattamento dal punto di vista culturale e non da quello fisiologico.

Quindi, anche per quanto riguarda la promozione dell'allattamento al seno, sembra proprio arrivato il momento di toglierlo "dal piedistallo" e farlo ritornare a essere, in piena semplicità, il modo normale di nutrire e

10 *Ibidem.*

11 Odent M., *La scientificazione dell'amore*, Apogeo, 2008.

accudire i nostri bambini. Forse è ora di smetterla di parlare dei benefici dell'allattamento, dei vantaggi, di quanto fa bene e di quanto, invece, può far male il latte artificiale. Le donne allattano perché appartengono ai mammiferi, tutto qui! E il latte artificiale è un sostituto del latte materno.

Il messaggio che il latte della mamma è vantaggioso rispetto a quello formulato dall'industria rischia di creare una lista di buoni e cattivi che può far sentire in colpa le mamme. Ci sono donne che istintivamente si difendono per il fatto di non essere riuscite ad allattare o aver scelto di non farlo. Sono mamme che dicono: "Non siamo mamme di serie B"; oppure: "Con l'artificiale crescono bene lo stesso". È la reazione a un contesto che sta mettendo troppo al centro dell'attenzione le mamme che allattano: quando il bimbo è piccolo, sei una mamma 'scarsa' se non lo allatti; quando il bimbo supera l'anno, sei una mamma iperprotettiva se lo allatti ancora. Alla fine dei conti, sono sempre le mamme che si sentono giudicate.

Adriano Cattaneo, epidemiologo, afferma a questo proposito: "Ci sono madri che si sentono in colpa perché non allattano, perché non allattano quanto desidererebbero, perché pensano che il figlio si sia ammalato per non essere stato allattato, perché sono tornate al lavoro e hanno smesso di allattarlo. Ma ci sono anche madri che si sentono in colpa perché allattano troppo spesso, o troppo a lungo, o perché tengono il bambino sempre con sé, ci dormono addirittura assieme. [...] Che fare per superare i sensi di colpa? Coloro che aiutano le madri ad allattare devono innanzi tutto mettersi su un piano di parità, evitare atteggiamenti autoritari o paternalistici, aiutare le madri a prendere decisioni informate, senza decidere per loro. E le informazioni che forniscono devono da un lato essere corrette, aggiornate e indipendenti, dall'altro devono puntare sul come. Dire a una madre: 'Puoi (o peggio, devi) continuare ad allattare in maniera esclusiva quando rientri al lavoro' senza dirle quali sono i suoi diritti di lavoratrice, come spremere, somministrare e conservare il suo latte, come continuare ad allattare il figlio fuori dall'orario di lavoro e quale sostegno chiedere al partner e al resto della famiglia, significa dare inizio a quel circolo vizioso che porterà al senso di colpa. Purtroppo sono ancora la maggioranza gli operatori sanitari, pediatri compresi, che non solo continuano a prescrivere invece di aiutare e sostenere, ma non sono nemmeno in grado di fornire informazioni corrette, aggiornate e indipendenti su come aggirare gli ostacoli. Questi sì dovrebbero sentirsi in colpa! [...] E per le madri? Come evitare di sentirsi in colpa? L'unica via da seguire è quella dell'aumento della fiducia in se stesse, nella capacità del proprio corpo di produrre latte per quelle che decidono di allattare, nella capacità di alimentare bene il proprio figlio per quelle che decidono di non allattare o non riescono a superare gli ostacoli che la società frappone all'allattamento"[12].

Quando una donna aspetta il suo primo bambino, spesso non immagina che sia necessario informarsi o trovare sostegno per l'allattamento. Sembra più importante informarsi su altri aspetti: le modificazioni della gravidanza, il bimbo che cresce nel pancione, il parto. Ricordo un'ostetrica che a un corso di accompagnamento alla nascita diceva alle donne: "Quando allatterete vi sentirete come una regina sul trono!". In realtà, le cose non stanno proprio così. Dopo il parto, la madre si rende conto che allattare è normale sì, ma impegnativo, almeno all'inizio. Significa essere disponibili 24 ore su 24, giorno e notte, mettendo in gioco il proprio corpo, il proprio tempo e tutta se stessa. Andare a comprare il latte artificiale è molto più semplice e immediato che trovare persone qualificate a cui rivolgersi per farsi consigliare nella gestione delle poppate. E ancora più spesso l'ambiente intorno obbliga la neo-mamma ad avere più fiducia nel biberon piuttosto che in se stessa.

Sembra, insomma, che nutrire il proprio bambino sia una questione di opinione, di scelta obbligata e di giudizio. La mamma che allatta è bersaglio continuo di commenti, occhiate e ingerenze di chi la circonda.

Ecco allora una breve storia di allattamento a cui ho assistito di persona.

Natale in casa Bianchi

Pomeriggio di Natale: riunione familiare di circa venti persone che vanno dai settant'anni ai due mesi d'età. Una mamma trentacinquenne allatta il suo bambino primogenito di due mesi su un divano, di fronte a tutti, con molta naturalezza e tranquillità; alla fine, il bimbo si addormenta beato e visibilmente sazio col capezzolo ancora in bocca. La poppata è durata circa venti minuti.

12 Cattaneo A., *Allattamento e sensi di colpa,* "Un Pediatra Per Amico", N.2/2010.

Questi alcuni commenti dei parenti:
"Guarda: non lo mette mai giù! Ora che ha finito potrebbe metterlo in carrozzina!"
"Non lo fa mai piangere! Appena fa 'Bè' gli dà la poppa".
"Ha sempre la poppa in bocca questo bambino, per qualsiasi motivo!"
"Dorme su di lei, pelle a pelle: vero?"
Domanda alla mamma: "Ancora lo fai dormire così addosso a te?" Risposta: "No, ora dorme in mezzo a noi" (queste parole suscitano risolini e espressioni di disapprovazione...).
Il padre del bambino dice: "Non vedo l'ora che lo svezzi, così me lo porto via e vado in vacanza solo con lui".
Sempre alla mamma: "Non vedi che dorme? Perché non lo stacchi dal capezzolo?" Risposta: "No, si stacca da solo".
E infatti, dopo pochi minuti il bambino lascia il capezzolo e dorme sereno in braccio a sua madre.

Molte donne vivono scene come questa.

Una mamma che allatta il suo bambino diventa bersaglio di facili commenti da parte di chi assiste. Commenti che si inaspriscono con l'aumentare dell'età del piccolo. Perché lo stesso non succede a una mamma che dà il biberon o che dà regolarmente merendine confezionate ai propri figli? Quali sono le fantasie da cui scaturiscono commenti come questi?

Primo aspetto da rilevare: il potere che hanno i condizionamenti culturali. Questi ci inducono a considerare "normali e accettati" prodotti dell'industria quali giocattoli corredati di biberon, latte artificiale e pappe pronte, rispetto a ciò che la natura ci fornisce gratis da centinaia di migliaia di anni. Nessuno si scandalizza di fronte a tali prodotti dell'industria, mentre una bambina che, per gioco, fa finta di dare la poppa alla sua bambola è rara e considerata dai più una stranezza.

Forse questa bambina conserva nella sua memoria il benessere di essere stata allattata da sua madre, senza essere ancora stata condizionata dalla cultura? Forse le persone che commentano come sopra hanno, invece, nella loro memoria di bambini, storie di latte artificiale o di svezzamenti molto precoci come era usuale fino a pochi anni fa? Memoria e cultura si intrecciano nelle persone per creare un immaginario collettivo da cui è difficile prendere le distanze per ragionare secondo buonsenso e istinto.

Se, viceversa, guardiamo all'allattamento come ad un semplice e normale gesto d'amore, come tappa di un'educazione alimentare che influirà sulla salute del bambino, forse diventa tutto più facile.

Quante mamme si pongono, per esempio, il problema di come sono alimentate le mucche da cui deriva il latte artificiale? Perché l'OMS[13], a partire dal sesto mese compiuto del bambino, raccomanda l'inizio dell'alimentazione solida come *complementare* all'allattamento e invece molti pediatri suggeriscono ancora di *sostituire* le poppate anziché *aggiungere* i cibi solidi? Riguardo alla durata dell'allattamento, sempre l'OMS[14] suggerisce di andare avanti anche oltre il secondo anno di vita, se mamma e bambino lo desiderano, e non fornisce una data precisa di stop. Perché? Perché ogni relazione d'amore ha le sue regole, la propria intimità e nessuno può interferire in quella coppia che, oltre al nutrimento, si sta scambiando un codice affettivo e relazionale che resterà nella loro memoria per sempre. L'OMS fornisce chiare linee guida che contrastano, però, con le politiche sociali di molti Paesi in cui la mamma deve tornare al lavoro nei primi mesi di vita del bambino. Spesso si dichiarano inutili queste indicazioni e si accusa l'OMS di dare istruzioni difficilmente applicabili dalle mamme. Non credo si debba colpevolizzare l'OMS ma casomai i governi, le aziende, le leggi basate sulla produttività che non tengono conto delle relazioni primarie e che potrebbero invece agevolare facilmente le mamme che allattano. Dobbiamo pensare all'allattamento non soltanto come atto di nutrizione ma anche come occasione di scambio affettivo e di "base sicura" da cui il bambino trae le prime esperienze relazionali. Queste andranno a creare in lui i cosiddetti Modelli Operativi Interni (MOI), ampiamente teorizzati dalla teoria dell'attaccamento[15]. I MOI sono mappe cognitive che il bambino si crea come rappresentazione mentale nel primo anno di vita, a partire dalle esperienze affettive e relazionali che ha vissuto con chi si prende cura di lui. Come è possibile pensare a una fine dell'allattamento brusca e decisa a tavolino da estranei se non si conosce a sufficienza la psicofisiologia dell'allattamento? Come possiamo pensare che la poppa possa essere un "vizio" da togliere (da questo deriva il termine "svezzamento")?

13 OMS: Strategia globale per l'alimentazione dei neonati e dei bambini, 2002. Scaricabile tradotta in italiano al link: http://www.mami.org/Docs/WHO_docs/Strategia_globale.pdf

14 *Ibidem.*

15 Bowlby J., *Attaccamento e perdita, I. L'attaccamento alla madre*, Bollati Boringhieri, 1999.

Perché si accettano oggetti transizionali come peluche, ciucci, cencini vari e non si può considerare il seno come parte di una persona affettivamente significativa per il bambino? A questo proposito González chiede: "Ti sembra normale che l'amico di un bambino non sia un essere umano, ma un pupazzo?"[16]. Perché molti pensano che la mamma che allatta sia schiava del bambino o che non si sappia imporre, quando forse allattare sarebbe per lei un piacere, se solo non si sentisse osservata e giudicata? I bambini imparano così anche la differenza fra gli oggetti e le persone: la mamma che offre il seno in carne e ossa, fatta di calore, disponibilità, sguardi e scambi comunicativi da cui imparare a relazionarsi come esempio per i rapporti del futuro, è certamente altro rispetto a un oggetto creato per sostituirla. Eppure questa visione suggerisce ai più, sempre per condizionamenti culturali, che il bambino venga viziato. In effetti esistono libri in commercio[17] che suggeriscono di "staccare il bimbo dalla poppa", distanziare le poppate e farlo piangere la notte a intervalli temporali sempre crescenti, fornirgli un bell'oggetto transizionale e zac... sparire! Ciò servirebbe per "educarlo" all'assenza dei genitori e insegnargli a dormire tutta la notte già dai sei mesi di vita. Il fatto è che questi libri non servono ai bambini, ma ai genitori, che li utilizzano sì in buona fede ma senza essere informati sui potenziali rischi a cui espongono i figli.

Allattamento e sonno sono quindi i due argomenti preferiti da coloro che esprimono commenti e giudizi di fronte alle mamme. Perciò l'unico modo di difendere la relazione madre/bambino è restituire loro l'individualità e il dovuto rispetto delle scelte che compieranno semplicemente stando insieme. Soltanto informazioni aggiornate, corrette e indipendenti fornite da personale qualificato possono scardinare i pregiudizi già esistenti e spesso obsoleti della nostra cultura. Ecco perché il nocciolo della questione sta nella mancanza di formazione sulla fisiologia dell'allattamento.

16 Gonzàlez C., *op. cit.*, 2005.

17 Qui il riferimento è al libro di Estivill E., *op. cit.*

Allattamento e psicologia perinatale: un vuoto formativo da colmare

"Ho come l'impressione che l'allattamento oggi stia diventando oggetto di giudizi incalzanti. Si sente giudicata la mamma che non ce l'ha fatta e quindi si difende, si sente giudicata la mamma che allatta a richiesta, quella che allatta il bimbo di un anno, quella che ha scelto di non allattare... Scarseggiano ancora le informazioni corrette (soprattutto in alcune zone), ma sovrabbondano le intromissioni basate su luoghi comuni e pareri assolutamente personali! Non va. Questa cosa non va."

Giorgia, mamma di Mattia, Nicola e Maddalena

In Italia nessun corso di laurea in psicologia, né alcuna scuola di specializzazione post-laurea, prevede formazione *specifica* in psicologia perinatale, cioè riguardo i temi del periodo intorno alla nascita. Ciò significa che nessuno psicologo italiano ha seguito un percorso di studi istituzionalizzato e specifico sui temi di gravidanza, parto e allattamento.

Eppure la maggior parte degli psicologi si sente in diritto di dare indicazioni su modalità e tempi di somministrazione di latte materno. L'equivoco è ancor più evidente se consideriamo, inoltre, che è rarissimo per uno psicologo occuparsi di fisiologia, cioè di ciò che è normalmente presente nei processi di sviluppo fisici e mentali di ognuno di noi, fin dal concepimento. In Italia è ancora radicata l'idea secondo cui si ricorre allo psicologo soltanto se c'è qualcosa che non va, non se si vuole *prevenire* un disagio o *proteggere* la salute e l'equilibrio psicofisico.

Spesso si pensa alla mente e alle relazioni umane come a qualcosa di scisso dal corpo e dai processi fisiologici. Si crede che la sopravvivenza fisica della specie non c'entri nulla con il benessere psicologico e soprattutto si dà per scontato che i bambini e la loro salute non siano neanche da prendere in considerazione in questioni come questa. Va da sé, pertanto, che la psicologia sia dai più associata alla patologia e che l'approccio preventivo sia ancora troppo poco conosciuto e diffuso.

Di conseguenza è palese che uno psicologo che non ha mai visto un parto, che non conosce l'anatomia della mammella e la composizione variabile del latte materno nel corso degli anni, che ignora il ruolo degli ormoni coinvolti nella lattazione umana, come ossitocina e prolattina e i loro legami con lo sviluppo del processo di attaccamento[18], che non è stato

18 Nell'articolo dal titolo "Ossitocina e attaccamento" dell'ACP (Associazione

informato circa le raccomandazioni OMS in materia di allattamento, che lo considera solo da un punto vista nutrizionale e immunologico, che si limita a un'informazione meramente libresca, che ignora l'esistenza di figure professionali quali i consulenti professionali di allattamento IBCLC (con le quali potrebbe collaborare attivamente per il benessere di ogni relazione madre/bambino)... uno psicologo così non può dare indicazioni valide e credibili circa le modalità e la durata dell'allattamento.

Psicologi che siano interessati alla fisiologia di gravidanza, parto e allattamento, ma anche a quella del sonno dei bambini, all'esogestazione e al rapporto esistente fra natura e cultura (che non necessariamente deve essere di antitesi invece che di alleanza)[19], ai benefici del contatto e del portare i bambini con fasce e marsupi, devono ricorrere a iniziative personali di autoformazione che mettono a dura prova la motivazione e li fanno apparire come psicologi "alternativi", soprattutto fra i colleghi.

Nell'attesa di un percorso istituzionale formativo specifico, si può fare riferimento ad approcci scientifici quali l'etnopediatria, l'antropologia, l'etologia, la genetica e la psiconeuroendocrinologia della nascita, che forniscono informazioni e indicazioni pratiche fondamentali circa l'allattamento materno.

Mi auguro che come molti pediatri si stanno informando e stanno cambiando rotta, anche gli psicologi facciano altrettanto, potenziando il lavoro di équipe con le altre figure professionali, circa il sostegno alla mamma che allatta e alla sua famiglia. È auspicabile, inoltre, che i percorsi formativi degli psicologi comprendano sempre più materie che riguardano la fisiologia e il supporto al benessere di mamma e bambino in tutto il periodo della gravidanza, del parto e dell'allattamento. Lo scopo sarà naturalmente quello di informare in modo corretto le famiglie, lasciando libere le mamme

Culturale Pediatri) si afferma: "*un posto a parte va riservato all'allattamento al seno che presso la nostra cultura è troppo precocemente abbandonato a favore del latte in formula o vaccino. Tale pratica, che secondo le indicazioni OMS va promossa fino al secondo anno di vita, non solo ha effetti positivi sulla salute del neonato e della madre ma, attraverso lo stimolo ossitocinico costante nel tempo, promuove il legame madre/bambino. Pratiche prossimali, come il cosleeping, dimostratamente si associano al successo dell'allattamento al seno in una relazione causale non chiarita. Non è difficile ipotizzare però che le due pratiche prossimali, entrambe sotto il governo dell'azione dell'OT, in un'azione concertata e simultanea interagiscano potenziandosi vicendevolmente*". "Quaderni ACP" 2007; 14(6): 254-260.

19 Braibanti L., *op. cit.*, 1993.

di fare ciò che ritengono più opportuno e fornendo loro sostegno qualsiasi scelta compiano.

Allatta tua figlio dove, quanto e quando vuoi

"È davvero importante cercare in ogni modo di abbattere i luoghi comuni e sostenere quelle donne che sentono di volersi sperimentare in questa meravigliosa esperienza dell'allattamento prolungato! Sto allattando due bimbi in tandem, il mio secondo di 3 anni e la mia terza di 2 mesi... A chi mi chiede: 'Ma allatti anche lui?' Io rispondo semplicemente 'Sì, non abbiamo mai smesso'. Infatti mi chiedo: perché forzare la chiusura di una relazione d'amore quando entrambi i soggetti coinvolti se la vivono bene?"

Cristina, mamma di Francesco, Andrea e Diletta

"Io continuo a dormire con mio figlio, allattarlo; tra due mesi compie tre anni. Si è inventato un linguaggio delle tettine e dice che sono loro che lo chiamano quando gli frullano il latte, poi le rimette dentro così dice che possono dormire e frullare di nuovo. L'idea del frullo è tutta sua! Dice che frullano, senza far rumore per gli altri, tutto ciò che mangio io. Quando poi gli ho spiegato che non tutte le mamme allattano o comunque non quanto noi, lui mi ha detto: 'Ma i bambini cosa dicono?' Cerca sempre di tastare il terreno quando vuole ciucciare e un giorno, non capendo com'era l'orientamento degli ospiti che avevamo, mi ha proposto: 'E se ce ne andassimo in bagno?'"

Federica, mamma di Matteo

"Mi intristisce sentir dire che bisogna far capire al bimbo che le tette sono una cosa che non si mostra in pubblico. Siamo circondati da tette esposte in TV, nelle pubblicità e dovunque ti giri ci sono messaggi assurdi sulla femminilità, sul nostro corpo e sul suo valore e non ci facciamo più caso, ma se una donna allatta in pubblico molti si indignano. A me al consultorio (sì proprio al consultorio!) è stato chiesto, con apparente gentilezza, di appartarmi in un'altra stanza...
Forse se più donne allattassero in pubblico si comincerebbe a guadagnare più rispetto per un modello di femminilità più sano e per il ruolo della madre.
Forse le bimbe che ci guardano arriverebbero alla loro maternità con una maggiore consapevolezza di se stesse e della loro importanza come donne e come mamme.
E senza il bisogno che qualcuno spieghi loro al settimo mese di gravidanza, a un corso preparto, come si allatta e perché.
Farebbe parte del loro bagaglio culturale."

Micol, mamma di Arturo

Diremmo mai a una mamma di smettere di carezzare, baciare, consolare suo figlio arrivato a una certa età? "Ora tuo figlio ha due anni, smetti di consolarlo se pensi che ne abbia bisogno, è grande, può bastare, sennò lo vizi..."

Allattare è un gesto d'amore e come tale non ha per natura limiti di tempo: l'amore non è a tempo! Come non ci sogneremmo mai di entrare nell'intimità di un atto di amore che porta al concepimento, così dovrebbe essere quando una mamma nutre il suo bambino al seno. Ogni relazione d'amore ha le sue regole, la propria intimità e nessuno ha il diritto di interferire. Invece, le madri che allattano a lungo il più delle volte devono nascondersi o mentire a chi hanno intorno.

Ho già accennato sopra alla ragione per cui la maggior parte degli psicologi scoragggia l'allattamento oltre i primi mesi di vita, ma vorrei sottolineare che esistono anche autorevoli pareri a sostegno di tale pratica.

Mary Ainsworth[20], famosissima psicologa, grazie ad alcune ricerche da lei compiute in Africa, già nel 1972 ipotizzava che l'età di svezzamento dei bambini dovesse essere intorno ai due-tre anni e che le modalità di allattamento al seno a richiesta, anche di notte, dormendo vicino al bambino e allattandolo per farlo addormentare, contribuirebbero a rendere il bambino più sicuro di sé e aumenterebbero la sua fiducia nella comprensione da parte della madre dei suoi segnali e i suoi bisogni. Ciò costituirebbe una sorta di carica di fiducia e di sicurezza a cui il bambino farebbe riferimento per tutta la vita nei momenti di difficoltà.

Katherine Dettwailer[21], antropologa americana, comparando l'allattamento dei primati e analizzando la letteratura sull'età di svezzamento nelle varie culture, fa notare come esistano usanze molto diverse fra i vari popoli della Terra circa l'età ideale per svezzare i bambini; in base ai suoi studi, questa autrice afferma che lo svezzamento, se al riparo dalle regole della società di appartenenza e nel rispetto del processo biologico scelto dalla natura da migliaia di anni, avverrebbe in un'età compresa fra i due anni e mezzo e i sette. È chiaro che nelle società civilizzate la mancanza di allat-

20 Articolo scaricabile dal seguente link: http://www.eric.ed.gov/ERICDocs/data/ericdocs2sql/contentstorage_01/0000019b/80/39/59/5a.pdf

21 Dettwailer, articolo tratto dal sito www.allattiamo.it link http://www.allattiamo.it/kdsvezz.htm

tamento è compensata dalla diffusione dell'igiene e dalle cure mediche, ma non è ancora abbastanza valorizzato che, oltre alle esigenze puramente nutrizionali, attraverso il contatto con il seno della madre il bambino soddisfa anche il proprio bisogno di sicurezza, di affetto e di rassicurazione.

Maria Ersilia Armeni[22], pediatra italiana e presidente dell'AICPAM (associazione nazionale che riunisce i consulenti IBCLC di allattamento), scrive: "La psicologia italiana è uno dei pilastri della legittimazione a sospendere l'allattamento protratto oltre i primi mesi poiché non è al corrente del profondo radicamento dal punto di vista ormonale e fisiologico dell'allattamento nella donna e nel bambino. Questo rappresenta una copertura che la nostra società adotta per rivestire di legittimità comportamenti e pratiche che non rispondono affatto alle esigenze biologiche dei nostri bambini". Nella nostra società gli psicologi pensano addirittura che allattare un bambino oltre il primo anno di vita possa provocare un danno psicologico, una limitazione all'acquisizione della sua autonomia; ma non esistono dati scientifici che lo dimostrino, né si spiegherebbe come un comportamento così pericoloso per l'individuo sarebbe stato la norma fisiologica presso tutti i popoli di tutte le razze.

Alcuni psicologi e pediatri colpevolizzano addirittura le madri che non svezzano il bambino dal seno entro il primo anno, affermando che queste abbiano difficoltà proprie nello staccarsi dal bambino; di fatto contribuiscono a generare in loro sentimenti di sfiducia in sé e di confusione circa l'ascolto dei propri istinti di accudimento e non le aiutano di certo a prendere decisioni consapevoli e autonome. Ciò non significa che una mamma debba allattare per forza e a lungo ma soltanto che, se ha questa intenzione, va rispettata e sostenuta. Questo è un aspetto cruciale che vorrei mettere in risalto: alcuni psicologi vorrebbero sostenere le mamme ma di fatto ne mettono a rischio l'autostima e l'autonomia decisionale, per pura disinformazione. Si pongono in maniera autoritaria e direttiva rendendole dipendenti e insicure, anziché promuovere in loro l'attivazione spontanea delle proprie risorse e delle proprie competenze, rispettandone le scelte.

Si rifletta anche sulla parola "svezzamento" che, come abbiamo visto, letteralmente significa "togliere il vezzo", cioè il vizio. Questo termine veicola il messaggio secondo cui allattare vizia il bambino ed è l'origine di un

22 Armeni M. E., *Allattare.net*, Castelvecchi Edizioni, 2008.

pensiero collettivo non corretto, in quanto gli studi dimostrano che le mamme che allattano a lungo sono proprio quelle dotate, per caratteristiche personali, di un alto senso di autoefficacia[23]. Anche l'espressione "allattamento prolungato" è discutibile: prolungato rispetto a cosa? Se neanche l'OMS dà un limite oltre il quale si deve smettere di allattare, perché lo devono dare gli psicologi o tutti gli pseudoesperti che circondano una mamma che allatta? González[24] è categorico al riguardo: "Non esiste alcun limite all'allattamento materno, non esiste alcuna motivazione, medica, psicologica o nutrizionale per svezzare obbligatoriamente a una certa età. Le donne sono libere di decidere quanto allattare senza farsi condizionare dalle opinioni di esperti o presunti tali".

Michele Grandolfo, dirigente di ricerca dell'Istituto Superiore di Sanità, assicura che allattare è una questione di espressione di competenze. Ci fa notare che, nel campo della promozione della salute, l'obiettivo fondamentale dovrebbe essere informare le donne e le loro famiglie per aiutarle a prendere decisioni autonome e consapevoli come espressione della propria competenza. Solo in questo modo si otterrà il vero *empowerment*: la donna avrà così più fiducia in sé e nella propria capacità di far fronte ai problemi risolvendoli grazie a una maggiore capacità di ricerca della salute. Perciò il vero potere della mamma dovrebbe essere rappresentato dall'autonomia, e non dalla dipendenza da esperti che tendono a dominare e a indirizzare scelte e comportamenti. L'espressione libera e autonoma delle proprie competenze, che prima di diventare madri non erano nemmeno immaginabili, dà forza alle mamme ed è associata a una maggiore durata dell'allattamento. Gli studi condotti da questo autore provano che non è una questione di stabilire quanto allattare, o se esiste un'età prestabilita per staccare il bambino dal seno materno, quanto, invece, di mettere la mamma nelle condizioni di sentirsi forte, informata e autonoma nel compiere la propria scelte.

Esistono poi ricerche che evidenziano come ciò che influisce maggiormente sulla durata dell'allattamento siano le *opinioni* delle persone che cir-

23 L'*autoefficacia* è un concetto che si collega strettamente all'autostima. Con autoefficacia si intende la percezione che abbiamo delle nostre abilità in uno specifico campo. Ad es. se mi sento un buon musicista, vuol dire che in quel campo ritengo di riuscire bene e ho una buona autoefficacia percepita. Sentirsi efficaci in una o più aree contribuisce ad una maggiore sicurezza di sè e alla costituzione di una buona autostima.

24 González C., *op. cit.*, 2007.

condano la mamma che allatta. Infatti più a lungo la mamma allatta e meno sostegno trova, in genere, intorno a sé. Ancora una volta risulta lampante che il problema è esclusivamente *culturale*: cioè attinente non a una cultura del sapere, ma dell'ignoranza nel vero senso della parola. L'allattamento infatti non è materia di studio nei programmi universitari delle facoltà italiane di psicologia.

Braibanti scrive stupendamente che "allattare a lungo fa bene sia alla mamma sia al bambino e, dal punto di vista materno, oltre ai vari effetti positivi sulla salute della donna, l'allattamento favorisce più saldi legami di attaccamento nei confronti del bambino e una maggiore competenza nell'interazione precoce. Questo accresce la fiducia della madre verso il bambino e verso se stessa; quindi tiene lontani atteggiamenti iperprotettivi e di simbiosi prolungata che nascono dalla mancanza di sicurezza sia verso se stessa sia verso la relazione col proprio bambino. La separazione in età precoce e gli atteggiamenti di disconferma della competenza femminile nel ruolo madre-nutrice rafforzano, invece, i sentimenti di insicurezza e di crisi. Quindi l'allattamento protratto non può essere dannoso né per la madre né per il bambino, né da un punto di vista psicologico, né fisiologico. Non c'è evidenza alcuna che l'allattamento protratto sia sintomo di difficoltà nella relazione normale tra madre e bambino"[25].

Vorrei citare infine, la pediatra Elena Balsamo che riflette sulla durata dell'allattamento secondo l'approccio etnopediatrico, una branca della pediatria che confronta le modalità di accudimento dei bambini nelle varie culture tradizionali della Terra. Soltanto così si può avere un quadro reale di ciò che è adattivo per l'essere umano e di quali sono i bisogni reali e geneticamente predeterminati di mamme e bambini ovunque essi vivano; non ha senso riferirsi a un unico parametro culturale, che potrebbe risultare troppo riduttivo e limitante circa le risorse da attivare quando ci si relaziona con un bimbo. Ebbene, gli studi etnopediatrici hanno rilevato che, nella maggior parte delle culture tradizionali del mondo, le donne allattano per una durata media di circa due anni. Ciò che nelle società più civilizzate ha determinato il grande cambiamento in fatto di alimentazione infantile è dovuto al processo di industrializzazione. Anche lo svezzamento precoce è un'invenzione occidentale e post-industriale. Balsamo afferma inoltre:

25 Braibanti L., *op. cit.*

"Permettere a ogni bambino di lasciare il seno della mamma nel momento in cui è pronto, così come scegliere la frequenza e la durata dei pasti, è un grosso aiuto allo sviluppo dell'autonomia e della capacità di operare scelte consapevoli in futuro. Nelle culture dove ciò avviene, i bambini sono più sicuri e meno aggressivi da adulti"[26].

Penso che ci vorranno ancora molti studi e molti anni perché queste informazioni raggiungano tutti; non tanto per convincere su ciò che sia meglio fare o per dare indicazioni di comportamento ai genitori, ma con il solo obiettivo di mettere le famiglie in condizione di compiere scelte consapevoli, autonome, informate e generatrici a lungo termine di salute fisica e mentale.

Credo che i bambini imparino praticamente tutto dall'esempio dato dai genitori e da chi si prende cura di loro. Se è un esempio di assenza e di carenza di contatto, di surrogati materni di ogni genere, di mancanza di disponibilità e di ascolto, di tempi prestabiliti da altri e non in armonia con la crescita del *singolo* bambino, avremo adulti con fratture relazionali, difficili da sanare[27], tracciate nella loro memoria.

Questo è un aspetto spesso trascurato da parte degli psicologi, che dovrebbe al contrario stimolare studi a lungo termine sulle implicazioni relazionali delle modalità di allattamento e degli schemi educativi rigidi, imposti ancora da un certo tipo di condizionamenti culturali e da molti prodotti presenti sul mercato, soprattutto editoriale. Ovviamente ciò non significa che i bambini non debbano avere regole e che i genitori siano al servizio di piccoli tiranni, significa soltanto che i tempi sono cambiati e dobbiamo allargare la nostra indagine. Da un punto di vista psicologico dobbiamo considerare l'allattamento anche come un'esperienza relazionale di base, da cui i bambini imparano e su cui verosimilmente baseranno i loro rapporti futuri, i loro pensieri e i loro pregiudizi.

26 Balsamo E., *Sono qui con te, cit.*

27 Bortolotti A., "Ricordi di latte" in: NASCERE n°2/2008, Ed. Progettonascere.

Pregiudizi da sfatare[28]

"Mamme, non complichiamoci la vita! L'allattamento è meraviglioso perché è comodo, non dobbiamo preoccuparci di niente... non dobbiamo sterilizzare nulla, non dobbiamo riscaldare niente ma, soprattutto, non dobbiamo guardare l'orologio. È veramente una meraviglia! In questi due anni ho capito una cosa: i bimbi si attaccano al seno non solo per mangiare ma anche per bere, oppure perché hanno male al pancino, oppure perché hanno la gola irritata, ma a volte vogliono attaccarsi al seno perché ci amano alla follia, per loro siamo uniche e insostituibili e vogliono sentire il nostro profumo, il nostro sapore. E quando uno è innamorato non vuole certo aspettare tre ore! Se tu chiedi attenzioni a tuo marito e lui tutte le volte ti dice: "Adesso no, fra tre ore"... come ci rimani?"

Amelia, mamma di Federico

"Ricordo specificamente quando i primi mesi andavo dal pediatra, la prima domanda che mi veniva posta dopo i vari controlli di routine era: 'Ogni quanto tempo mangia?' Se rispondevo che non lo sapevo venivo guardata storto. E tutti mi dicevano che dovevo dare degli orari al bambino altrimenti sarebbe diventato viziato e tiranno. Purtroppo la nostra società è contro il contatto con i nostri figli, con la scusa che altrimenti li si vizia troppo. Che tristezza!"

Emilia, mamma di Federico

"Un pediatra, quando Arturo aveva sette mesi (l'ho subito cambiato), mi ha detto che gli avrei provocato danni psicologici continuando troppo l'allattamento. Ad altre mamme dicono che il loro latte non è nutriente, che è poco o cose simili. E mi ha predetto che non si sarebbe mai staccato volontariamente. Gli ho risposto che io non avevo nessuna voglia di ciucciare le tette di mia madre, segno che a un

28 Questa lista è tratta da alcuni siti internet che indico qui sotto come fonti e da segnalazioni che mi sono state fatte dalle mamme che partecipano ai miei corsi. Si tratta di una lista puramente informativa che non sostituisce in alcun modo una consulenza specifica. Invito le mamme che volessero approfondire gli argomenti citati, o consultarne dati bibliografici, a rivolgersi al proprio operatore sanitario o consulente di fiducia.
Fonti:
http://www.vitadidonna.it/allattamento_000002.html
http://www.farmacoecura.it/neonati/allattamento-seno-10-miti-sfatare/
http://www.lllitalia.org/index.php?option=com_content&task=view&id=36&Itemid=36
Le mie risposte sono tratte dai testi:
Catanzani T., Negri P., *Allattare un gesto d'amore,* Bonomi Editore, 2005.
Gonzalez C., *Un dono per tutta la vita*, Il leone verde, (2008).
La Leche League International, *L'arte dell'allattamento materno,* 2004.
Negri P., *Tutte le mamme hanno il latte,* Il leone verde, 2005.
Newman J., De Fiore G., S*vezzamento e allattamento*, Coleman Editore, 2009.

certo punto, se il nostro bisogno è soddisfatto, si passa ad altro. C'è un punto fondamentale: il pediatra (idem per i ginecologi) è un medico: studia le malattie, non studia quasi nulla dell'allattamento (l'ho sperimentato di persona partecipando a seminari e conferenze insieme a medici ai quali ho dovuto spiegare alcuni concetti base) e spesso non è una mamma.
Allattare è un processo fisiologico come digerire, respirare, partorire...
Decidere come, quando, per quanto allattare ed essere allattati
è una questione privata della coppia mamma/bimbo."
Micol, mamma di Arturo

Ognuna delle seguenti affermazioni non corrisponde a verità. Sono tutti pregiudizi appartenenti alla nostra cultura, smentiti ripetutamente dall'indagine scientifica. Leggendoli e riconoscendoli per averli sentiti dire – anche se non si è allattato – risulta chiaro quanto la nostra cultura non sia amica dell'allattamento e quanto sia difficile per le mamme non cedere a tali pregiudizi.

1. *Il colostro è insufficiente per saziare un neonato e può essere addirittura dannoso.*
   Il colostro è un liquido giallo sieroso, molto ricco di immunoglobuline, secreto dalle ghiandole mammarie in quantità di gocce durante la gravidanza e i primi giorni dopo il parto, composto principalmente da acqua, leucociti, proteine, grassi e carboidrati.
   Con il colostro la mamma trasmette al figlio le proprie difese immunitarie che lo proteggeranno nei primi mesi di vita. Perciò è vero il contrario, l'assunzione di colostro è preziosa ed è necessario che il neonato possa poppare frequentemente per assumerne una giusta quantità. In tali condizioni, il colostro è del tutto sufficiente a soddisfare il neonato.
2. *La mamma che allatta deve seguire una dieta particolare ed eliminare alcuni cibi.*
   La produzione del latte non è influenzata da ciò che mangia la mamma. Infatti anche madri malnutrite sono in grado di produrre latte sufficiente e di ottima qualità per i propri bambini. Naturalmente, come in ogni momento della vita, è consigliata una dieta varia e bilanciata con alimenti

sani e di sicura provenienza. Inoltre, tanto più variata sarà la dieta della nutrice e tanti più sapori diversi passeranno nel latte abituando il bambino al cibo di casa.

3. *La mamma deve assumere una certa quantità predeterminata di liquidi, fra cui tisane che l'aiuteranno ad avere più latte.*
   La produzione di latte non è influenzata da tisane, birra o bevande particolari, ma dalla suzione del bambino. È sufficiente che la mamma segua il suo naturale istinto di bere quando ne sente il bisogno, avendo sempre a portata di mano acqua fresca.
4. *La mamma che allatta non può fare sport.*
   Una moderata attività sportiva non interferisce né con la composizione, né con la quantità di latte prodotto dalla mamma.
5. *I capezzoli devono essere puliti o idratati prima e dopo la poppata.*
   Non è necessario preparare il capezzolo prima della poppata né pulirlo dopo. In caso di arrossamento basta spremere qualche goccia di latte e lasciarla sul capezzolo fino a completo assorbimento. Eventuali ragadi sono, di norma, la conseguenza di un attacco scorretto del bambino.
6. *Se la mamma ha la febbre o un'infezione deve smettere di allattare.*
   In caso di febbre o di infezione materna, di solito, non è necessario smettere di allattare perché il latte materno non rappresenta una via di contagio. Se il bambino dovesse ammalarsi dello stesso disturbo, il latte materno può aiutarlo a guarire poiché contiene anticorpi materni specifici per quella malattia. Se la mamma assume farmaci, può informarsi da un medico o da una consulente di fiducia e consultare la lista di farmaci compatibili con l'allattamento. Esiste anche un numero verde nazionale 800.883.300[29] attivo 24 ore su 24, al quale rivolgersi circa la compatibilità tra farmaci, gravidanza e allattamento.

29 È il numero del CIFS: servizio di Informazione sui Farmaci che svolge consulenza telefonica a medici, operatori sanitari e cittadini sulle problematiche dell'uso corretto dei farmaci, degli effetti collaterali e delle interazioni nell'anziano e in gravidanza, nel periodo perinatale, neonatale e infantile.
Maggiori informazioni al link: http://www.marionegri.it/mn/it/servizi/infoFarmaci.html

7. *L'allattamento sfibra le mamme.*
   Come se pulire, sterilizzare, preparare il biberon fosse rilassante! Certo allattare al seno richiede una buona dose di energie e di disponibilità da parte della mamma. Nella nostra cultura non si comprende facilmente l'impegno necessario a una mamma che allatta. Basta poco per aiutarla! Un piccolo aiuto nelle faccende domestiche, la possibilità di farsi una doccia, un massaggio rilassante o un invito a pranzo già possono fare una grande differenza! E la notte avere il bambino vicino non renderà necessario alzarsi e svegliarsi del tutto, così mamma e piccolo potranno riposare meglio.
8. *Le mamme che fanno una vaccinazione dovrebbero smettere di allattare per 24 ore.*
   La maggioranza delle vaccinazioni materne è compatibile con l'allattamento al seno. Per qualsiasi dubbio consultare una consulente in allattamento o il numero verde indicato al punto 6.
9. *Le mamme che hanno subìto un'anestesia dal dentista devono aspettare ore prima di allattare.*
   L'anestesia locale non è affatto dannosa per il bambino. Potete allattare anche pochi minuti dopo l'intervento del dentista.
10. *La mamma che allatta non può tingersi i capelli.*
    Tutti i trattamenti per il corpo della mamma possono essere effettuati con tranquillità durante l'allattamento, comprese permanenti, lampade abbronzanti e massaggi. Tuttavia alcuni tipi di trattamenti chimici possono essere dannosi per la salute della mamma, indipendentemente dall'allattamento. È preferibile, quindi, utilizzare sempre prodotti di origine naturale e non tossici.
11. *Se perdi sangue dai capezzoli non devi allattare.*
    Questa non è una ragione per smettere di allattare. La mamma deve valutare con la sua ostetrica o consulente di fiducia come trattare eventuali ragadi o spaccature del capezzolo.
12. *Non produrrai abbastanza latte se i tuoi seni sono piccoli e non si sono ingranditi durante la gravidanza.*

Le dimensioni del seno, come la forma, variano molto da donna a donna, ma ciò non influisce sulla capacità di produrre latte. Tali differenze sono dovute a maggiore o minore presenza di tessuto adiposo e non ghiandolare.

13. *I dottori sanno tutto sull'allattamento al seno.*

    Purtroppo non sempre è così, quindi il consiglio è di cercare prima del parto un'ostetrica esperta o una consulente di allattamento in grado di assistervi durante l'allattamento: le ostetriche, le IBCLC, le volontarie de La Leche League e le *peer counselor* qualificate sono le vere conoscitrici di questo campo e sono ben pochi i pediatri con formazione ed esperienza equiparabile.

14. *Il latte materno può essere contaminato da sostanze tossiche come i pesticidi e quindi è preferibile dare latte artificiale.*

    Alcuni contaminanti come il DDT, la diossina o i PCB (Policlorobifenili) si accumulano nel tessuto grasso e quindi anche nel latte materno che è ricco di grassi. La loro rilevazione nel latte materno è nota da decenni e riflette le condizioni ambientali e atmosferiche in cui vive la madre. Tuttavia, questa non è una ragione sufficiente per non allattare i bambini al seno. Infatti, gli studi dimostrano che il latte materno, anche se presenta tracce di tali sostanze, è sempre di gran lunga migliore di quello artificiale. Inoltre, anche se il bambino allattato al seno ricevesse maggiori concentrazioni di sostanze inquinanti rispetto a quello alimentato con latte artificiale, in quest'ultimo caso gli effetti deleteri dovuti all'eventuale esposizione a queste sostanze sarebbero più evidenti. Ricordiamo che il latte formulato è un derivato del latte vaccino. Anche le mucche vivono in aree inquinate e respirano la stessa nostra aria, quindi non è pensabile che il latte artificiale non sia almeno nella stessa misura contaminato all'origine. Se poi pensiamo alle sue modalità di confezionamento e di trasporto, risulta ovvio che gli agenti potenzialmente inquinanti sono di gran lunga superiori. Inoltre, PCB e diossina passano anche attraverso la placenta ed è stato dimostrato come l'allattamento al seno ne riduce le concentrazioni dopo la nascita del bambino. Sono ben più gravi gli effetti degli inquinanti sul feto che quelli dovuti al latte materno, ma nessuno ne parla. Quindi, è giusto e normale che i genitori si preoccupino dell'inquinamento del latte materno, ma le conoscenze attuali suggeriscono che anche in caso di ambiente inquinato l'allattamento al seno sia sempre da preferire rispetto a quello artificiale.

15. *Le mamme che allattano non devono bere alcolici.*
    L'alcool passa facilmente e rapidamente dal sangue della madre al suo latte e i suoi effetti sul bambino allattato al seno sono direttamente proporzionali alle quantità ingerite dalla madre. È consigliato limitare l'assunzione di vino o birra a un bicchiere a pasto.
16. *Le mamme che allattano non devono bere caffè.*
    La caffeina passa nel latte ma in minima quantità. Anche altre bevande contengono caffeina: cola, tè e cioccolato. È stato provato che mamme che bevono 5 tazze di caffè il giorno, assumendo circa 100 mg di caffeina a tazza, passano nel latte meno di un mg di caffeina per chilo del bambino. Perciò non ci sono pericoli nell'assumere caffeina in dosi moderate.
17. *Le mamme che fumano non possono allattare al seno.*
    Fumare non fa bene alla salute, questo è certo. Un eccessivo consumo di tabacco può interferire nella secrezione di prolattina e quindi nella produzione di latte. Il fumo passivo inoltre risulta, senza alcun dubbio, dannoso per il bambino che lo respira. Il fumo fa male, ma non in modo tale da far diventare il latte materno peggiore di quello artificiale.
    Se la mamma proprio non riesce a smettere, può cercare di ridurre il numero di sigarette restando al di sotto delle 5/10 unità al giorno.
18. *Non c'è abbastanza ferro per il bambino nel latte della mamma.*
    Il bambino sano e nato a termine non ha bisogno di integrazioni di ferro fino all'età in cui sarà pronto per l'alimentazione complementare, in genere intorno al sesto mese compiuto. Inoltre, il ferro contenuto nel latte materno è molto più assimilabile di quello fornito dagli integratori industriali e dal latte vaccino o formulato. Diverso è il discorso per i bambini nati prematuri.
19. *Smetti di allattare se il tuo bambino ha la diarrea.*
    La cura ideale contro i virus intestinali del bambino è proprio il latte ma-

terno, poiché contiene fattori che proteggono il suo sistema gastrointestinale. Il bimbo, di norma, non ha bisogno di altro fluido per evitare la disidratazione finché viene allattato frequentemente.

20. *Un giorno potresti svegliarti e aver perso il latte.*
La produzione del latte materno segue la legge della domanda e dell'offerta. Più il bambino ciuccia e più latte viene prodotto. Perciò l'unico modo di avere una abbondante formazione di latte è quello di allattare il bambino a richiesta giorno e notte. Può succedere che la sera la mamma abbia l'impressione di avere meno latte: questo accade frequentemente e non è indice di latte che se ne va ma di seni drenati a sufficienza!

21. *Allattare a richiesta, giorno e notte riduce la produzione di latte e il riflesso di emissione.*
Allattare a richiesta sia di giorno sia di notte è proprio ciò che fa produrre alla mamma la quantità ottimale di latte. Il latte non finisce se dato a richiesta, piuttosto sarà sempre disponibile nella giusta quantità.

22. *Alcuni giorni i seni sono più sgonfi e il bambino sta sempre attaccato: sta andando via il latte?*
Allattando a richiesta con poppate frequenti i seni sono "sgonfi": questo significa che vengono drenati in modo efficace. Quindi, se non ci sono cause organiche, se l'attacco e la posizione sono corretti, se non ci sono grosse variazioni nella routine familiare e il bambino si mostra molto più desideroso del solito di stare attaccato al seno si potrebbe trattare del cosiddetto "scatto di crescita". I bambini infatti non crescono linearmente ma attraversano periodi in cui hanno bisogno di più latte e quindi reagiscono stando più attaccati per qualche giorno, al fine di aumentarne la produzione materna. La frequente stimolazione, infatti, porta a un aumento della quantità di latte disponibile.

23. *Si deve allattare ogni tot ore, al massimo 5/6 volte al giorno.*
È stato dimostrato che la produzione di latte è legata alla frequenza delle poppate e che la quantità di latte diminuisce se le poppate sono poco frequenti, limitate o se si dà al bambino qualsiasi altro liquido che non sia latte materno.

24. *I bambini ottengono tutto il latte di cui necessitano nei primi minuti della poppata.*
Ci sono bambini che succhiano molto velocemente e bambini più lenti. Anche la composizione del latte cambia all'interno della stessa poppata, all'inizio più acquoso e alla fine più grasso. In ogni caso conviene aspettare che il bambino si stacchi da solo, soltanto così potremo essere certi che sia sazio. Per allattare non serve guardare l'orologio, ma soltanto il bambino!

25. *La mamma deve distanziare le poppate per dar tempo ai seni di riempirsi.*
Nella nostra cultura si pensa che il seno sia soltanto un contenitore di latte, come un biberon che appena è vuoto va riempito. Il corpo di una donna che allatta, invece, produce latte in continuazione. Più il seno è vuoto, più velocemente lavora per riempirsi; più il seno è pieno, più lenta è la produzione di latte. Se una mamma aspetta sempre di avere i seni gonfi prima di allattare, il suo corpo può ricevere il messaggio che sta producendo troppo latte, e può ridurne la produzione complessiva.

26. *Il latte artificiale e quello materno sono digeriti allo stesso modo.*
I bambini allattati al seno svuotano lo stomaco con più rapidità rispetto a quelli alimentati artificialmente a causa della minor dimensione delle proteine del latte materno. Se la quantità ingerita influisce sulla frequenza delle poppate, il tipo di latte è un fattore di pari importanza. I neonati umani sono stati predisposti per poppare sovente, e così hanno fatto nel corso di gran parte della storia.

27. *Il bambino ha un metabolismo disorganizzato alla nascita ed è necessario seguire abitudini e orari prestabiliti per aiutarlo a stabilizzarsi.*
Il bambino alla nascita è di norma in grado di segnalare i propri bisogni e non ha necessità di essere guidato nella frequenza di allattamento e di sonno. Alcuni bambini sono un po' più sonnolenti del normale e in questo caso potrebbe essere necessario svegliarli per garantirgli un sufficiente apporto di latte. Col passare del tempo madre e bambino, stando vicini, riusciranno a stabilire piccole e proprie regolarità e a conoscersi sempre meglio. Ogni coppia madre/bambino è unica!

28. *Le mamme devono sempre usare entrambi i seni a ogni poppata.*
Questo non è sempre vero: una volta che l'allattamento è avviato in maniera regolare, è importante che il bambino si stacchi da solo dal primo seno che gli si offre per assumere anche l'ultima parte del latte, che è più calorica. Se un bambino viene staccato da un seno per dargli l'altro rischia di assumere solo il primo latte (il primo latte che esce dal seno è più acquoso e meno ricco di grassi) e di non essere nutrito a sufficienza.
Nei primi giorni, invece, ciò può essere utile perché se il bambino si attacca a ogni poppata a entrambi i seni stimolerà una maggiore produzione di latte e questi non si riempiranno troppo.
29. *Se un bambino non aumenta bene di peso può essere causa della bassa qualità del latte di mamma.*
Anche donne malnutrite sono in grado di produrre latte ottimo per qualità come per quantità. Le cause di uno scarso aumento di peso sono da ricercare in una scarsa assunzione di latte, magari non effettuata a richiesta, o a stati di salute alterati del bambino, o anche a problemi di suzione (bambini che stanno sempre al seno ma non crescono bene perché non ingoiano latte).
30. *La suzione al seno ha valore soltanto nutritivo.*
È stato ampiamente dimostrato che la suzione al seno materno soddisfa anche altri bisogni. I bambini possono cercare il seno per consolazione, per bisogno di contatto e per molti altri motivi, diversi da bambino a bambino. Allattare un bimbo ha un grande valore relazionale e affettivo sia per la madre sia per il bambino.
31. *I bambini scambiano la mamma per un ciuccio.*
Casomai è il ciuccio che viene scambiato per il seno!
32. *Non esiste confusione fra tettarella e capezzolo.*
Ciucciare dal seno della propria madre o dal biberon richiede tecniche di suzione completamente diverse. Usare il biberon può influire negativamente sulla capacità del bambino di succhiare al seno in maniera corretta.
33. *Il ciuccio non interferisce con la suzione al seno e non sostituisce le poppate.*

Anche il ciuccio può interferire nel meccanismo di domanda e offerta del seno materno. Il ciuccio rappresenta di fatto un sostituto del seno materno e può determinare una diminuzione della disponibilità di latte.

34. *Allattare a richiesta favorisce la depressione post-partum.*
La depressione post-partum non è una creazione della gravidanza e del parto. Il più delle volte capita a donne che avevano avuto già problemi psicologici prima della gravidanza. Non esistono conferme scientifiche che rilevino una correlazione positiva fra allattamento al seno e incidenza di depressione post-partum. Anzi, coloro che hanno una produzione ormonale fisiologica e che allattano al seno hanno meno probabilità di soffrire di sindromi psicologiche. Piuttosto che etichettare le donne, riflettiamo su quanto la nostra società offre come sostegno alla mamma che allatta e che desidera stare il più possibile insieme al suo bambino.

35. *Offrire il seno a richiesta non facilita il legame madre/bambino perché fa stancare la madre, le toglie le energie.*
Rispondere ai bisogni del proprio bambino attraverso le cure prossimali, fra cui l'allattamento al seno, aiuta la madre a instaurare con lui un legame forte e soddisfacente per entrambi, grazie agli ormoni coinvolti nell'allattamento. Inoltre si può approfittare della poppata per prendersi una pausa dalle mille attività quotidiane e godersi il proprio bambino. Non è l'allattamento in sé che stanca, ma i ritmi della nostra società e il mancato riconoscimento dei bisogni dei bambini e della mamma.

36. *Le mamme che tengono troppo in braccio i loro bambini li viziano.*
I bambini allevati ad "alto contatto" piangono molto meno e sono più sicuri da adulti dei bambini educati a "basso contatto".

37. *È importante che anche altri membri della famiglia nutrano il bambino per poter stabilire anch'essi un legame.*
Il legame che c'è tra il bambino e gli altri membri della famiglia non dipende esclusivamente dalla sua alimentazione. Il ruolo materno è per natura diverso da quello degli altri familiari che, a loro volta, possono trovare molti modi di entrare in contatto col neonato. Tenerlo in braccio, cullarlo, fargli in bagnetto e molto altro ancora darà un po' di riposo alla

mamma e farà sperimentare al bambino altre modalità di relazione con persone diverse.

38. *L'allattamento a richiesta ha un effetto negativo sul rapporto tra madre e padre.*
I ruoli genitoriali sono molto diversi ed è necessario informarsi bene in gravidanza sull'impegno necessario per allattare un bimbo. Parlare e confrontarsi su tutti i cambiamenti di coppia che l'arrivo di un neonato in casa porta con sé, aiuta i genitori ad affrontare meglio le tappe di crescita e l'armonia di tutta la famiglia.

39. *Alcuni bambini sono allergici al latte della propria mamma.*
Il latte materno è l'unico alimento naturale che si possa assumere alla nascita. Se il bambino ha reazioni allergiche cutanee ciò può essere dovuto a particolari alimenti ingeriti dalla madre in ingenti quantità, a medicinali, a prodotti di igiene personale o a detersivi/ammorbidenti troppo aggressivi e non al latte in sé.

40. *Allattare fa abbassare la vista della mamma.*
I trattati di oftalmologia non fanno alcun riferimento a una relazione tra l'allattamento e la miopia. Tra l'altro, è curioso come questa strana credenza, tutta italiana, non esista negli altri Paesi.

41. *È necessario pesare il bambino prima e dopo la poppata per vedere quanto latte ha assunto.*
La doppia pesata, cioè l'usanza di pesare il bambino prima e dopo la poppata per vedere quanto latte ha assunto, è da effettuarsi solo in casi particolari e motivati e non di routine, poiché può creare ansie ingiustificate e perché l'assunzione di latte non è uguale in ogni poppata.

42. *Allattare sciupa il seno.*
Ci sono mamme che hanno allattato anni di seguito e non hanno né smagliature, né seni cadenti. Ciò è determinato dall'elasticità della pelle, che dipende dalla costituzione personale e dalle abitudini alimentari e di esercizio fisico della madre, più che dall'allattamento.

43. *Dopo ogni poppata il bambino deve fare il ruttino.*
È una buona pratica dopo aver allattato il bimbo tenerlo un po' in braccio

in posizione verticale. Se espellerà aria, bene; sennò vorrà dire che non ne ha ingerita o che non gli dà noia e non c'è ragione alcuna di insistere con pacche sulla schiena o colpetti vari.

44. *Alcuni alimenti aumentano la produzione di latte.*
Non esistono alimenti capaci di aumentare la produzione di latte. Soltanto il bambino che succhia può far aumentare la quantità di latte disponibile.

45. *È necessario far riposare l'apparato digestivo del bambino fra una poppata e l'altra, soprattutto di notte.*
Quale altro organo interno si riposa nel nostro corpo? Cuore, cervello, polmoni, reni, intestino non hanno mai pause. Perché lo stomaco di un neonato dovrebbe averne? Il latte materno, inoltre, è molto digeribile perciò non resta mai a lungo nello stomaco, al contrario di quello artificiale.

46. *Se una donna ha i capezzoli introflessi o piatti non potrà allattare.*
I capezzoli sono di forme e dimensioni diverse. Anche una stessa donna può avere capezzoli differenti fra loro. Tutti i capezzoli sono buoni per allattare in quanto il bambino che poppa introduce in bocca anche gran parte dell'areola intorno al capezzolo. Tuttavia, in alcuni casi potrà esserci bisogno di qualche giorno e di un aiuto specifico perché il bambino si attacchi correttamente.

47. *Allattare rende i capelli fragili.*
Ogni capello ha un ciclo di vita: nasce, cresce, resta attaccato (fase di riposo) e cade. In gravidanza molti capelli entrano simultaneamente in fase di riposo e non cadono. Fra il primo mese e il quinto dopo il parto, questi capelli cadono insieme e la mamma nota una perdita particolarmente copiosa. In realtà è un processo fisiologico e in un tempo compreso fra i sei e i dodici mesi tutto tornerà come prima della gravidanza. Non c'è differenza alcuna di caduta di capelli fra mamme che allattano al seno e mamme che danno il biberon. Le modificazioni avvengono in gravidanza e non nel periodo dell'allattamento.

48. *Appena il bambino mette i denti è pronto per essere staccato dal seno di sua madre.*
La dentizione del bambino non c'entra nulla con la fine dell'allattamento.

Difatti, benché molto rari, vi sono bambini che presentano denti visibili già alla nascita.

49. *A un certo punto bisogna smettere di allattare altrimenti il bambino risulterà troppo dipendente dalla madre e non acquisterà autonomia.*
Al contrario, illustri autori hanno evidenziato che allattare a lungo, come tutte le cure prossimali (quelle che prevedono la vicinanza della madre e del bambino sia di giorno sia di notte), contribuisce a rendere il bambino più sicuro di sé e aumenta la sua autostima. Anche il legame madre/bambino sarà fortificato grazie alla produzione ormonale legata all'allattamento. L'indipendenza nasce dalla fisiologica dipendenza che serve al bambino almeno fino ai tre anni di età. Nella nostra cultura è difficile portare avanti modelli educativi ad alto contatto poiché per una certa consuetudine sembrano "normali" le pratiche a basso contatto; queste ultime però non trovano alcuna conferma scientifica.

50. *Con il tempo il latte della mamma diventa acqua, non nutre più.*
Il latte della mamma è sempre perfetto e bilanciato per il bambino che lo assume. Anzi, la sua composizione cambia via via nel tempo per adattarsi alla crescita del bambino. Per esempio è noto come nel secondo anno di vita 500 ml di latte materno contengano circa il 30% del suo fabbisogno giornaliero di calorie, il 38% delle proteine, il 45% di vitamina A e ben il 95% di vitamina C.

51. *I risvegli notturni del bambino sono indice di scarsa produzione di latte materno.*
I risvegli notturni dei bambini sono fisiologici almeno fino al compimento del terzo anno di vita e sono dovuti perlopiù all'alternarsi delle varie fasi del sonno e all'evoluzione delle connessioni fra neuroni. I bambini allattati al seno si svegliano di norma più spesso di quelli alimentati artificialmente, poiché i tempi di digestione del latte materno sono più brevi di quelli del latte artificiale.

52. *Bisogna distinguere fra poppate che indicano fame e poppate che soddisfano altri bisogni.*
Allattare è un gesto d'amore che implica una relazione fra due persone e

non soltanto un fatto alimentare. Non ha senso distinguere tra fame di cibo e fame d'amore, di coccole o di rassicurazione. Tutti questi aspetti insieme contribuiscono a una crescita sana e rispettosa dei bisogni affettivi e relazionali di ogni bambino.

53. *Se la sera la mamma ha meno latte è necessaria l'aggiunta di latte artificiale.*

Alcune volte si ha l'impressione di avere più latte la mattina e meno la sera. Ciò è dovuto alla prolattina, un ormone coinvolto nella lattazione che funziona meglio in assenza di luce; ecco perché è necessario allattare a richiesta anche di notte per mantenere una produzione di latte ottimale nell'arco delle 24 ore.

54. *Si può iniziare la proposta di alimenti diversi dal latte al quarto mese.*

L'Organizzazione Mondiale della Sanità raccomanda di iniziare l'introduzione di alimenti complementari all'allattamento non prima del sesto mese compiuto.

55. *D'estate bisogna dare acqua o altre bevande ai bambini perché con il caldo rischiano la disidratazione.*

Il latte materno soddisfa appieno la sete del bambino in ogni stagione. Poiché il primo latte della poppata è più acquoso, è possibile che il bambino stia attaccato solo pochi attimi per placare la sua sete. Somministrare altri liquidi è del tutto superfluo e interferisce con la produzione di latte materno.

56. *La peridurale o la perfusione di ossitocina sintetica nel parto non hanno ripercussioni sull'allattamento.*

In realtà, queste pratiche piuttosto comuni nel parto possono influenzare il buon avvio dell'allattamento. È necessario informarsi adeguatamente prima di decidere di sottoporsi ad anestesia peridurale o di dare il consenso per una perfusione di ossitocina[30] sintetica durante il travaglio.

30 Per questo argomento si veda il Capitolo 2 del presente volume.

57. *La mamma che allatta non deve parlare altrimenti il bambino ingerisce aria e avrà le coliche.*

Falso! È casomai possibile che il bambino incuriosito si stacchi dal seno per vedere con chi sta parlando la madre. Ogni bambino è a sé e ogni mamma sa come comportarsi durante la poppata.

58. *Se il bambino piange dopo o durante la poppata vuol dire che non c'è abbastanza latte o che non è abbastanza nutriente.*

Questi comportamenti del bambino possono essere dovuti a molti motivi ma non sono certamente causati da una composizione sbagliata del latte materno. Può essere un problema di posizione, di temperatura ambientale, di dentizione, di bisogno di contatto o si può essere in presenza di uno scatto di crescita. Il pianto è sempre un segnale del bambino e non va mai ignorato. Con il tempo la mamma imparerà a riconoscere i motivi di inquietudine del proprio bambino e quasi sempre l'allattamento al seno la aiuterà a consolarlo.

59. *Se la nonna materna non ha avuto latte anche la figlia non lo avrà.*

Circa 30/40 anni fa alle donne veniva detto che non avevano abbastanza latte soltanto per disinformazione dei pediatri e per il largo (ab)uso di latte artificiale che in quel periodo ha rappresentato un vero e proprio boom commerciale.

60. *Tra latte materno e formula artificiale non ci sono differenze.*

Il latte materno è un tessuto vivo, chiamato anche "sangue bianco", che modula la sua composizione in base a tantissimi fattori. Il suo gusto ha variazioni dovute a ciò che la mamma mangia e dà al bambino la possibilità di conoscere il gusto del cibo di casa ancora prima di assumerlo, preparandolo all'introduzione dei cibi solidi complementari. In più il latte materno è sempre pronto, alla giusta temperatura, non c'è pericolo di contaminazione, è a costo zero sia per la famiglia sia per l'ambiente ed è l'unico alimento la cui filiera produttiva è centimetri zero! Quello artificiale è un sostituto del latte materno, un prodotto industriale certamente valido ma sempre uguale a se stesso, né lontanamente paragonabile a quello della mamma.

61. *Se il bambino è allattato troppo a lungo avrà da adulto problemi di orientamento sessuale.*
Non esistono evidenze scientifiche che confermino questo assurdo pregiudizio. Tale equivoco riflette l'errore di considerare il seno materno soltanto come oggetto di attrazione sessuale senza considerarne la funzione primaria: quella di produrre latte come norma biologica dell'essere umano.
62. *Se si resta incinta si deve smettere di allattare.*
I rischi di aborto o di nascita prematura non aumentano se si allatta in gravidanza. La produzione di ossitocina durante l'allattamento non è sufficiente per indurre contrazioni capaci di provocare un travaglio.
63. *Allattano a lungo le madri iperprotettive che tengono legati a sé i figli e non riescono a lasciarli andare.*
Molte madri allattano i loro figli oltre i primi mesi con gioia e soddisfazione. Non c'è ragione per interrompere una relazione basata sulla fiducia e sulla comunicazione reciproca che dà sicurezza a entrambi. Anche l'OMS non fornisce limiti superiori di durata dell'allattamento. Le mamme possono sentirsi libere di allattare quanto desiderano.
64. *La madre che allatta a lungo ha problemi di natura sessuale e/o difficoltà nel ritornare al suo ruolo di moglie.*
Allattare a lungo il proprio bambino è per molte mamme un'esperienza del tutto positiva e gratificante. L'allattamento favorisce un saldo legame con il figlio e crea uno spazio privilegiato di comunicazione e di relazione. Nella nostra cultura poche mamme fanno questa scelta e sembrano mamme strane e alternative. Mancano gli esempi pubblici di tale pratica nonostante sia del tutto normale e fisiologica. Allattare un bambino fa parte della vita sessuale di una donna come ciclo mestruale, concepimento, gravidanza e parto. Nella nostra società i ruoli di mamma e di moglie sembrano essere in competizione fra loro quando, in realtà, sono ruoli che si possono integrare e completare reciprocamente. Una mamma che allatta il suo bambino lo fa anche per l'amore che prova per il suo compagno, con il quale ha deciso di generare, dare alla luce e nutrire di latte e di amore una nuova vita!

65. *Il bambino che si svezza da solo senza che la madre lo abbia staccato definitivamente dal seno non sperimenta la frustrazione e non impara ad autoconsolarsi.*
I bambini sperimentano la frustrazione fin dalla nascita poiché questa fa parte della vita. Il bimbo che si stacca dal seno materno quando si sente pronto, avrà acquisito un grado sufficiente di sicurezza in sé e di autonomia che di certo lo aiuterà nell'affrontare le mille frustrazioni a cui andrà incontro nel corso della sua esistenza.
66. *Se la mamma deve tornare a lavorare è necessario che smetta di allattare.*
Per molte mamme il ritorno al lavoro rappresenta un momento di crisi. Sentono, a ragione, che è troppo presto per lasciare il proprio bimbo. Le leggi italiane non sempre tutelano a sufficienza una madre che lavora e che, al massimo entro l'anno del bimbo, è costretta a riprendere l'attività. A molte mamme sembra incredibile poter lavorare e allattare contemporaneamente. Invece è possibile! Il problema è come sempre culturale. Continuare ad allattare dopo il rientro al lavoro permette di recuperare il tempo perduto e godere dei benefici dell'allattamento da un punto di vista nutrizionale e affettivo. Sembra un paradosso, ma le statistiche indicano che molte mamme che allattano a lungo sono proprio mamme che lavorano. Anche in questo caso può essere necessario rivolgersi a un consulente di fiducia per gestire l'assenza della madre in maniera che la produzione di latte non ne risenta.
67. *Non si possono allattare i gemelli.*
È possibile allattare due bambini insieme, siano essi gemelli o bambini di diverse età (in questo caso si parla di "allattamento in tandem"). È consigliabile informarsi bene prima della nascita dei gemelli individuando un'ostetrica o una consulente di fiducia a cui rivolgersi in caso di necessità.
68. *Se hai subìto un cesareo non avrai abbastanza latte.*
Non ci sono differenze significative nella produzione di latte tra mamme che hanno partorito per via vaginale o con il cesareo. È importante che il bambino si attacchi al seno prima possibile, come raccomanda l'OMS,

per stimolare l'inizio della produzione di latte. È possibile che la ferita del cesareo, i postumi dell'anestesia, i medicinali, la difficoltà nei movimenti e l'atteggiamento dell'ambiente che circonda la mamma possano influenzare l'avvio dell'allattamento, ma con un adeguato sostegno professionale e familiare le difficoltà possono essere ridotte al minimo.

69. *Non si deve permettere al bambino di addormentarsi al seno sennò diventerà viziato.*

    Il latte materno contiene preziose endorfine naturali che aiutano il bambino ad addormentarsi facilmente a qualsiasi età. Il caldo abbraccio della mamma che allatta rappresenta una sicurezza fondamentale per tutti i bambini.

70. *Allattare favorisce la carie.*

    La ricerca scientifica ha ampiamente dimostrato che l'allattamento in sé non provoca la carie dentale. Nelle popolazioni dove i bambini vengono allattati a lungo (più di due anni) non si notano tassi di carie più elevati di quelle dove i bambini vengono allattati artificialmente. Il latte materno, al contrario di quello artificiale, abbassa di poco il Ph della bocca. Il batterio che causa la carie, lo *Streptococco mutans*, prolifera con un Ph particolarmente basso. Sembra che la predisposizione alla carie abbia anche a che vedere con il periodo fetale, con una scarsa igiene dentale soprattutto serale, o con l'eccessivo consumo di bibite zuccherate e alimenti industriali ricchi di zucchero o dolcificanti.

71. *Se la mamma è troppo magra non può allattare.*

    Il peso della mamma non influisce in alcun modo sulla produzione di latte.

Epilogo

"E una donna che aveva al petto un bambino disse: Parlaci dei Figli.
I vostri figli non sono i vostri figli.
Sono i figli e le figlie della brama che la Vita ha di sé.
Essi non provengono da voi, ma per tramite vostro,
E benché stiano con voi non vi appartengono.
Potete dar loro il vostro amore ma non i vostri pensieri,
Perché essi hanno i propri pensieri.
Potete alloggiare i loro corpi ma non le loro anime,
Perché le loro anime abitano nella casa del domani, che voi non potete visitare, neppure in sogno.
Potete sforzarvi d'essere simili a loro, ma non cercate di renderli simili a voi.
Perché la vita non procede a ritroso e non perde tempo con ieri.
Voi siete gli archi dai quali i vostri figli sono lanciati come frecce viventi.
L'Arciere vede il bersaglio sul sentiero dell'infinito,
e con la Sua forza vi tende affinché le Sue frecce vadano rapide e lontane.
Fatevi tendere con gioia dalla mano dell'Arciere;
Perché se egli ama la freccia che vola, ama ugualmente l'arco che sta saldo."
da Kahili Gibran, *Il Profeta*

Durante la stesura di questo libro molte mamme mi hanno fornito la loro testimonianza su come vivono la maternità in una società che non solo non le protegge a sufficienza, ma sottovaluta il loro impegno nel crescere i figli rispettandone i bisogni affettivi tramite un accudimento ad "alto contatto". Da qui è nata l'idea di aggiungere a ogni paragrafo alcune "voci di mamme" con la speranza che chi legge possa ritrovare qualcosa di sé e sentirsi parte di queste pagine.

Ho scelto poi tre contributi di mamme speciali, che mi hanno profondamente colpito, per porli alla fine del mio libro come augurio per tutte le madri di cogliere nella propria esperienza di maternità anche un'occasione di crescita ed evoluzione personale.

Paola, mamma di Lorenzo scrive:

"È come se insieme a Lorenzo fossi nata una seconda volta anche io.

Penso che questa cosa valga per tutti i genitori, solo che quando la bambina che è dentro di te ha sofferto, e le sue ferite sono rimaste aperte, la maternità può riaccendere quella sofferenza.

Tuo figlio che piange sveglia anche l'altro figlio che è in te e anche lui, cioè tu, inizia a piangere, e tu, adesso mamma, devi accudirli entrambi.

Ecco perché è così faticoso, ecco perché per me è così faticoso certe volte.

Non c'è soltanto un bambino da consolare e calmare, ma due.

In quei momenti io sono la mamma di tutti e due e qualche volta può anche capitare che la bimba che ero strilli più forte del bimbo che ho davanti e così tutto si confonde e quel pianto diventa davvero insopportabile.

Penso che la maternità sia l'opportunità più grande che ti viene offerta per crescere di nuovo.

Per colmare, calmare, capire, guarire e magari diventare migliore.

Può anche capitare che certe volte quella bambina ferita e arrabbiata prenda il sopravvento sulla mamma, e cercando di farsi spazio ne tolga un po' al vero bimbo che è lì davanti a te; ma non è cacciandola via e cercando in tutti i modi di farla tacere che lei smetterà di chiedere attenzione. È soltanto ascoltandola e prendendola in braccio che potrà finalmente smettere di piangere.

Può anche capitare, infine, che ascoltarla serva proprio a lui, al tuo bambino, perché chi meglio di lei può insegnarti di nuovo a vedere il mondo con i suoi occhi, con gli occhi di un bambino.

Penso che poche persone compiano questo percorso con consapevolezza; la maggior parte assiste ma non partecipa in prima persona, non coglie l'occasione, non si ferma a riflettere; tutto rimane immutato e i bambini, quelli veri e quelli nascosti dentro di noi, continuano a non capire perché vengono lasciati soli di notte, perché vengono brontolati e puniti, perché vengono considerati piccoli adulti e non piccole persone innocenti da cui imparare a ritrovare amore incondizionato, semplicità e purezza."

I nostri bambini sono persone a tutti gli effetti, arrivano attraverso di noi e ci mettono davanti una possibilità incredibile di andare avanti, di crescere con loro e di mandare nel mondo persone che hanno conosciuto l'amore senza limiti dei propri genitori, superando i pregiudizi culturali.

Ed ecco cosa scrive Valentina, mamma di Emilia:

"Anche io sono figlia della cultura del cosiddetto vizio.

Prima di diventare madre, pur non avendo mai pensato seriamente a come sarei stata 'il giorno in cui...' facevano parte di me tutta una serie di pregiudizi e falsi miti che sono ormai, purtroppo, un male radicato nella nostra cultura occidentale definita "evoluta".

A volte penso che questa deviazione dalla normalità sia una forma di business generata dai padri della psicanalisi, portata poi avanti dai loro discendenti, perché anche loro dovranno pur fare stendere qualcuno sui loro lettini. Se si ritornasse a uno stile di maternage libero dalle odierne sovrastrutture credo che gli studi di questi professionisti verrebbero clamorosamente svuotati[1].

Dicevamo... pur non avendo mai davvero riflettuto sul concetto di genitorialità, davo per scontato che prendere in braccio un bambino al primo vagito volesse dire passargli un messaggio sbagliato, che bisognasse abituarlo a cavarsela da sé sin da subito. Che farlo dormire nel lettone con i genitori fosse semplicemente sbagliato, disdicevole. Che l'allattamento al seno fosse sì buona cosa, ma non oltre il sesto mese di vita, soglia oltre il quale cominciava ad assomigliare di più ad una malsana abitudine che altro.

Poi è nata mia figlia e dopo i primi giorni a casa qualche strano campanellino, per fortuna, ha cominciato a suonarmi nella testa.

Probabilmente i geni che regolano l'istinto materno hanno cominciato a farsi sentire più forte delle sovrastrutture culturali sbagliate e dannose. Mi ostinavo a metterla a dormire nella sua bellissima e morbidissima culla corredata di orsetto, immaginetta sacra, copertine belle e profumate e lei continuava a svegliarsi e a piangere.

La cosa non mi convinceva e una notte, stanca dalle continue passeggiate per la casa, me la sono messa nel letto.

Dormimmo tutta la notte.

1 John Bowlby afferma a questo proposito: "*Se il fatto che i bambini piccoli non siano mai completamente o troppo a lungo separati dai loro genitori fosse diventato parte della tradizione, allo stesso modo in cui il sonno regolare e la spremuta d'arancia sono diventate consuetudini nell'allevamento dei piccoli, credo che molti casi di sviluppo nevrotico del carattere sarebbero stati evitati.*"

Emilia aveva forse venti giorni.

"E certo...la furbacchiona", mi son sentita dire.

Ma come si fa a pensare che un neonato di venti giorni sia furbo? La furbizia, intesa in questo senso, prevede una malizia che in ogni caso non può appartenere ad un bambino così piccolo che è quanto di più puro il nostro cervello riesca a concepire.

Lui sì che è libero dalle sovrastrutture.

Lui sì che può davvero insegnarci ad essere dei buoni genitori, certamente non i manuali scritti da gente adulta che vive l'arrivo dei figli come una meravigliosa rottura di scatole e, in quanto tale, cosa di cui liberarsi il prima possibile per riprendere la vita normale senza interferenze.

I miei campanelli da quel giorno non hanno mai smesso di suonare, per nostra fortuna.

Emilia è stata allattata 20 mesi, periodo in cui da sola ha perso l'interesse per il seno, è stata tenuta sempre molto in braccio e lo è tuttora, spesso mentre mangiamo. È stata ascoltata ogni sua richiesta, abbiamo risposto tempestivamente ad ogni suo pianto e, chissà perché, mia figlia ha sempre pianto pochissimo.

Non viene mai sgridata o ripresa, a meno che non faccia qualcosa di pericoloso o oggettivamente maleducato (la riprenderemmo certamente se colpisse qualcuno, o se rispondesse male, ma non lo fa).

Dorme con noi, tranquilla e beata. E non c'è cosa più bella a questo mondo che svegliarsi di notte e vederla lì, magari abbracciata a suo padre, con un'espressione serena che rende il suo viso particolarmente bello.

Emilia ha poco più di due anni e probabilmente è presto per parlare di risultati, ma se il buon giorno si vede dal mattino posso senz'altro dire che è serena come pochi altri suoi coetanei, che sorride sempre, è attenta, partecipe, attiva, curiosa, manifesta già i suoi gusti ed esprime chiaramente le sue preferenze.

In una parola, sembra già molto indipendente.

E credo che fare in modo che i nostri figli siano un giorno degli adulti sicuri e indipendenti sia il più bel regalo che possiamo fare loro."

Infine, ho scelto un bellissimo disegno che mi ha regalato Lorena, mamma di Pietro e di un'altra creatura che è ancora custodita e protetta nel suo grembo:

Questo libro non poteva che finire con una bella immagine di contatto: un abbraccio sereno e spensierato tra una mamma e il suo bambino!

Grazie di cuore a tutte le mamme e a tutti i papà che ogni giorno si mettono in gioco, anima e corpo, per rendere questo mondo più ricco di bambini cresciuti con amore e rispetto, riconoscendo il valore irrinunciabile dei loro bisogni affettivi.

Per dare la possibilità a tutti i lettori di scambiare opinioni personali su quanto espresso in questo libro ho creato una pagina su Facebook intitolata come questo libro.

Siete tutti invitati!

Bibliografia

AAIMHI, Position Paper 1: Controlled Crying, 2004. Articolo disponibile al link: http://www.aaimhi.org/documents/position%20papers/controlled_crying.pdf

Argyle M., Salter V., Nicholson H., Williams M., Burgess P., *The Communication of Inferior and Superior Attitudes by Verbal and Non-verbal Signals*, "British Journal of Social and Clinical Psychology" (9): 222–231, 1970.

Armeni M. E., *Allattare.net*, Castelvecchi Edizioni, 2008.

Balsamo E., *Libertà e amore*, Il leone verde, 2010.

Balsamo E., *Sono qui con te*, Il leone verde, 2007.

Balsamo E., Bambini *immigrati e bisogni insoddisfatti: la via dell'etnopediatria,* in: *La casa di tutti i colori, Mille modi di crescere,* Franco Angeli, 2002.

Bowlby J., *Una base sicura*, Cortina, 1989.

Bowlby J., *Attaccamento e perdita, I. L'attaccamento alla madre*, Bollati Boringhieri, 1999.

Bortolotti A., "Ricordi di latte" in: "Nascere" n°2/2008, Ed. Progettonascere.

Braibanti L., *Parto e nascita senza violenza*, Red Edizioni, 1993.

Calonge N., Petitti D., *The Pacifier Debate,* "Pediatrics" Vol. 117 No. 5, 2006, pp. 1849-1850.

Catanzani T., Negri, P., *Allattare un gesto d'amore*, Bonomi, 2005.

Cattaneo A., *Allattamento e sensi di colpa,* "Un Pediatra Per Amico", N.2/2010.

Cozza G., *Bebè a costo zero*, Il leone verde, 2008.

Cozza G., *Quando l'attesa si interrompe*, Il leone verde, 2010.

De Fiore G., *Portare i bambini*, Coleman Editore, 2006.

De Saint Exupéry A., *Il piccolo principe*, Bompiani, 2000.

Dettwailer K., *Sleeping through the night?,* articolo tradotto da Ulrike Schmidleithner disponibile al link: http://www.fatelananna.it/kdnotte_it.html

Dollard J., Miller N.E., Doob L.W., Mowrer L.H., Sears R.R, *Frustrazione e aggressività,* Editrice Universitaria, Firenze, 1967.

Estivill E., De Bèjar S., *Fate la nanna*, Mandragora Edizioni, 1999.

Fern R. Hauck, *Pacifiers and Sudden Infant Death Syndrome: What Should We Recommend?*, "Pediatrics" Vol. 117 No. 5, 2006, pp. 1811-1812.

Freybergh F., *Le radici dell'individuo*, in "Donna & Donna: L'imprinting dell'amore", n.40/41, Ed. Scuola Elementale di Arte Ostetrica, 2003.

Fromm E., *Avere o essere*, Mondadori, 2001.

Gerhardt S., *Perché si devono amare i bambini*, Cortina, 2006.

Gonzàlez C. *Bésame mucho*, Coleman Editore, 2005.

González C., *Un dono per tutta la vita*, Il leone verde, 2008.
Gordon T., *Genitori efficaci*, La Meridiana, 2007.
Harlow H., *The nature of love*, "American Psycologist", 13, 1958, pp.673-685, 1958.
Harrison Y., *The relationship between daytime exposure to light and night-time sleep in 6–12-week-old infants*, "Journal of Sleep Research" No.13, 2004, pp. 345–352.
Holmes J., *La teoria dell'attaccamento*, Cortina, 1994.
Honegger Fresco G., *Facciamo la nanna*, Il leone verde, 2006.
Hunziker A., Barr R.G., *Increased Carrying Reduces Infant Crying: A Randomized Controlled Trial* in: "Pediatrics", Vol. 77 No. 5 May 1986, pp. 641-648.
Janus L., *Come nasce l'anima*, Ed. Mediterranee, 1997.
Juul J., *Il bambino è competente*, Feltrinelli, 2001.
Kohn A., *Amarli senza se e senza ma*, Il leone verde, 2010.
Leboyer F., *Per una nascita senza violenza*, Bompiani, 2000.
Liedloff J., *Il concetto del continuum*, Edizioni La Meridiana, 2000.
Lowen A., *Il linguaggio del corpo*, Feltrinelli, 2003.
Malvagna E., *Partorire senza paura*, Red Edizioni, 2008.
McKenna J., *L'evoluzione del sonno del neonato*, intervento al convegno de La Leche League International, 1997 disponibile al link: http://www.lllitalia.org/index.php?option=com_content&task=view&id=81&Itemid=36
McKenna, J., McDade, T., *Why Babies Should Never Sleep Alone: A Review of the Co-Sleeping Controversy in Relation to SIDS, Bedsharing and Breastfeeding,* "Paediatric Respiratory Reviews" No. 6, 2005, pp. 134-152.
McKenna, J., Ball H., Gettler L., *Mother-infant Cosleeping, Breastfeeding and SIDS: What Biological Anthropologists Have Learned About Normal Infant Sleep and Pediatric Sleep Medicine.* "Yearbook of Physical Anthropology" No. 50, 2007, pp. 133-161.
McKenna J.,Joyce E.P., *Cosleeping and Biological Imperatives: Why Human Babies Do Not and Should Not Sleep Alone (2008)* articolo scaricabile al link:
http://www.naturalchild.org/james_mckenna/biological.html#1267945448
Mehrabian, A., *Nonverbal communication*, Aldine-Atherton, 1972.
Mieli G., *Il bambino non è un elettrodomestico*, Apogeo, 2009.
Mitchell E.A, Blair P.S., L'Hoir M.P, *Should Pacifiers Be Recommended to Prevent Sudden Infant Death Syndrome?,* "Pediatrics" Vol. 117 No. 5, 2006, pp. 1755-1758.
Montagu A., *Il linguaggio della pelle*, Vallardi, 1989.
Moschetti A., Tortorella M.L., *Come dormono i bambini*, speciale della rivista "Un Pediatra Per Amico" (UPPA), No.5, 2006.
Moschetti A., Tortorella M.L, *Il metodo di Estivill è inefficace e potenzialmente nocivo.* Appendice al testo *Facciamo la nanna* di G. Honegger Fresco, Il leone verde, 2006.
Moschetti A., Tortorella M.L., *Sonno e sogni d'oro,* speciale della rivista Un Pediatra Per Amico (UPPA), No.5, 2009.
Negri P., *Tutte le mamme hanno il latte*, Il leone verde, 2005.
Newman J., De Fiore G., *Svezzamento e allattamento*, Coleman Editore, 2009.

Newton N., Modhal C., "Oxytocin-psycoactive hormone of love and breastfeeding", in *The free woman*, Parthenon, Carnforth, Lancashire, Regno Unito, 1989; pp. 343-50.

Newton N., *The fetus ejection reflex revisited*, "Birth" 14: 106-108, 1987.

Odent M., *Le funzioni degli orgasmi*, Editrice Aam Terranuova, 2009.

Odent M., *La scientificazione dell'amore*, Apogeo, 2008.

Odent M., *L'agricoltore e il ginecologo*, Il leone verde, 2006.

Odent M., *Psiconeuroendocrinologia della nascita*, in "Donna & Donna: L'imprinting dell'amore", n.40/41, Ed. Scuola Elementale di Arte Ostetrica, 2003.

Olanrewaju O. Omojokun, Mir S. Siadaty, *The Pacifier Debate: In Reply*, "Pediatrics" Vol. 117 No. 5, 2006, pp. 1850-1853.

OMS-Raccomandazioni 1985: "*Appropriate technology for birth*", "Lancet" 1985; 2:436-7.

Panizon F., *Come dormono i bambini*, speciale della rivista "Un Pediatra Per Amico" (UPPA), No. 5, 2006.

Piermarini L., *Io mi svezzo da solo*, Bonomi, 2008.

Prescott J.W., *Body pleasure and origins of violence,* estratto da "The Bulletin of The Atomic Scientists", November 1975, pp. 10-20.

Quillin S.I., Glenn LL., *Interaction between feeding method and cosleeping on maternal-newborn sleep*, "J Obstet Gynecol Neonatal Nurs" 33:580-8, 2004.

Rapisardi G., Ammannati V., Begliomini C., Bettucci E., Campanile P., Cecchi R., Marchese E., Milanesi A., Orzalesi S., Pierattelli M., Solito E., Vessella P. *Il sonno e le sue variabili nei bambini in età prescolare.* "Quaderni ACP" 1995; 2 (2), 11-12.

Rapisardi G., Donzelli GP., *Il sonno dei bambini e le preoccupazioni dei genitori*, "Bambini" 1989; 5 (1): 41-3.

Rechtschaffen A., Kales A. *A Manual of Standardized Terminology, Techniques and Scoring System For Sleep Stages of Human Subjects*. US Dept of Health, Education, and Welfare; National Institutes of Health, 1968.

Relier J.P., *Amarlo prima che nasca*, Le Lettere, 1994.

Ribble M., *I diritti del vostro bambino. Le prime necessità psicologiche come soddisfarle*, Bompiani, 1952.

Rosemberg M., *Le parole sono finestre oppure muri*, Edizioni Esserci, 2003.

Sánchez, Cristina L. et al., "*The possible role of human milk nucleotides as sleep inducers*", "Nutritional Neuroscience" Vol. 12 No. 1, 2009, pp 2-8.

Schore A., *La neuroscienza dello sviluppo e la teoria dell'attaccamento,* in "Donna & Donna: L'imprinting dell'amore", n.40/41, Ed. Scuola Elementale di Arte Ostetrica, 2003.

Scoglio S., *Non è colpa dei bambini,* Macro Edizioni, 2007.

Sears W., *Genitori di giorno e di notte,* La Leche League Int., 2007.

Stuebe A., Lee K., *The Pacifier Debate,* "Pediatrics" Vol. 117 No. 5, 2006, pp. 1848-1849.

Tortorella M.L., Moschetti A., D'Erasmo S., *L'estinzione graduale risolve i problemi di sonno nei bambini?*, "Quaderni ACP", Vol.13 No. 6, 2006, pp.264-266.

Verny T., Kelly J., *Vita segreta prima della nascita*, Mondadori, 1981.
Volta A., *Apgar 12*, Bonomi, 2006.
Watzlawick P., Beavin J.H., Jackson D.D., *Pragmatica della comunicazione umana*, Astrolabio, 1971.
Weber E., *Portare i piccoli*, Il leone verde, 2007.
Winnicott D., *I bambini e le loro madri,* Cortina, 1987.

Indice

Note personali

In questa collana sono già apparsi:

Paola Negri, *Tutte le mamme hanno il latte - Rischi e danni dell'alimentazione artificiale,* p. 166, € 14,00

Michel Odent, *L'Agricoltore e il Ginecologo - L'industrializzazione della nascita,* p. 134, € 16,00

Claudia Benatti-Franco Ambrosi-Carla Rosa, *Vaccinazioni tra scienza e propaganda - Elementi critici di riflessione,* p. 186, € 16,00

Ibone Olza - Enrique Lebrero Martínez, *Il parto cesareo - Solo se indispensabile, sempre con rispetto,* p. 193, € 18,00

Grazia Honegger Fresco, *Facciamo la nanna - Quel che conviene sapere sui metodi per far dormire il vostro bambino,* p. 139, € 14,00

Antonella Randazzo, *Bambini psico-programmati - Essere consapevoli dell'influenza della pubblicità, della TV, dei videogiochi,* p. 183, € 16,00

Elena Balsamo, *Sono qui con te - L'arte del maternage,* p. 245, € 16,00

Esther Weber, *Portare i piccoli - Un modo antico, moderno e... comodo per stare insieme,* p. 270, € 18,00

Carlos Gonzalez, *Un dono per tutta la vita - Guida all'allattamento materno,* p. 360, € 22,00

Sara Honegger, *Un mondo di pappe - I saperi delle mamme nell'alimentazione del bambino da 0 a 6 anni*, p. 143, € 14,00

Giorgia Cozza, *Bebè a costo zero - Guida al consumo critico per neomamme e futuri genitori,* p. 277, € 18,00

Jan Hunt, *Genitori con il cuore - I bambini si comportano così come vengono trattati,* p. 128, € 16,00

Franco De Luca, *Bambini e (troppe) medicine - Difendersi dall'eccessiva medicalizzazione dei nostri figli,* p. 123, € 14,00

Eugenio Serravalle, *Bambini super-vaccinati - Saperne di più per una scelta responsabile* p. 279, € 18,00

Isabelle Fox, *Sempre con lui - I vantaggi di essere un genitore a tempo pieno* p. 218, € 18,00

Gordon Neufeld-Gabor Maté, *I vostri figli hanno bisogno di voi - Perché i genitori oggi contano più che mai,* p. 370 € 25,00

Paola Negri, *Sapore di mamma - Allattare dopo i primi mesi,* p. 178, € 16,00

Giorgia Cozza, *Quando l'attesa si interrompe - Riflessioni e testimonianze sulla perdita prenatale,* p. 208, € 16,00

Alfie Kohn, *Amarli senza se* e senza *ma - Dalla logica dei premi e delle punizioni a quella dell'amore e della ragione,* p. 208, € 20,00

Elena Balsamo, *Libertà e amore - L'approccio Montessori per un'educazione secondo natura,* p. 356, € 20,00

Dagli autori della collana *Il bambino naturale* nasce su Internet un luogo di discussione, dove i temi legati al mondo dei più piccoli sono affrontati in una prospettiva diversa, lontana dagli interessi industriali e commerciali, tipici del mondo moderno:

www.bambinonaturale.it

Si tratta di un sito concepito per offrire ai genitori gli strumenti necessari per trasformarsi in consumatori critici, che valutano con attenzione mentre scelgono per i propri figli, perché conoscono le relazioni che collegano il sistema dei consumi con l'ambiente, la società, l'economia, l'etica.

Sul sito:
- news e articoli di approfondimento
- *forum di discussione*
- *newsletter settimanale*

Per gli utenti registrati, inoltre, il sito offre un servizio gratuito di consulenza online offerto da esperti qualificati.

Bambino
Naturale.it

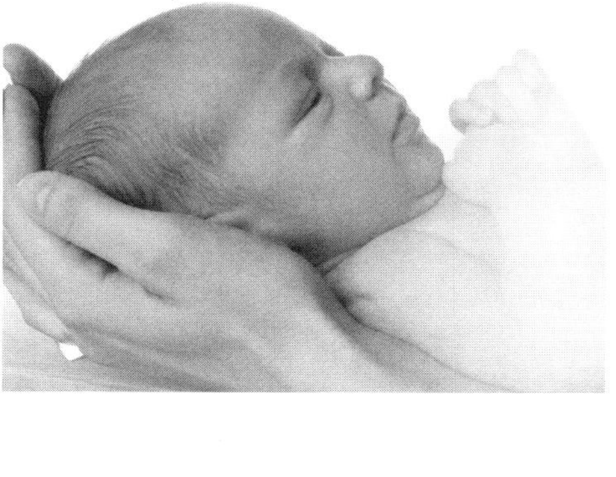

Finito di stampare
nel mese di Dicembre 2010 presso
Graphicolor, Città di Castello (PG)